卓越教师培养丛书

丛书主编：梁福成 王光明 贾国锋

U0646219

JIAOSHI ZHIYE
DAODE XIUYANG

教师职业道德修养

徐廷福 主编

北京师范大学出版集团
BEIJING NORMAL UNIVERSITY PUBLISHING GROUP
北京师范大学出版社

图书在版编目（CIP）数据

教师职业道德修养/徐廷福主编. —北京：北京师范大学出版社，2015.7（2024.8重印）

卓越教师培养丛书

ISBN 978-7-303-19027-0

Ⅰ.①教… Ⅱ.①徐… Ⅲ.①教师－职业道德－资格考试－教材 Ⅳ.①G451.6

中国版本图书馆 CIP 数据核字（2015）第 097907 号

图书意见反馈：gaozhifk@bnupg.com 010-58805079
营销中心电话：010-58802755 58800035
北师大出版社教师教育分社微信公众号 京师教师教育

出版发行：北京师范大学出版社 www.bnupg.com
　　　　　北京市西城区新街口外大街 12-3 号
　　　　　邮政编码：100088
印　　刷：北京天泽润科贸有限公司
经　　销：全国新华书店
开　　本：730 mm×980 mm
印　　张：13.5
字　　数：220 千字
版　　次：2015 年 7 月第 1 版
印　　次：2024 年 8 月第 11 次印刷
定　　价：30.00 元

策划编辑：王建虹　　　　　责任编辑：戴　轶
美术编辑：焦　丽　　　　　装帧设计：焦　丽
责任校对：陈　民　　　　　责任印制：马　洁

总　序

　　自从 2010 年教育部启动了"卓越工程师教育培养计划"之后,"卓越"一词越来越多地出现在各行业的人才培养中。"卓越医生""卓越法律人才"等一系列"卓越计划"也相继推出。2011 年教育部组织实施教师资格考试和定期注册试点,建立"国标、省考、县聘、校用"的教师准入和管理制度,师范类学生在毕业时不能直接获得教师资格证,都需要和非师范类及其他社会人员参加全国认证考试才能申请教师资格证。这项制度是《国家中长期教育改革和发展规划纲要(2010—2020年)》里在加强教师队伍建设方面提出的重要举措,严把教师的入口关,也是培养卓越教师的举措之一。师范类高校作为培养教师的摇篮,在"卓越计划"的大潮中,亦应遵循"卓越计划"的战略设计,积极应对《中小学和幼儿园教师资格考试标准(试行)》,对现行教师教育培养目标和模式进行新的定位和规划,它不仅涉及学科专业本身,而且涉及教育理论与方法;不仅涉及教学内容的取舍和课程体系的构建,而且涉及教学思想和教育观念的更新。为此,天津师范大学成功申报"天津市普通高等学校本科教学质量与教学改革研究计划重点课题——卓越教师培养模式的创新与实践"。追求"卓越"是系统工程,而建设优质的教师教育课程教材是卓越教师培养中的关键环节。由此,2013 年 11 月在天津召开了由天津师范大学、沈阳师范大学、韶关学院以及北京师范大学出版社参加的教师教育课程建设与教材编写研讨会。会议决定出版"卓越教师培养丛书"。由天津师范大学教师教育处负责具体统筹与协调工作。

这套丛书同时兼顾了《中小学和幼儿园教师资格考试标准（试行）》与《教师教育课程标准（试行）》的要求，遵循《中学教师专业标准（试行）》《小学教师专业标准（试行）》的理念，不仅对卓越教师应通识的教育学、教育心理学等基本知识做了更为深刻全面的论述，对卓越教师的职业道德、德育、班级管理以及学科教学知识与教学能力提出了更为明确的界定和深刻的阐述，还为增强教师的教育文化底蕴，提高卓越教师在教育史方面的知识，特别添加了中外教育史等知识，同时为了提高卓越教师的科研能力，丛书中又添加了教育科学研究方法的详细介绍和指导。丛书全方位对卓越教师的培养构建了系统可行的教材体系。

　　"卓越教师培养丛书"汇集了多所师范大学的教育智慧，凝聚了北京师范大学出版社的编辑智慧，是不断完善、倾力合作、协同创新的成果。本套丛书可作为修读本科教师教育课程的教材，也可作为教师资格证考试的参考资料。我相信，丛书的出版，不仅会对广大职前教师理解卓越教师的精神实质、提高教育理论知识和解决教育教学问题等方面有很大的帮助，而且对职前教师树立正确的教育理念，明确教师自身的发展有很好的启示，是教师职业养成与专业发展起航阶段的有益教学材料。

高玉葆

2015 年于天津师范大学

前　言

　　1995 年 5 月，江泽民同志在全国科技大会上的讲话中提出了实施科教兴国的战略，确立科技和教育是兴国的手段和基础的方针。这个方针大大提高了各级干部对科技和教育重要性的认识，增强了对科学技术是第一生产力的理解。实施科教兴国战略，既要充分发挥科技和教育在兴国中的作用，又要努力培植科技和教育这个兴国的基础。2010 年颁布的《国家中长期教育改革和发展规划纲要（2010—2020 年）》明确指出，当今世界知识已经成为提高综合国力和国际竞争力的决定性因素，人力资源成为推动经济社会发展的战略性资源，人才培养与储备成为各国在竞争与合作中占据制高点的重要手段。我国是人口大国，教育振兴直接关系到国民素质的提高和国家振兴。只有一流的教育，才有一流的国家实力，才能建设一流国家。教育事关民族兴旺、人民福祉和国家未来，是整个国家可持续发展的基石。

　　的确，"百年大计，教育为本"。而教育大计，又必须以教师为本。有好的教师，才能有好的教育。因此，对于教育来说，建设一支献身教育的高素质教师队伍至关重要。一方面，国家应当采取有力措施吸引全社会最优秀的人才来当教师，大力推进教师队伍的专业化建设，不断提高教师队伍的整体素质；另一方面，对教师来讲，必须明白"没有爱就没有教育"的教育真谛，明白"学为人师，行为世范"是教师专业精神的象征，也是教师永恒的道德律令，让每一位教师将提升师德素养变成其职业生涯的永恒目标。

　　为了让师范生在职前教育阶段对教师职业道德具有

正确的认知力和初步的道德践行力，以便为今后的教师职业生涯做出正确的道德指引；同时，也为师范生的相关课程学习和准备参加全国教师资格考试提供较为完善的师德学习材料，我们组织编写了《教师职业道德修养》一书。该书由韶关学院、天津师范大学、沈阳师范大学联合编写，由韶关学院徐廷福教授担任主编。各章执笔人为：第一、六章：韶关学院徐廷福教授；第二、四章：韶关学院穆湘兰讲师；第三、五章：朝阳师范专科学校桓明慧副研究员、朝阳市第九中学王桂丽高级教师；第七、八章：天津师范大学柳长友副教授。前言、编写提纲及最后统稿工作由主编完成。

本书在编写过程中得到了编者所在学校的大力支持，责任编辑王建虹博士给予了许多中肯的建议并做了大力耐心、细致的工作，北京师范大学出版社领导高度重视本书的编写，聘请著名专家为本书把关，在此一并表示我们诚挚的谢意！

由于编者水平有限，书中疏漏和不当之处在所难免，恳请读者批评指正。

目　录

第一章 道德与职业道德

【学习目标】

1. 了解道德的起源。
2. 理解并掌握道德的功能。
3. 了解道德在各个历史阶段的发展的演变过程。
4. 理解职业道德的本质与特点。
5. 理解职业道德的作用。

人类社会历经几百万年的漫长进化史，才有了今天的发展高度。人类的进化史不仅是生理学层面上的形态变化，也包括社会学、文化学意义上的群居制度和共生文化。进化伦理学认为，社会行为道德的重要结构也储存于人类的基因中。换句话说，"我们可以把我们道德素质中的重要组成部分理解为对进化发展过程的适应结果"①。事实正是如此，人类之所以能够发展到今天的高度，仰仗的就是这种群居制度和共生文化所聚集起来的人类集体力量。也就是说，在某种程度上可以这样认为，群居制度和共生文化是人类社会能够不断进步的理性选择和智慧所在。

对于选择了群居生活方式的人类来说，道德在社会进化

---

① ［德］克劳斯·德纳. 享用道德：对价值的自然渴望. 朱小安，译. 北京：北京出版社，2002：6.

1

中既担当了人类自身冲突的"调节器",也成为人类复杂人际关系的"润滑剂",在人类进化中起到了举足轻重的作用。于是,道德成为人类社会较为古老的产物。进一步讲,道德伴随着人类社会的产生而产生、发展而发展,至今经久不衰,显示了无限的生命力,其奥秘就在于道德自身的内在价值。可以说,道德是每个人来到这个世界上的立身之本,是社会存在和发展之基,也是国家治理和社会稳定之道。

第一节　道　德

道德作为人类社会重要的社会现象,产生、发展有其内在的规律性。

一、道德的起源

在动物界,弱肉强食是普遍的生存法则。在"人猿相揖别"的那一刻,人类的这种生物属性并没有消失。从"弱肉强食"的动物本性到现代"文明人",经历了一个漫长的进化过程。在人类文明的进化过程中,道德的出现及其行为规则体系的不断完善,是人类自身进化史上极其重要且不可分割的重要组成部分。

那么,道德究竟是如何起源的?简单地说,道德起源于生活,同时又服务于生活,是群居的人类为了在共同生活中和谐相处所必需的"调节器"。从词源学上看,西方话语中的道德(Morality)一词源自拉丁语 Mores,意思是指传统习惯和习俗。在我国,"德"字最早出现在商朝时期出土的甲骨文中。"道"和"德"在中国历史上最初是分开使用的两个概念,各自有自己的含义。"道"原指道路、交通规则,引申为事物运动变化的规律和规则。西周时期,人们已经具有了"明德"的思想。正如《尚书·康诰》中说,"克明德""德裕乃身",何尊铭文上说,"恭德"。这里讲的"明德",具有修身正心、教化民众的意思。在汉语中,"德"与"道"意义相近,即人对"道"的获得,人们认识了"道","内得于己,外施于人",便称之为"德"。

"道德"在中国早期文献中的具体表述,在汉语中可追溯到先秦思想家老子所著的《道德经》一书。老子说:"道生之,德畜之,物形之,器成之。是以万物莫不尊道而贵德。道之尊,德之贵,夫莫之命而常自然。"其中"道"指自然运行与人世共通的真理;而"德"是指人世的德行、品行、王道。"犯上者,鲜矣;不好犯上,而好作乱者,未之有也。君子务本,本立而道生。"钱穆先生的注解:"本者,仁也。道者,即人道,其本在心。"
可见,"道"是人关于世界的看法,应属于世界观的范畴。在当时道与德是
两个概念,并无道德一词。"道德"二字连用始于荀子《劝学》篇:"故学
至乎礼而止矣,夫是之谓道德之极。"秦时韩非子则说:"上古竞于道德,
中世逐于智谋,当今争于气力。"(《韩非子·五蠹》),《后汉书·种岱传》:
"臣闻仁义兴则道德昌,道德昌则政化明,政化明而万姓宁。"唐朝韩愈在
《原道》中说:"凡吾所谓道德云者,合仁与义言之也,天下之公言也。"

二、道德的本质

不管是中国的"道"和"德",还是西方的"风俗"与"习惯",都包
含了社会的道德规范和个人的道德品质两方面的内容,是主观精神和客观
精神的统一。近代科学大发展之后,科学逐渐分门别类。按照现代学科分
类,道德主要是伦理学的研究范畴。从伦理学意义上讲,"道"指做人的准
则和规矩、与人交往的原则和规范。马克思主义伦理学透过现象看本质,
认为道德的本质属性是社会意识形态之一,是人们共同生活及其行为的准
则和规范。这种行为准则和规范首先是人头脑中的一种认识,当这种认识
成为人类行为必须遵守的信念时,道德对人类行为强大的约束力与控制力
便充分显现出来,从而成为推动人类文明进化的重要力量。

道德作为一种社会意识形态,代表着社会的正面价值取向,起判断行
为正当与否的作用。道德是指以善恶为标准,通过社会舆论、内心信念和
传统习惯来评价人的行为,调整人与人之间以及个人与社会之间相互关系
的行动规范的总和。道德在社会和民众之中能够发挥什么样的、发挥多大
的作用,与人们对道德功能的认识分不开。

三、道德的功能

道德一经产生,在人类社会发挥着不可替代的作用。具体说来,道德
主要具有以下四个方面的功能。

(一)认识功能

道德的认识功能立足于解决一个"知"的问题。在这一层面,道德是
一种认知,是人们认识和改造社会、认识自我和创造人生的指南,从而正
确地选择自己的行为和生活道路。从这个意义上讲,道德犹如引导人们追
求至善的"良师"。它教导人们认识自己对家庭、对他人、对社会、对国家
应负的责任和应尽的义务,教导人们正确地认识社会道德生活的规律和原

则，从而正确地选择自己的行为和生活道路。

（二）调节功能

道德是社会矛盾的调节器。人们生活在社会中总要和自己的同类发生这样那样的关系，因此，不可避免地要产生各种矛盾，这就需要通过社会舆论、风俗习惯、内心信念等特有形式，以自己的善恶标准去调节人们的行为，指导和纠正人们的思想，使人与人之间、人与社会之间的关系臻于完善与和谐。

（三）教育功能

道德是催人奋进的引路人。道德是向善的，它通过培养人们良好的道德意识、道德品质和道德行为，促使人们树立正确的荣誉观、正义观和幸福观，使受教育者成为道德纯洁、理想高尚的人。一旦人们形成了正确的道德观，它会通过内在的道德良知、外在的道德舆论进行评判，敦促个体自觉约束自己的行为。

（四）评价功能

是非、善恶、美丑是人类最基本的价值判断，作为评判善恶标准的道德，广泛渗透于社会关系的各个方面，并广泛干预社会生活。人们常说道德无处不在，就是这个道理。道德是人们评价一个人的尺度。一个人若违背社会道德，比如不仁不义、不忠不孝，那么人们就会给他负面的评价，造成他不好的名声，从而对他形成一种来自周边人群的社会压力，约束他的行为。另外，对很多人来说，道德是个人良心的自觉遵守，无须周边人群的社会压力制约。人们对一个人的道德评判，主要来自这个人所表现出来的言行。

中国以儒家文化为道德根基，儒家"以德服人"的道德偏好进一步发展出了"以德治国"的政治文化，使"德治"成为我国封建社会中重要的统治策略，是我国封建社会能够延续两千多年、基本做到长治久安最重要的思想保障。的确，道德作为调节人与人之间、个人与社会之间关系的行为准则，往往是依靠社会舆论、传统习俗和个人内心信念的力量来发挥作用的，一旦在人们的思想上扎下根来，就会成为人们"内心的法则"，发挥着强大而持久的道德影响力、约束力。从历史的眼光看，道德具有历史继承性和相对稳定性；从发展的眼光看，道德又具有明显的时代特征，表现出与时俱进、不断完善的自我更新机制，以便更好地服务于人类生活。

四、道德的分类

道德虽然在概念上只有一个，但我们却可以从不同的角度对其进行分类。比如道德从主体大小的角度可以分为个人道德和社会道德，从实施途径的角度可以分为直接道德和间接道德，从实施范围的角度可以分为对内道德和对外道德，等等。

马克思主义从历史唯物主义观点出发，将人类社会划分为五种历史形态。相应地，马克思主义伦理学将道德区分为五种类型。

（一）原始社会的道德

原始社会生产力低下，人们使用的生产工具多为石器，依靠集体劳动，以采集天然食物和捕猎动物维持生存。这一生产关系的基本特征决定了生产资料归原始公社成员共同占有，人们按原始分工进行集体劳动，产品实行平均分配。因而没有私有财产，没有剥削，没有阶级，也没有国家。

这一生产关系的基本特征是，必然要求原始社会的每一个社会成员必须维护集体利益，必须付出全部的劳动，必须遵守平等分配的原则，不容许有任何私有财产。这是一种道德原则。在这一原则下，原始社会的道德特征是：以维护氏族和部落的共同利益为重，把无条件服从和维护共同利益视为神圣之物；全体成员之间自由平等、团结互助。

（二）奴隶社会的道德

奴隶社会是以奴隶主占有生产资料并完全占有和剥削直接生产者——奴隶为基础的社会，是人类历史上第一个人剥削人的社会。这一生产关系的基本特征是，必然出现维护奴隶主利益，巩固其占有生产资料和奴隶的合法地位的上层建筑。

为了维护奴隶社会的秩序，维护奴隶主阶级的统治，在奴隶主占有生产资料和奴隶的基础上建立的道德体系，必然体现出与之相适应的社会道德特征：维护奴隶对奴隶主的人身依附关系，保护奴隶主的私有财产，提倡等级尊卑、男尊女卑和男主女从的道德观念。

从整体上看，奴隶社会的道德特征体现了生产力和人类文明的发展，基本铲除了原始社会杀死俘虏、食人之风和群婚等野蛮的社会风习，体现了道德的历史进步。因为无论出于什么动机，屠杀、食人、群婚都是反人类的野蛮行为，都是人类的悲剧。

（三）封建社会的道德

封建社会是以封建主占有基本生产资料——土地，剥削农奴（或农民）

剩余劳动为基础的社会。封建社会生产关系的特征决定了它的上层建筑以维护巩固封建主的占有和剥削为特征，君权神授、尊卑有序、富贵在天、贫穷在命、三从四德、三纲五常等道德观念由此产生。

封建社会的道德特征是：维护宗法等级制度及其特权；借助宗法或教会使道德规范化、神化；道德调节功能进一步强化。封建社会中地主阶级道德的体系化和理论化，使之更具伪善性，在长期的封建社会中成为剥削阶级禁锢人民的思想工具。

（四）资本主义道德

资本主义社会实行生产资料私有制，资产阶级占有全部生产资料并以剩余价值形式剥削无产阶级的劳动，而无产阶级除自身的劳动之外，一无所有。

资本主义社会生产资料所有制的性质，必然宣扬私有财产神圣不可侵犯的道德说教，必然宣扬剥削的合法性和不可动摇性。在保护私有制和剥削剩余价值的前提下，倡导人们追求金钱、追求物质利益和个人享受。因此，资本主义社会的道德特征是：推崇个人主义、利己主义和拜金主义，道德内部矛盾加剧，道德调节功能减弱，道德危机日益严重。

（五）共产主义道德

共产主义道德包括共产主义初级阶段的社会主义社会道德，是建立在生产资料公有制为基础之上的。生产资料公有制基础上的道德体系在本质上区别于生产资料私有制基础上的道德体系，同时又区别于同是生产资料公有制基础上的原始社会道德体系，因为后者仅存在于生产力十分低下，生产方式极为落后，人们的相互关系直接、简单的原始社会，而共产主义（包括初级阶段的社会主义社会）是在生产力高度发展，产品极大丰富的基础上建立的人类理想社会。二者的道德体系不可同日而语。

列宁 1920 年在《青年团的任务》中首次提出"共产主义道德"这一概念，并对它的特征和社会作用做了论述，指出："为巩固和完成共产主义事业而斗争，这就是共产主义道德的基础。"它"是为人类社会升到更高的水平，为人类社会摆脱对劳动的剥削服务的"。共产主义道德是适应于生产资料公有制为基础的社会意识形态，以忠于共产主义事业为根本特征。它提倡集体主义、共产主义劳动，提倡为共产主义理想而奋力开拓、公而忘私、勇于献身等精神。

透过作为人类意识形态领域的道德及其规范体系的背后，真正起决定作用的是一定社会的经济基础。因此，在人类发展的不同历史时期，由于构成社会的经济基础不同，道德所包含的具体行为规范也是不断变化的。并且，不同的人站在不同的阶级立场，往往具有不同的道德观念。经过漫长的演化，一部分稳定的道德条款成为法律，一部分道德观进入了宗教的范畴。在有些地区和某些时期，道德、法律和宗教是无法分开的。

在道德的分类体系之外，还有一种分类必须提及。即按照实践伦理学的分类体系，道德通常包括四个分支：个体道德、社会公德、职业道德、家庭美德。在某种意义上，这也被看作是道德的一种分类。

个体道德是指一定社会成员为实现自我发展、自我完善的目标，并适应一定社会的客观要求而形成的道德意识、道德品质、修养境界、价值观念和指导自身行为选择的内心准则以及个体道德行为实践的总和。[1] 个体道德也可以简称为"私德"，指个人品德、作风、习惯以及个人私生活中的道德。它既包括个体道德品质和内心道德准则，也包括一定社会对个体的道德要求和道德评价。个体道德有其内控机制，它受道德观念和道德理性指导，具体来说，它受道德主体的权利义务观、良心观、幸福观、荣辱观和利益观的支配。

社会公德简称"公德"，是指存在于社会群体中间的道德，是社会与生活中的人们为了我们群体的利益而约定俗成的我们应该做什么和不应该做什么的行为规范。在本质上是一个国家、一个民族或者一个群体，在历史长河中、在社会实践活动中积淀下来的道德准则、文化观念和思想传统。它对维系社会公共生活和调整人与人之间的关系具有重要作用。

职业道德是所有从业人员在职业活动中应该遵循的行为准则，涵盖了从业人员与服务对象、职业与职工、职业与职业之间的关系。随着现代社会分工的发展和专业化程度的增强，市场竞争日趋激烈，整个社会对从业人员职业观念、职业态度、职业技能、职业纪律和职业作风的要求越来越高。要大力倡导以爱岗敬业、诚实守信、办事公道、服务群众、奉献社会为主要内容的职业道德，鼓励人们在工作中做一个好建设者。

家庭美德是每个公民在家庭生活中应该遵循的行为准则，涵盖了夫妻、长幼、邻里之间的关系。家庭生活与社会生活有着密切的联系，正确对待和处理家庭问题，共同培养和发展夫妻爱情、长幼亲情、邻里友情，不仅关系到每个家庭的美满幸福，还有利于社会的安定和谐。要大力倡导以尊老爱幼、男女平等、夫妻和睦、勤俭持家、邻里团结为主要内容的家庭美

---

[1] 田秀云. 社会道德与个体道德. 北京：人民出版社，2004：273.

德，鼓励人们在家庭里做一个好成员。

上述四种道德就其内在关系而言，是紧密关联、不可分割的一个整体。其中，良好的个体道德形成是社会公德、家庭美德、职业道德的基础，是所有道德呈现何种水准的内在根基；同时，个体道德是相对于社会公德而言的，是社会公德在个体身上的内化和个性化。家庭美德、职业道德介于二者之间，只是发挥作用的范围不及社会公德罢了。

第二节　职业道德

人类群居的生活特性，表明每个个体都必须参与社会生活。职业生活是社会生活的特殊领域，因而职业道德是一个社会完善的道德体系中不可或缺的重要组成部分。道德与职业发生联系，是在人类社会发展到一定历史阶段后，即伴随着原始社会末期开始的两次社会大分工，尤其是手工业从农业、畜牧业中分离出来，并逐渐发展成为拥有"七十二行"的较为完善的手工行业体系时，才有了形成职业道德的广泛的社会基础。近代工业社会的到来，分工越来越细化，各行各业依据其特殊性逐步形成了特有的职业道德规范。

一、职业的产生

职业道德的产生以职业的形成为基础。因此，要弄清楚职业道德的来源，首先需要对"职业"的来源有所了解。

职业有各种各样的定义。从语义学的角度看，"职业"一词由"职"和"业"二字组成。"职"就是责任、义务；"业"就是业务、事业。[①] 马克思主义认为，职业是人类社会发展到一定历史时期的产物。在人类社会发展的不同历史时期，职业的分化程度、个体对职业的认识都是逐渐发展的。简单地说，现代意义上的职业乃是人们"参与社会分工，利用专门的知识和技能，为社会创造物质财富和精神财富，获取合理报酬，作为物质生活来源，并满足精神需求的工作"。《中国大百科全书·社会学》是这样定义的："职业是随着社会分工出现的，并随着社会分工的稳定发展而构成人们

---

① 蔡志良. 职业伦理新论. 北京：中国文史出版社，2005：20.

赖以生存的不同工作方式。"① 简言之,职业就是"人们在社会生活中所从事的专门业务和对社会所承担的一定职责"②。所以,职业是指人们为了满足生产和生活的需要,在社会分工中承担的具有特定社会责任和专门业务的社会活动。

马克思主义的观点认为,社会分工在一定程度上代表了社会的发展水平,是社会进步的重要标志。从分工和职业的内在关联性看,社会分工是职业产生和职业分类的依据。事实上,在分工体系的每一个环节上,劳动对象、劳动工具以及劳动的支出形式都各有特殊性,正是这种特殊性决定了各种职业之间的区别,使职业呈现出多样性。

社会分工发展至今,职业早已超越了"七十二行"的范围,呈现出纷繁复杂的局面。国际标准职业分类把职业由粗至细分为四个层次,即 8 个大类、83 个小类、284 个细类、1506 个职业项目,总共列出职业 1881 个。其中 8 个大类是:①专家、技术人员及有关工作者;②政府官员和企业经理;③事务工作者和有关工作者;④销售工作者;⑤服务工作者;⑥农业、牧业、林业工作者及渔民、猎人;⑦生产者和有关工作者、运输设备操作者和劳动者;⑧不能按职业分类的劳动者。这种分类方法一方面便于提高国际职业统计资料的可比性和国际交流;另一方面也充分表明职业随着社会分工的发展而不断发展变化。

二、职业的基本特征

"劳动创造人"是马克思主义的一个重要观点。的确,劳动让人类与动物界相揖别,人类在学会制造和使用的过程中,在劳动形态和劳动方式的不断变化中,不断向新的文明形态跃进。其实,这样的一种情况也可以解读为人类道德的进步,即道德从无到有、道德体系(包括个体道德、职业道德、社会公德、家庭美德等)的不断完善的过程。所以,职业的特征是在劳动过程中体现出来的,由于劳动对象、劳动产品的不同,职业呈现出不同的特征。

(一)职业的社会属性

职业是人类在劳动过程中的分工现象,它体现的是劳动力与劳动资料

---

① 中国大百科全书总编辑委员会. 中国大百科全书·社会学. 北京:中国大百科全书出版社,1991:475.

② 郭宗圣,李河水. 职业道德教程. 北京:机械工业出版社,2003:18.

之间的结合关系，其实也体现出劳动者之间的关系。分工使人的劳动分属于不同的领域，而为了满足生活的各种需要，劳动产品的交换成为必然。交换本身体现的是不同职业之间的内在关系，也表明劳动过程中结成的人与人的关系无疑是社会性的，他们之间的劳动交换反映的是不同职业之间的等价关系，这反映了职业活动、职业劳动成果的社会属性。

（二）职业的规范性

职业的规范性应该包含两层含义：一是指职业内部的规范操作要求性；二是指职业道德的规范性。不同的职业在其劳动过程中都有一定的操作规范性，这是保证职业活动的专业性要求。当不同职业在对外展现其服务时，还存在一个伦理范畴的规范性，即职业道德。这两种规范性构成了职业规范的内涵与外延。

（三）职业的功利性

职业的功利性也叫职业的经济性，是指职业作为人们赖以谋生的手段所具有的逐利性一面。职业活动既满足职业者自己的需要，同时也满足社会的需要，只有把职业的个人功利性与社会功利性结合起来，职业活动及其职业生涯才具有生命力和意义。

（四）职业的技术性和时代性

职业的技术性指不同的职业具有不同的技术要求，每一种职业往往都表现出一定的技术要求。职业的时代性指职业由于科学技术的变化，特别是到了近代工业社会之后，既有传统产业成为夕阳产业，也有不断涌现的朝阳产业，使职业的变换成为一种常态。因此，各个时代人们的生活方式、习惯等因素的变化，使职业总是打上了那个时代的"烙印"。

总之，职业作为一种社会现象，是社会发展到一定历史阶段的产物。对于个人而言，它既是个人的谋生手段，也是作为社会人应当承担的社会角色和社会责任；对于人类社会而言，社会的进步、科技的发展，教育层次与水平的提高所带来的人的质量越来越高，职业的水准也随之提升。

三、职业道德的内容

职业道德是社会分工的产物。在原始社会末期，由于生产和交换的发展，出现了农业、手工业、畜牧业等职业分工，职业道德在职业分工基础上开始萌芽。进入阶级社会以后，又出现了商业、政治、军事、教育、医疗等职业。这些特定的职业不但要求人们具备特定的知识和技能，而且要求人们具备特定的道德观念、情感和品质。同时，各种职业集团，为了维护职业利益和信誉，适应社会的需要，在职业实践中根据一般社会道德的基本要求，逐渐形成了职业道德规范。

在我国古代文献中，早有关于职业道德规范的记载。例如，公元前6世纪的中国古代兵书《孙子兵法·计》中，就有"将者，智、信、仁、勇、严也"的记载。智、信、仁、勇、严这五德被中国古代兵家称为将之德。明代兵部尚书于清端提出的封建官吏道德修养的六条标准，被称为"亲民官自省六戒"，其内容有"勤抚恤、慎刑法、绝贿赂、杜私派、严徵收、崇节俭"。中国古代的医生，在长期的医疗实践中形成了优良的医德传统。"疾小不可云大，事易不可云难，贫富用心皆一，贵贱使药无别"，是医界长期流传的医德格言。当然，就医生这个行业而言，公元前5世纪古希腊的"希波克拉底誓言"，乃是西方最早的医界职业道德文献。

[相关链接]

"希波克拉底誓言"

"希波克拉底誓言"译文：我要遵守誓约，矢志不渝。对传授我医术的老师，我要像父母一样敬重，并作为终身的职业。对我的儿子、老师的儿子以及我的门徒，我要悉心传授医学知识。我要竭尽全力，采取我认为有利于病人的医疗措施，不能给病人带来痛苦与危害。我不把毒药给任何人，也决不授意别人使用它。我要清清白白地行医和生活。无论进入谁家，只是为了治病，不为所欲为，不接受贿赂，不勾引异性。对看到或听到不应外传的私生活，我决不泄露。如果我能严格遵守上面誓言，请求神祇让我的生命与医术得到无上光荣；如果我违背誓言，天地鬼神一起将我雷击致死。

一定社会的职业道德是受该社会的分工状况和经济制度所决定和制约的。在封建社会，自给自足的自然经济和封建等级制不仅限制了职业之间的交往，而且阻碍了职业道德的发展，使职业道德局限在行业内部规矩的范围。在这一社会的行业中，也出现过具有高超技艺和高尚品德的人物，他们的职业道德行为和品质受到广大群众的称颂，并世代相袭，逐渐形成优良的职业道德传统。资本主义商品经济的发展，促进了社会分工的扩大，职业和行业也日益增多、复杂。各种职业集团，为了增强竞争能力，增加利润，纷纷提倡职业道德，以提高职业信誉。在许多国家和地区，还成立了职业协会，制定协会章程，规定职业宗旨和职业道德规范。从而促进了职业道德的普及和发展。在资本主义社会，不但先前已有的将德、官德、

11

医德、师德等进一步丰富和完善，而且出现了许多以往社会中所没有的道德，如企业道德、商业道德、律师道德、科学道德、编辑道德、作家道德、画家道德、体育道德，等等。

职业道德作为一种社会意识，是社会的、阶级的道德在职业生活中的具体体现，反映着行为的道德调解的特殊方向，又带有具体职业或行业活动的特点，是一般道德原则和道德规范的重要补充。职业道德是在特定的职业生活中形成的，但在阶级对立的社会里，必然受阶级道德的制约，主要是受占统治地位的阶级的制约。同时，职业道德还受当时社会生产力的发展水平和生产方式制约，体现出职业道德的时代性。

从本质上讲，职业道德包含对整个人类都有利的一些基本的公共生活准则，属于社会公德的范围。因此，职业道德应当与社会公德统一起来。社会主义社会制度确立后，随着生产资料公有制的实现，职业道德的性质发生了变化，形成了新型的职业道德。各行各业共同遵循为人民服务的道德原则，成为社会主义和共产主义道德体系的重要组成部分。

四、职业道德的特点

（一）职业道德适用范围的有限性

每种职业都担负着一种特定的职业责任和职业义务。由于各种职业的职业责任和义务不同，从而形成各自特定的职业道德的具体规范。

（二）职业道德发展的历史继承性

由于职业具有不断发展和世代延续的特征，不仅其技术世代延续，其管理员工的方法、与服务对象打交道的方法，也有一定历史继承性。如"有教无类""学而不厌，诲人不倦"，从古至今始终是教师的职业道德。

（三）职业道德表达形式多种多样

由于各种职业有其内在的不同特点，职业道德的要求也必须符合职业特征，尽可能具体、细致地加以阐述，因此其表达形式往往多种多样。

（四）职业道德的强烈的纪律性

纪律也是一种行为规范，但它是介于法律和道德之间的一种特殊的规范。它既要求人们能自觉遵守，又带有一定的强制性。就前者而言，它具有道德色彩；就后者而言，又带有一定的法律色彩。也就是说，一方面遵守纪律是一种美德；另一方面遵守纪律又带有强制性，具有法令的要求。例如，工人必须执行操作规程和安全规定；军人要有严明的纪律等。因此，职业道德有时又以制度、章程、条例的形式表达，让从业人员认识到职业道德又具有纪律的规范性。

五、职业道德的作用

职业道德是社会道德体系的重要组成部分，它一方面具有社会道德的一般作用；另一方面它又具有自身的特殊作用，具体表现在以下几个方面。

（一）调节职业交往中从业人员内部以及从业人员与服务对象间的关系

职业道德的基本职能是调节职能。它一方面可以调节从业人员内部的关系，即运用职业道德规范约束职业内部人员的行为，促进职业内部人员的团结与合作。如职业道德规范要求各行各业的从业人员，都要团结、互助、爱岗、敬业、齐心协力地为发展本行业、本职业服务。另一方面职业道德又可以调节从业人员和服务对象之间的关系。如职业道德规定了制造产品的工人怎样对用户负责；营销人员怎样对顾客负责；医生怎样对病人负责；教师怎样对学生负责等。

（二）有助于维护和提高本行业的信誉

一个行业、一个企业的信誉，也就是它们的形象、信用和声誉，是指企业及其产品与服务在社会公众中的信任程度，提高企业的信誉主要靠产品的质量和服务质量，而从业人员职业道德水平高是产品质量和服务质量的有效保证。若从业人员职业道德水平不高，则很难生产出优质的产品和提供优质的服务。

（三）有助于促进本行业的发展

行业、企业的发展有赖于高的经济效益，而高的经济效益源于高的员工素质。员工素质主要包含知识、能力、责任心三个方面，其中责任心是最重要的。职业道德水平高的从业人员其责任心是极强的，因此，职业道德能促进本行业的发展。

（四）有助于提高全社会的道德水平

职业道德是整个社会道德的主要内容。职业道德一方面涉及每个从业者如何对待职业，如何对待工作，同时也是一个从业人员的生活态度、价值观念的表现；是一个人的道德意识、道德行为发展的成熟阶段，具有较强的稳定性和连续性。另一方面，职业道德也是一个职业集体，甚至一个行业全体人员的行为表现，如果每个行业、每个职业集体都具备优良的道德，对整个社会道德水平的提高肯定会发挥重要作用。

【思考题】

1. 简述道德的特点与功能。

2. 从"希波克拉底誓言"看职业道德的本质及特征。

3. 简述职业道德在整个道德体系中的重要作用。

第二章　教师职业道德概述

【学习目标】

1. 了解教师职业产生及发展的过程。

2. 理解教师职业道德的特点、功能及社会价值。

3. 理解并掌握教师职业道德的基本构成及其内涵、特征与作用。

社会政治、经济、文化的快速发展对人的科学文化知识、思想品德和身体素质等提出了更高要求，教师的社会功能随之变化和扩大。教师不仅要传授知识，还要培养和发展受教育者的智力和能力，对他们的学习和全面成长进行指导；同时对社会团体、学生家庭成员有联络、辅导、咨询和服务的责任。教师成为促进社会民主化、平等化和教育社会化的积极力量。教师职业道德素养成为影响教师社会功能实现的关键因素。

第一节　教师职业的产生与发展

一、教师职业的产生

（一）"教"和"师"的词源简释

"教"和"师"都是中国古代最早的汉字之一。《说文解字》中"教，上所施下所效也。从攴，从孝。凡教之属皆从教。"① "教"最初主要表示对贵族子弟和初任职官进行舞蹈礼乐教育，对士兵进行军事训练。《说文解字》中对"师"的解释是"師，二千五百人为师。从帀，从自。四帀，众意也。"② 相关研究成果显示，"师"字的含义最初并不是表示教师，其本义为军队驻扎，后引申为军队编制的一级单位或军事长官。到了西周以后泛化到擅长乐舞的"乐师"群体和制造各种器物且技术较高的"工师"群体。

"教"和"师"两字最早合并成词，源于佛教中"禅教师"和"亲教师"对应称谓的翻译。宋代时，"教师"一词作为独立的双音词开始出现，多用于称呼在宗教中承担学术研究、著述和教育角色的高僧。元代时开始大量使用"教师"一词，并一度成为一种正式官职。而将"教师"一词确定下来，成为专门称谓的是晚清大臣张之洞，他与刘坤一在一同请求朝廷变革学制的奏折中专门提到关于教师的问题："查外国学堂法整肃而不苦，教知要而有序，为教师者类皆实有专长，其教人亦书定法。"③ 黄绍箕于1902年出版了《中国教育史》，在这本中国教育史学上的开山之作中大量地使用"教师"一词。自此，"教师"一词基本被固定下来。

(二) 教师的概念和内涵

古今中外的思想家和教育家都曾对教师做出过不同的定义。仅我国而言，就有："师者，教人以道者之称也。"（《周礼》）"师也者，教之以事，而喻诸德者也。"（《荀子》）"智如泉源，行可以为仪表者，人之师也。"（《韩诗外传学行篇》）"师者，人之模范也。"（扬雄《法言学行篇》）"师者，所以传道、授业、解惑也。"（韩愈《师说》）。上述定义有的是对教师的功能和作用做出的界说，有的是从教师所具备的品质来加以说明的，都分别从某一方面表述了教师的基本特征。

"教师"的概念有广义和狭义之分。广义上的教师与我们常说的教育者是同一个概念，这两个词在我们的日常生活中是经常通用的。在人与人所结成的各种社会关系中，彼此存在着相互影响的关系，诸如思想感情的交流、行为习惯的模仿等，如果其中的一方有意识地利用这种影响以使对方的身心发生某种变化，这可以称之为广泛意义上的教师。然而，严格意义

---

① 说文解字. 北京：中国华侨出版社，2011：352.

② 说文解字. 北京：中国华侨出版社，2011：234.

③ 转引自冯明义. 师范生必读. 北京：科学出版社，2012：2.

上来分析教育者和教师,两者之间存在着一定的区别。"教育者的概念较大,是种概念;教师的概念较小,是属概念。教育者在社会生活中只要是正常的人均可承担。社会对此没有条件限制,他们在教育别人时,不承担或少承担社会责任,教育内容或是亲身的经历或是生产、生活经验。教师则与之不同,只有受过特殊训练并接受社会的一定委托,在学校中与其特定的活动对象——学生发生联系,并通过'传道、授业、解惑'的中介因素来影响学生发展的人,我们才能称其为教师。"① 狭义上的教师是以学校为其活动背景,具有一定资格的专兼职人员,他与受影响的对象之间是一种相对稳定的和经常的关系。

我们常说的教师是狭义上的教师,是指按照社会的要求,在学校中有计划、有目的、有组织地对学生的身心发展施加特定影响的专门的教育工作者。

然而要全面理解教师这一概念,还必须从教师职业的特点、社会角色、承担职责等方面来考察。《中华人民共和国教师法》总则第三条这样规定:"教师是履行教育教学职责的专业人员,承担教书育人,培养社会主义事业建设者和接班人、提高民族素质的使命。教师应当忠诚于人民的教育事业。"这一界定,包含了我国现代教师的主要内涵:第一,从身份特征来看,教师是专业人员。作为从事专门职业的专业人员,必须具备专门的资格。要达到规定的学历要求、具备相应的专业知识、还需要符合职业的其他相关规定,如"遵守宪法和法律,热爱教育事业,具有良好的思想品德"等。第二,从职业特征来看,教师的职责是教育教学。只有承担教育教学工作职责的人,才具备教师的基本条件。第三,从社会职责来看,教师的使命是通过教书育人,培养社会主义事业建设者和接班人、提高民族素质。教师的教育、教学工作都必须服务于这一使命。

[相关链接]

我国教师称谓的历史考察②

中国古代的学校,可以按性质划分为官学和私学两大类。除此之外,还有另外一种形式,叫书院。官学中的教师称为"官师",私学中的教师称为"塾师",书院的主持人称为"山长"或"洞主"。中国近代学校中的教

---

① 张彦山. 论教师职业的产生及发展. 新疆教育学院学报,1996(2).
② 冯明义. 师范生必读. 北京:科学出版社,2012:2~4.

师称为"教员"。

1. 官学中的"官师"

据《尚书·舜典》记载，虞舜时期出现专司教育的学官：一为"司徒"，主持"五教"（父义、母慈、兄友、弟恭、子孝），以契为之长；一为"秩宗"，主持"三礼"（祭天神、地祇、人鬼），以伯夷为之长；一为"典乐"，专掌乐教之类，以夔为之长。这些官员既是管理行政的首领或长老，也是社会教育的承担者。春秋战国时期，我国产生了一种官办教育的公室养士制度。战国中晚期的稷下学宫，是公室养士的著名地方，稷下学宫的师生"皆赐列第为上大夫"，但不担任吏治，专门从事学术的研究和教授。教师择优聘请，首席教师不由官方任命，而由众人公推，称为"祭酒"，任期不定。秦朝在教育中实行"以吏为师""以法为教"。汉代有中央直接主办的大学性质的"太学"、特殊性质的"鸿都门学"以及"四姓小侯学"，也有地方政府办的大学程度的"郡国学"和小学程度的"校""庠""序"等学校。太学教师称博士，首席博士称仆射，东汉时期改为祭酒，直接由太常掌管。唐代官学也分中央与地方两大系统。各种专门学校开始出现，如律学、书学、算学、医学等，教师队伍不断壮大，素质不断提高。明代官学比较系统和庞大，包括大学性质的国子监、太学，专门学校性质的宗学、武学、医学、阴阳学以及地方兴办的府学、州学、县学、卫学等，出现了一大批从事大、中、小学教育的官师，各层次的教师形成了阶梯状的配套结构。清朝教育沿袭明制，京城设国学，各省设府、州、县学。到乾隆时期，学校相继为书院所代替。

官师既是学校教师，又是政府官员，官与师高度统一。其教职的大小，以在政府所任职位的高低为标准。我国官学有着严于择师的传统。中央官学教师从汉代起就要经过考试，地方官学教师从南宋建炎初年开始，也要经过义理、诗赋考试。明初，地方官学教师有九年任满的规定。教师任满后若要继续从事该职业则需要参加并通过专门的考核。

2. 私学中的"塾师"

民间的私学是我国历时长久、影响较大的一种教育形式。春秋战国时期，战争频发，新兴地主、商人为了争取政治地位和从事经济活动，迫切要求掌握一定的文化知识技能，于是一些知识分子开始聚众讲学，创立私学。此时期最大的私学由儒、墨两大学派创立。汉代的私学逐渐形成启蒙、专经预备和专经三个阶段的教学。魏晋南北朝时期私学有一些衰落，但至唐宋时又兴盛起来。到了清代，私塾种类繁多，如有钱人聘请教师在家教子弟的，称为教馆或坐馆；教师在家设馆教授生徒的，称为家塾或私塾；由地方出钱聘请教师的，称为义学或义塾。

我国历代"塾师"一般都有自己鲜明的思想政治观点和教学原则，并能够以此为教学的指导思想，形成了各自独特的风格流派。如孔子教导人们推仁、行礼、重信和重义轻礼，主张有教无类，强调身体力行等。塾师讲学的自由度较大，因此他们比较注意教学内容的挑选和研究。塾师一般都将自己所熟悉、擅长的方面作为教学的主要内容，并亲自为学生挑选或编写教材。塾师选择教学内容时比较注意生产、生活实践的需要，强调读写训练。塾师以收徒讲学为业，其生活来源主要靠学生缴纳的学费或束脩、布匹等，经济收入总的来说不够稳定。但是，几千年来，我国塾师钟爱名声、自重律己的品德，尊重知识、严谨治学的态度，为后人传颂和继承。

3. 书院中的"山长"或"洞主"

书院是我国教育史上除官学和私学外的另一种学校形式。书院始于唐末，宋明时期发展尤盛，清末逐渐失去原有的生气。比较著名的书院有白鹿洞书院、岳麓书院、睢阳书院等。

书院有私办、官学、私办官助等形式。书院主持人通常称为"山长"或"洞主"，一般由官府委派或由民间学术造诣较深的名流学者担任。讲学内容和教学原则大都由教育者自定。如朱熹是明朝一位杰出的书院大师，他亲自制定了师生应该共同遵守的《白鹿洞书院学规》，要求做到"父子有亲、君臣有义、夫妇有别、长幼有序、朋友有信"以及"博学、审问、慎思、明辨、笃行"等社会教师职业道德的范例。书院讲学是我国教师职业发展过程中的一种特殊形式，在历史上具有一定的地位和作用。

4. 近代学堂中的"先生"和学校中的"教员"

鸦片战争后，外国传教士在中国开设西式学校，国内改良派和洋务派在北京、上海、福建等地建立学堂，学习西法。这时不少书院也改为学堂。此期间，国内自中央到地方，学校包括蒙养院（幼稚园）、初级小学（五年）、高等小学（四年）、中学（五年）、高等大学堂预备科（三年）、大学本科（三四年）、通儒院，已形成体系。此时学堂中的教师多被称为"先生"。后来，不管是外国人在华办的学校，还是中国人办的学校，教师都称"教员"。

自鸦片战争到新中国成立，我国教师职业发展并不快。尽管晚清时期有一批爱国之士提出教育救国，以期改变社会状况，无论洋务派、改良派，还是革命派，都在改变和发展中国教育事业方面做了很多实事，但终究未改变教育落后的基本面貌。据资料统计，全国专科以上学校的教师 1912 年是 2300 多人，到了 1931 年也只有 7000 人左右。

5. 当代学校中的教师

当前，无论是中国还是外国，不管是小学、中学，还是大学，教育者都被统称为教师。新中国成立后，我国教师的社会地位发生了巨大的转变，教师数量也在稳步增长，尤其是改革开放以来取得了更显著的成就。随着教育事业的发展，我国教师已发展到 1033.2 万人，其中普通中小学教师 846.1 万人，幼儿教师 67 万人。

当代教师在传授知识和推动技术进步的过程中，成为连接过去、现在和将来的纽带与桥梁。有了教师，人类才逐渐由野蛮走向文明，由愚昧走向聪慧。因此捷克教育家夸美纽斯说：“教师职业是太阳底下最光辉的职业。”

二、教师职业的发展

(一) 古代教师职业的非专门化

早在人类社会初期，教师还没有形成独立职业的时候，就存在着教的活动。我国古籍所载的伏羲氏教民以猎、神农氏教民耕种的传说，表明原始社会早期是原始部落的首领或有生产经验的人承担了教师的职责。原始社会生产与生活中的观察模仿，原始教育中的庠、青年之家等，都是长者为师、能者为师。奴隶社会，当教育从生产劳动与日常生活中分离出来，产生了专门的教育机构——学校后，虽然有了专门从事教育活动的教师，但由于承担教师职责者多是“以吏为师”“僧侣为师”，即教师是一种社会官吏或僧侣兼做的工作。在学校产生后一个相当长的历史阶段里，教师并不是专职的，教师职业也没有成为一种独立的社会职业，教师更没有专业教育机构的专门训练。从奴隶社会文化下移而兴起的私学或书院的教书先生与讲学的学者，虽以教书为谋生手段，也只是因其掌握较多的文化知识，并不具有从教的专业技能。从奴隶社会到封建社会，社会的总体教育程度很低，能接受教育的人数由于阶级社会的等级制度而极为有限，私学虽有，但实际为数寥寥。因此，当时教师职业的专业化程度十分有限，从事教师职业的人数也屈指可数。

教师职业在此时还不是社会的必需职业，它对社会发展所起的推动作用，在继承、繁荣和发展人类文化方面以及人类自身的发展方面所起的作用远未被揭示出来。在统治阶级看来，其重要性远远不如社会上的其他职业,如裁缝、铁匠。

(二)近代教师职业的专职化

资本主义的社会制度首先在西方国家形成,以机器大工业生产和商品经济的繁荣、资本主义生产关系的确立、资产阶级占据统治地位为基本特征。在资本主义社会的发展过程中,对教师职业的发展影响最大、最深刻的事件当首推义务教育制度的提出和推行。

义务教育制度的提出和推行,始于 16 世纪欧洲宗教改革运动中奉行新教的国家推行宗教教育的需要。各资本主义国家实际上是在 19 世纪 70 年代才开始实行义务教育的。义务教育的实施在客观上意味着对教师需求数量的激增和业务质量要求的提高,教师和教师培养问题因而引起了社会的广泛关注。如法国启蒙思想家卢梭在其教育名著《爱弥儿》中就一针见血地指出:"教师必须受过教育,才能教育他的学生……把孩子交给一个连他本身都没有受过良好教育的人培养,又怎么能培养得了呢?"这说明了教师培养问题已到了非解决不可的地步,尤其初等教育的教师培养问题。

世界最早的独立师范教育机构产生于法国。1681 年法国天主教神甫拉萨尔创立了第一所师资训练学校,成为世界独立师范教育的开始。1695 年德国法兰克在哈雷创办了一所师资养成所,施以师范教育,成为德国师范教育的先驱。1795 年法国在巴黎设公立师范学校,1810 年设立高等师范学校。1832 年法国建立师范学校系统,统一隶属中央。1833 年的《基佐法案》明确规定各省均设师范学校一所。从 1870 年到 1890 年,世界许多国家颁布法规设立师范学校,中国也是在这个时期,即 1897 年创立了以专门培养教师为主的师范学校。

教师的职业化意味着教师与政治事务、宗教行为相对疏离,专门以教师职业作为谋生的手段。在各国政府开始兴办初等学校后,出于对教育质量的考虑,禁止从教人员再从事妨碍学校教学工作的职业,使教师从业人员专职化。尽管此时对教师的要求仍然很低,对教师资格的要求仅限于行为举止的得体和宗教信仰的正统,但对教师职业的发展来说,毕竟走过了兼职的历史,成为一项专门的职业。

(三)现代教师职业的专业化①

专业化的活动首先以基本的专业训练为前提,因此,师范学校的出现

---

① 车丽娜,徐继存. 我国教师专业化:历程、问题与发展. 教育理论与实践,2008 (4).

代表着教师专业化的肇始。但是，早期的教师培养训练主要采用口耳相传的"艺徒式"训练方式，具有很明显的经验化、随意化特征。只有当教育科学发展到一定水平并被纳入教师教育课程以后，教师的专业训练和专业化发展才进入了比较成熟的阶段，教师的教学才逐渐摆脱了工业革命以前的经验化和常识化状态，有了科学的理论指导。

随着世界政治格局的变迁，教育成为关乎各国在综合国力大战中能否取胜的一个最重要的砝码，促进教育改革和发展的呼声铺天而至，也引发了对教师专业发展和专业教育的关注，世界范围内开始把教师专业发展的问题作为关系教育质量的关键问题加以探讨和研究。1966 年联合国教科文组织和国际劳工组织在法国巴黎召开了"教师地位政府间特别会议"，通过了《关于教师地位的建议》，明确提出："应把教师工作视为专门的职业，这种职业要求教师经过严格的、持续的学习，获得并保持专门的知识和特别的技术，它是一种公共的业务。"这是世界范围内首次对教师专业地位的探讨，从而开启了世界上教师专业化研究的序幕。进入 20 世纪 80 年代，教师专业发展问题日趋成为人们关注的焦点。1980 年世界教育年鉴将"教师专业发展"作为主题，由此引发了一系列以提高教师素质为核心的教育改革，并发表了一系列有价值的研究报告。美国霍姆斯小组于 1986 年、1990 年和 1995 年先后发表的《明天的教师》《明日之学校》《明日之教育学院》等一系列报告，卡内基教育和经济论坛"教育作为一种专门职业"工作组于 1986 年发表的《国家为培养 21 世纪的教师做准备》的报告，共同倡导通过确立教学工作的专业性地位、培养训练有素的专业化教师等途径来提高美国的教育教学质量，由此引发了声势浩大的教师专业化运动。

为了尽快跟上世界教师专业化发展的步伐，世纪之交的中国学者开始了对教师专业素质、专业伦理、专业发展模式以及教师教育改革的方向等热点问题的研究，促进了教师教育的改革，引发了教师整体素质的提升并推动了教育的健康发展。新一轮基础教育课程改革的启动，尤其对教师的教育观念和教学行为提出了更高的要求，一下子将我国尚处于起步阶段的教师专业化进程推到了理论研究与教育改革的焦点位置。

第二节　教师职业道德的重要性

教师职业活动的开展历史悠久，在数千年的教育实践中涌现了许许多多的"师范端正、学明尊德"的教育家，留下了丰富的关于教师职业道德的思想。如我国古代大教育家孔子，不仅首开私学先河，还提出我国历史上最早的教师职业道德规范，要求教师要具备"学而不厌、诲人不倦"的品格，教育学生应该以身作则、言行一致，"其身正，不令而行"①等。我国当代教育家陶行知，要求教师"应当做人民的朋友"，有"农夫的身手、科学的头脑、艺术的兴味和改造社会的精神"，要"敢探未发明的新理""敢入未开化的边疆"，要"虚心地跟一切人学。"②他还以实际行动为广大教育工作者树立了"捧着一颗心来，不带半根草去"的师德楷模。

　　不同历史时期，社会对教师行为的基本道德要求反映的是不同的伦理关系，带有特定时代和阶级的局限，但是其中的合理成分逐渐沉淀，成为一种超越时空的永恒。教育作为民族发展的根本事业，需要建设一支高素质的教师队伍，其中的关键就是加强师德建设。加强学习教师职业道德的系统性，增强践行教师职业道德的自觉性，对于教师、学生和整个教育事业的发展以及社会道德风尚的净化均有重要的意义。

一、教师职业道德是学生道德成长的导航灯

　　教师职业与其他职业的显著不同在于它是一项"以人育人"的工作，即在教育劳动的过程中，劳动者和劳动工具是融为一体的。教师劳动质量的高低直接取决于教师本人的素质高低。相对于职业知识、能力因素而言，教师的道德素质对学生的道德发展影响更大。

（一）教师职业道德有助于学生道德观念的形成

　　青少年学生处于长身体、学知识、立品德的重要时期，具有极强的模仿性和可塑性。教师作为学生成长中的"重要他人"发挥着突出的作用。学生不仅仅从书本里、课堂上学习是非善恶的观念，更重要的是直接从教师的教育劳动中表现出来的道德意识和道德行为中汲取是非善恶的观念。对于年龄尚幼的小学生而言，教师是比父母更重要、更具影响力的人，教师的一言一行、一举一动都对小学生直接起着启蒙作用。对于中学生而言，他们正处于世界观、人生观、价值观逐步形成的关键时期，已经能对教师的教育行为进行是非善恶的思考和评价，这时教师道德对中学生的影响更深刻。对于大学生而言，尽管其价值观等已经基本形成，但还需要从学校教育和社会生活中进一步完善和调整，这一时期教师的职业道德表现就成

---

　　① 论语·孟子. 呼和浩特：内蒙古人民出版社，2012：253.

　　② 陶行知教育文选. 北京：教育科学出版社，1981：7～8.

为大学生进行自我完善、自我调整的一个重要参考。所以，在学生品德形成和发展的各个阶段，教师职业道德都是一种重要的教育力量。

(二) 教师职业道德有助于学生道德行为的养成

学生道德品质的形成不只是道德观念的形成，更重要的是道德行为的养成。良好道德行为的养成固然需要教师向学生讲授正确的道德知识，更需要教师促成道德知识、观念的外化。而要促成这一外化，仅靠"言传"是不够的，更需要"身教"。教师作为学生在学校生活中接触到的最直接、最真实的道德榜样，可以通过自己的身体力行来印证课堂的言教，给学生一种无法物化在书本上的人生智慧。这种身体力行的示范比明理言志更深刻，比高谈阔论更生动，更具撼动人心的说服力。

总之，在教育过程中，教师所处的地位决定了教师是学生学习的榜样，教师职业道德不仅是教师自身的行为规范，而且是影响学生的教育因素。

二、教师职业道德是教师必备素养的奠基石

教师职业道德是合格教师必备的素养之一，也是教师素质的最高表现形式。国内外大量的实践经验表明，对教师进行专门的教师职业道德的教育和训练是培养合格教师的一个相当重要的环节。[1]

(一) 教师职业道德有助于教师职业道德信念的坚定，提高师德修养的自觉性

教师职业道德的基本理论指明了合格的教师应具备的基本道德品质，以及为何需要具备这些品质。教师只有对师德修养的必要性和重要性产生认同感和信服感，才能通过理论的学习、理性的思考和亲身的实践来自觉促进个人道德品质的完善与提高。在这种情形下，当教师的教育行为符合职业道德的准则，就能获得道德情感上的满足，从而坚定自己的道德信念和道德立场；反之，若教师的教育行为与职业道德的要求相违背，就会产生羞愧和内疚感，从而产生纠正自身行为的意识。所以说，教师职业道德为教师选择合理的行为确立了基本规范、原则，是教师坚定职业道德信念的标准，是教师自觉提高师德修养的指南。

(二) 教师职业道德有助于教师道德判断能力的提高以及事业心与责任感的增强

教育是一种复杂的社会实践活动，其中的道德矛盾和利益关系也是错综复杂的。尤其是我国正处于深刻的社会变革中，教育领域中也出现了大量的道德疑难问题，如有偿家教、请客送礼、学术造假等问题。面对诸如

---

① 钱焕琦. 教师职业道德. 上海：华东师范大学出版社，2008：27.

此类的问题，如何正确地去思考和行动，就需要教师拥有高尚的职业道德。因为只有当教师职业道德规范和原则内化为教师个体品质后，它才成为一种内在力量，指导和支配着教师的行为，使他们在纷繁复杂的现实生活中保持强烈的事业心和责任感，而不至于因受到社会变革所带来的种种冲击和工作、生活中遭遇到的种种困难或个人利益上的损失产生心理上的不平衡，进而减弱或丧失事业心和责任感。也只有这样，教师才能感受和体味到教师职业的幸福。

（三）教师职业道德有助于教师科学教育理念的形成

新的历史时期，教育也呈现新的姿态，传统的教育价值观、教师观、学生观、知识观等都需要接受新时代的审视。教育领域中的管理公平与民主、师生中的伦理问题、家校关系、教师集体的人际关系等都出现了新的特点，这一切都对教师职业道德建设提出了新的要求。例如，我国于2008年新修订的《中小学教师职业道德规范》明确提出"爱国守法、爱岗敬业、关爱学生、教书育人、为人师表、终身学习"六项基本要求。此规范紧跟时代发展以及世界教育发展的新趋势，对新时代教育劳动的新特点进行科学分析和全面审视，用先进的科学教育理念武装教师头脑，使教师行为符合社会基本道德要求，并更好地履行教师的职责。

总之，教师只有形成了正确的职业道德认识，才能明确应该从哪些方面入手提高自己；只有树立了坚定的职业道德信念，才会自觉去培养师德，以满足内心发展的需要；只有具备了坚强的职业道德意志，才会坚定不移地在教育实践中不断努力、刻苦学习，为适应时代发展的需要而提高自身素质。

三、教师职业道德是教育事业顺利运行的推动器

教育活动中任何一个具体的过程都包含着各种道德关系，如教师与学生之间的关系、教师与教师之间的关系、教师与家长之间的关系等。处理好这些关系，对于教育事业的顺利发展至关重要。如果师生之间关系对立、紧张僵化，教师之间互相埋怨，教师与家长之间相互拆台、心存芥蒂，那么教育教学活动必定受到影响，教育效果必定大打折扣，这对于教育事业发展是极为不利的。

当前，教育事业的改革与发展日益深化，教育内部的各种交流愈加频繁，教师与社会各方面的接触和协作也愈加密切，如此纷繁复杂的关系，仅仅依靠一般的行政管理手段是远远不够的，依靠交际手段往往又容易落

入俗套。有效处理与协调这些复杂关系的最根本的途径是依靠教师自身良好的道德素质。教师职业道德是带着鲜明职业特点的特殊道德形式，能为教师指明协调教育劳动中各种关系的行为方向，在促进教师与其他教育活动参与者以及社会各方面建立协调关系的同时，更顺利地完成教育的活动和任务。

四、教师职业道德是良好社会道德风气形成的催化剂

教师这一特殊职业与社会有着广泛联系，对社会的发展发挥着特殊的影响。教师职业道德的重要意义不仅表现在学校教育情境中，而且还会通过各种方式和途径直接或间接地影响社会风气。教师职业道德作为促进社会形成良好道德风气的催化剂，其具体表现为：

一是通过培养学生的优良道德品质，间接影响社会。教师在职业活动中所展现出的面貌，直接影响学生道德品质的形成。学生从学校走入社会，将其在学校里培养和发展起来的道德品质直接带入社会的各行各业，从而对整个社会的道德风气产生广泛而深刻的影响。

二是通过教师亲自参与社会活动，直接影响社会。每位教师除了特定的职业活动，还会作为社会成员参加各种社会活动，进行各种社会交往。在社会活动中，教师业已形成的道德品质不会因为离开职业生活而消失，而是将这些优良品质带进家庭生活，与家人相互亲爱、与亲友友好往来、与邻里和睦相处，在公共生活中尊老爱幼、遵纪守法，这无疑都会对良好社会风气的形成起促进作用。当社会生活中存在着不正之风，毒害青少年、腐蚀人们灵魂时，有高度责任感的教师会积极参与社会活动，通过著书立说等方式来努力改造环境、净化社会风气。

[相关链接]

中外教育家论教师职业道德

捷克著名教育家夸美纽斯说："太阳底下再也没有比教师这个职业更高尚的了。教师职业是太阳底下最光辉的职业。"

俄国著名小说家、教育改革家列夫·托尔斯泰说过："如果一个教师仅仅热爱事业，那么他只能是一个好教师。如果一个教师仅仅像父母一样爱学生，那么他将比虽然读过很多书，但却不爱事业、也不爱学生的教师好。如果一个教师把热爱事业与热爱学生结合起来，他就是一个完美的教师。"

苏联卓越的无产阶级革命家、教育家米哈伊尔·伊凡诺维奇·加里宁

说："教师的世界观，他的品行，他的生活，他对每一现象的态度都这样或那样地影响着全体学生……他应该觉察到，他的一举一动都处在最严格的监督之下，世界上任何人也没有受过这样严格的监督。"

我国著名教育家陶行知说："捧出一颗心来，不带半根草去。""当心你的教鞭下有瓦特，你的冷眼里有牛顿，你的讥笑中有爱迪生。"

叶圣陶先生曾说："教育工作者的全部工作，就是为人师表。"

语文特级教师于漪说："教师是天底下最为特殊的职业，今日的师德水准就是明天的国民素质。""教师肩膀上的担子有千斤重，一头挑着学生的现在，一头挑着国家的未来。""在信息化时代，教师的身教更重于言教。如果光传授知识，教师教学完全可以被电脑教学代替，然而教育是潜移默化的艺术，更是精神的传授，只有心中有学生的教师才是师德高尚的教师。"

第三节　教师职业道德的基本构成

教师职业道德体现的是一定社会对教师道德的根本要求，是必须成为教师普遍的内心信念，对教师的行为发生影响的规范体系。教师职业道德主要由教师职业理想、教师职业责任、教师职业态度、教师职业纪律、教师职业技能、教师职业良心、教师职业作风和教师职业荣誉八个因素构成，这些因素从不同方面反映了教师职业道德的特定本质和规律。这些因素同时作用又互相配合，构成一个严谨的教师职业道德结构模式。下面择其重要者，如教育爱、教师义务、职业良心、教育公正、职业荣誉进行论述。

一、教育爱

（一）教育爱的内涵

"爱是主动关心他人的幸福；它通过承认、喜欢、给予、关心、尊重、接受、赏识、责任感等方式来表达，是对人的不限制、不束缚与不控制，而且是对人的不自由的束缚的解脱；它可以唤起与增强人的生命活动，促进人的成长。"[①] 爱是教育的出发点，是教育的灵魂，是教育的生命所在。

---

① 朱小蔓，等. 教育职场：教师的道德成长. 北京：教育科学出版社，2004：51～52.

苏联著名教育家苏霍姆林斯基认为，教师对学生的爱是"教育的奥秘"，教师如果不爱学生，那么教育从一开始就已经失败了。

对于什么是教育爱，学者们有不同的见解，概括起来有广义上和狭义上的理解。广义上的"教育爱是指充分认识到教育存在的重大意义和价值后，整个社会对教育的推崇和重视，包括精神上的支持和物质上的投入，实质是爱教育"[①]。广义上的教育爱的主体是多元的，泛指与整个教育事业相关的教育者和非教育者。而狭义上的教育爱是教育者"基于对职业的理解，为实现职业理想和道德，在教育实践中产生的一种超越血缘关系的爱，它是以受教育群体为对象，在教育过程中表现出来的一种高尚的道德境界、执着的敬业精神、富于人道的教育艺术和对自我职业行为充分肯定的价值取向"[②]。可见，狭义上的教育爱的主体是指教育者，更狭义上说就是教师对学生的爱。

（二）教育爱的特点

通常人们会将教育爱称为"师爱"，它存在于教育这个特殊的领域中，存在于教师与学生之间，与人类社会中的其他"爱"相比极具特殊性。这种独特的特点主要表现在以下几个方面。

1. 教育爱具有主动性和无私性

"教师是人类社会文化科学发展中承前启后的中介和纽带，是对受教育者的心灵施加特定影响为其职责的人。"[③] 教育系统中，教师的特定角色，决定了教师是学生成长过程中积极的引导者，在教育爱中是主动的一方。教育爱是教师"给予"学生的爱，是主动的、无私的。教育爱不同于一般人的以个人为基础的"私爱"，它是教师以崇高教育理想为指导，从高度责任感的角度出发，对全体学生全身心的关怀和热爱，它同时意味着教师应无私地对待每一位学生。这种关怀、爱护是不掺杂念、不含功利、是无条件的。总之，教育爱作为教师职业道德的重要表现，是不因个人好恶来对学生进行爱的取舍，是无私的利他之心。

2. 教育爱具有社会性和理智性

马斯洛的需求层次理论向我们揭示了人有归属与爱的基本需要。人类的爱包括两种基本类型：一种是自然爱，即与人的生物性需要相联系而产

---

① 樊浩，田海平. 教育伦理. 南京：南京大学出版社，2000：136.

② 颜建军. 教育爱的失落. 天津师范大学学报（基础教育版），2004（3）.

③ 叶澜，等. 教师角色和教师发展新探. 北京：教育科学出版社，2001：32.

生的本能的自然情感，如情爱、母爱等。这种爱是人无须做出理性思考、无须做出伦理努力的自然需求和表现。另一种是社会爱，是与人的社会需求相联系而产生的，如友爱、博爱等。这种爱根植于人的社会属性，是人在社会生产和生活过程中，基于人的社会性联系而产生的相互亲和的情感，是一种非本能的爱。显然，教育爱属于后者，是在学校环境中形成和发展起来的崇高情感，充满社会责任感，是人类特有的理智之情、责任之爱。

"教育爱的理智性，首先表现在教育爱更强调被爱者的感受，也就是说教育爱虽是以教师为出发点，但却根植于学生。教育爱是一种被学生认同的爱，教育爱不是教师一己之热情就能够到达学生心灵的情感。教育爱是不是一种真正的爱，需要学生来评价。"①

[案例与思考]

我们的爱，哪里出了问题呢②

上海市进行的一项关于师生关系现状的调查报告显示，有58％的教师说自己"很爱"或"尚爱"学生，可是却只有5.61％的学生明白地感受到这种"爱"，"不注意，不知道"的占了46.5％。也就是说，教师付出的"爱"，只有1/10左右的被学生"领情"，另外9/10未产生预期的效果，甚至起到事与愿违的副作用。一方面，教师确信自己付出了爱；另一方面，孩子却肯定自己很少体验到爱。投入如此之多，而效果却如此之少。我们的爱，哪里出了问题呢？

教育爱的前提是教师对学生的尊重和理解。假如教师对学生的爱里没有尊重和平等，爱就可能蜕变成支配和占有；假如爱里没有理解，爱就可能异化为控制和强迫。因此，教师要尊重学生的感情和人格，维护学生自尊，要懂得学生所思所想、所好所求，与学生心灵相通，这样才能进行有的放矢的教育。

教育爱的理智性，还表现在教育爱的结果上。教育爱不仅能够给学生带来幸福，教师在施爱的过程中，也会感到巨大的满足和快乐。这种满足和快乐，也会成为教师教育工作的强大动力，激发教师的潜力和智慧，提升教师的生命质量。

---

① 钱焕琦. 教师职业道德. 上海：华东师范大学出版社，2008：167.
② 钱焕琦. 论师爱之过当与恰当. 道德与文明，2002（4）.

[案例分享]

种爸爸　种妈妈①

接手这个班第二天的语文课上，刚踏上讲台，我就发现坐在最后一个窗下的小女孩不认真学习，一双小手不停地在抽屉洞里摸索着。我几次用目光提示她——老师已注意了你的行动，请专心听讲。但是，她好像没看到我似的，依旧一会儿把手放进抽屉洞里，一会儿又拿到桌面上来。布置作业后，同学们都在认真地写作业，她依然如此。我真有些生气了，但由于是刚接手这个班，对学生的情况不太了解，因此，也不敢轻易批评学生，生怕伤害了他们。

看到其他学生都在认真地写作业，我走到她跟前，轻轻地说："老师想知道你一边写作业，一边在干什么，行吗？"说实在的，我说这话并不是真的想知道她干什么，只是想给她一个提醒而已。我的问话被她的邻桌一位男生听到了，他连忙站起来说："老师，她在种爸爸、种妈妈。""哦，老师第一次听说有这么回事。""是啊，以前的老师都知道她种爸爸、种妈妈，老师也不太过问，同学们都说她是一个傻子呢！"另一位快嘴的男生接着说。我用目光示意他，他像没看到似的，一直说下去，"人家都是种瓜、种豆，没听说有种爸爸、种妈妈的，你说她是不是真的……"我轻轻地拍了拍那位男学生的肩膀，他的话便停了下来。

下课后，我让班长到我办公室，想从他那儿了解这个女学生的情况。班长未能说明白此事，毕竟是个二年级的小学生。班长告诉我那个女生叫周小玉。我忙翻出报名注册表，找到周小玉，在监护人一栏看到她的监护人是爷爷。班长离开后，我找到他们原来的班主任王老师，才了解到周小玉的真实情况。原来周小玉的爸爸在她3岁时遭遇车祸去世了，一年后，她的妈妈外出打工时发生意外丧生，周小玉成了一个孤儿。幼小的她看到小朋友们都有爸爸、妈妈，就天天跟爷爷、奶奶嚷着要爸爸、妈妈。

一次，奶奶被她缠急了，顺手把她爸爸、妈妈的合影照片拿给她说："这就是你的爸爸和妈妈。"从此，小玉就带着这张照片。

初春的一天，周小玉见奶奶把辣椒种子埋在一个小盆中催芽，就问奶奶干啥。奶奶说："种辣椒，等到辣椒出芽长大结出许多辣椒，卖了钱好给小玉买好吃的。"小玉问奶奶："种下辣椒种子真的能长出辣椒吗？"奶奶告

---

① 李强. 种爸爸　种妈妈. 中国教育报，2008-05-11.

诉她"种什么长什么"。小玉想："如果把爸爸、妈妈的照片种下去，不就能长出爸爸和妈妈了吗?"于是，小玉找来一个小陶罐，把那张照片放进去，然后再放进去一些泥沙，从此，她就整天拿着那个罐子，等着她的爸爸、妈妈从陶罐里长出来……

王老师说，这些都是周小玉的奶奶告诉她的，并告诉我周小玉在一年级时，总是一只手在抽屉里握着陶罐，一只手写字，从来不让陶罐离开自己。刚开始，老师们以为是她贪玩，但在知道真相后，也就只好顺其自然了。

听完王老师的介绍，我的心里说不出是什么滋味。

放学后，我把周小玉拉到自己家里。帮她洗净小脸和一双小手，拿出一个大苹果给她吃，没想到她急忙把苹果放进书包说："老师，我不吃，等爸爸、妈妈长出来后，我给他们吃!"听到她如此说，我的眼泪流了下来。我抱住小玉轻轻地说："小玉，相信老师的话吗?""相信!""老师让你做的事你愿意做吗?""愿意!""小玉真是个好孩子! 老师呀想帮你种爸爸、种妈妈。就是说你把这个能长出爸爸、妈妈的陶罐放在老师家里，老师帮你守着，希望你能早一天看到陶罐中长出来的爸爸、妈妈，行吗?"小玉急忙紧紧地抱住陶罐，挣开我的胳膊，好像很害怕我会抢走它似的。看她如此，我依旧轻轻地说："你刚才不是说相信老师吗? 怎么又不相信老师了?"

过了一阵儿，小玉恋恋不舍地注视着陶罐好长时间，才小心翼翼地把陶罐递给我说："老师，我相信你，但我每天都要来看一看!""老师答应你!"

从此以后，周小玉每天上午放学后都会到我家来看她的陶罐里爸爸、妈妈发芽了没有。每天，我都会留她在家吃午饭，爱人帮她洗手洗脸，并给她买了衣服，做她爱吃的饭。过了一段时间，周小玉干净了，长高了，胖了!

又过了一段时间，她到我家不再是为了看爸爸、妈妈长出来没有，而是向我问作业，或者拿她的换洗衣服。

一次，周小玉随着班里一些学生到我家，一位学生突然问她："周小玉，你的爸爸、妈妈长出来没有啊?"同学们都望着她，我正担心同学触到她心底的痛处时，只见周小玉一愣，然后高兴地说："早长出来了，你们看，这是爸爸，那是妈妈!"她边说边用小手指着我和爱人。大家一起笑了起来，那笑声传得很远。

后来，爱人不知从哪儿弄来一棵兰花，栽在陶罐里。兰花嫩绿的叶子长长地摇曳在我的书桌上！我们会认真养着兰花，爱惜陶罐，因为这里面藏着一个女孩纯真的梦！

二、教师义务

(一) 教师义务的内涵与特征

义务是指一定社会或阶级基于一定社会生活条件，对个人确定的任务、活动方式及其必要性所做出的某种有意识的表达，它既表明个人对社会和他人承担的责任，也表明社会和他人对个人行为的要求。"教师义务具有两方面的含义，一是指社会向教师提出的在从事职业活动时所必须遵守的道德要求的总和。二是指教师在教育职业劳动中自觉意识到社会对教师提出的各种道德要求的合理性，把遵循教师职业道德的规范和要求，看作是个人的内在道德需要，是对社会、对教育事业应尽的使命和责任。"[①]

教师义务是教师的一种职责、使命，具有不以个体主观意志为转移的客观约束力，因此也就具有了强制性特点。它是每位教师"应该做""必须做"的事情，是每个教师必须遵守的职业生活纪律。倘若教师能正确理解和认识社会对教师的客观要求，自觉地、愉快地履行自己的义务，就能逐渐成为他们生活的习惯和本性良心，这也就是人民教师能忘我工作、甘为人梯、乐于奉献的精神动力。在社会主义条件下，随着教育事业的发展和教育事业在整个社会发展过程中地位的提高，教师义务在不断扩大，培养教师认识和自觉履行教师义务已经成为教师职业道德教育和训练中的一项重要任务。

(二) 教师义务在教师职业道德行为中的作用

教师义务是教师依据《教育法》《教师法》及其他有关法律、法规，从事教育教学工作而必须履行的责任，是教师职业活动中必须遵守的最基本的道德原则，在教师的职业活动中有着独特的作用，主要表现在以下几个方面。

1. 有助于教师进行道德实践的综合判断，在各种可能的义务冲突中找到平衡点，从而顺利完成教育任务

教师义务是社会向教师提出的道德要求的总和，不是解决具体利益矛盾的道德要求。但是教师在教育实践中常常会遇到义务冲突的情况，如教

---

① 肖自明，孙宏恩，韦庆华. 现代教师道德修养. 咸阳：西北农林科技大学出版社，2010：20.

师可能会遇到家庭道德义务和教育义务之间的矛盾，尊重学生、保守学生秘密和与家长、同事适当沟通以帮助解决学生之间的矛盾等。在义务冲突明显的情境中，只有对职业使命和道德义务有深刻、全面的理解，教师才能把握大局，恰当地履行教育义务，做出最合理的行为选择。一般来说，遇到多元素义务冲突时要按照"自由、公正、秩序"的位阶顺序进行综合判断，做出最为合适的选择。

教师是遵循教师职责要求还是按照个人的自然愿望来开展教育行为，其结果是不同的。遵循教师责任、履行教师义务，就能正确处理好各种利益关系，保证教育工作的顺利进行。倘若教师忽视义务的履行，只根据个人的好恶行事，往往会使自己陷入"冲突"的情境，把事情弄糟，影响教育和教学工作的顺利进行。例如，在备课、上课、指导学生等活动中投入尽量少的精力，而在个人兴趣上投入太多精力，就会形成个人与学生发展要求、与教育事业发展相违背的冲突。这一冲突如果不能及时正确地解决，不仅影响教育工作任务的完成，也会使教师处于一种紧张的人际关系和内心压力当中，教师也就失去了教育上的"自由"。

2. 有助于教师在教育实践中培养高尚的师德品质

苏霍姆林斯基说过："恪守义务可以使人变得更高尚。教育的任务，就在于使义务感成为自己的纪律这个极其重要品质的核心，缺少了这种品质，学校就是不可想象的。"① 教师义务是任何一个以教师为业的人所必须恪守的基本要求，不管他有怎样的特殊天赋、能力和特点，都必须履行这最基本的责任。教师在不断践行中体验和认识这些义务的必要性，经过反复实践、反复认识，逐渐转化为教师本身的"内在需求"，就能使自己的职业道德觉悟得到提升，形成更高尚的职业品格。

（三）教师义务的内容

《中华人民共和国教师法》中明确规定了教师应当履行以下义务。

1. 遵守宪法、法律和职业道德，为人师表

宪法和法律是国家、社会组织和公民活动的基本行动准则，任何组织和公民都必须遵守。

教师作为国家公民，必须在宪法、法律允许的范围内活动，并应该模范地遵守宪法和法律。教师作为人类灵魂的工程师，在学校教育工作中除

---

① ［苏］苏霍姆林斯基. 和青年校长的谈话. 上海：上海教育出版社，1993：155.

了自身要遵守职业道德，还担负着培养下一代的任务，所以必须注意言传身教，做到为人师表。

2. 贯彻国家的教育方针，遵守规章制度，执行学校的教学计划，履行教师聘约，完成教育教学工作任务

教师在教育教学活动中应全面贯彻国家关于"教育必须为社会主义现代化建设服务，为人民服务，必须与生产劳动和社会实践相结合，培养德、智、体、美等全面发展的社会主义事业的建设者和接班人"的方针；自觉遵守教育行政部门和学校及其他教育机构制定的教育教学管理的各项规章制度；要根据教育方针的要求，认真执行教学计划，严格履行教师聘任合同中约定的各项职责，完成规定的教育教学任务，保证教育教学质量。

3. 对学生进行宪法所确定的基本原则的教育和爱国主义、民族团结的教育，法制教育以及思想品德、文化、科学技术教育，组织、带领学生开展有益的社会活动

"这是对教师教育教学工作内容方面的全面规范。作为教师，应结合自身教育教学业务特点，将政治思想品德教育贯穿于教学过程中。对学生进行政治思想品德教育，不仅是思想品德课教师的职责，也是每一位教师的基本义务。在对学生进行政治思想品德教育的内容上，教师要遵循我国宪法规定的坚持社会主义道路，坚持人民民主专政，坚持中国共产党的领导，坚持马克思列宁主义、毛泽东思想，对学生进行爱国主义教育、民族团结教育、法制教育、文化科学技术教育，弘扬中华民族优良传统，引导学生逐步树立科学的人生观和世界观，教育学生爱祖国、爱人民、爱劳动、爱科学、爱社会主义，把学生培养成为有理想、有道德、有文化、有纪律的社会主义新人。"① 教师在开展思想品德教育的过程中，应注意根据学生身心发展的特点，采用灵活多样的形式和手段，讲求实效。

4. 关心、爱护全体学生，尊重学生人格，促进学生在品德、智力、体质等方面全面发展

通常，学生在教育教学活动中处于受教育者的地位，其人格尊严容易受到侵犯。这就需要教师关心爱护全体学生，一视同仁地公平对待学生，不因民族、性别、残疾、学习成绩、家庭经济地位等原因歧视学生，尤其对品学有缺陷的学生更应给予特别关怀，用满腔热情给予指导帮助，绝不能用简单粗暴的态度和方法对待学生，不能体罚或变相体罚学生。

---

① 潘世钦. 教育法学. 武汉：武汉大学出版社，2003：288.

5. 制止有害于学生的行为或者其他侵犯学生合法权益的行为，批评和抵制有害于学生健康成长的现象

保护学生的合法权益和身心健康是全社会的共同责任。"制止有害于学生的行为或者其他侵犯学生合法权益的行为，批评和抵制有害于学生健康成长的现象"。这条规定是对教师关心、爱护学生的具体要求。我们可以从三个方面去理解：一是教师要不断提高自身思想觉悟，提高教育教学能力，要切实减轻学生负担，落实素质教育。二是对学校教育教学工作中或家庭教育中不科学的教育方法、甚至摧残虐待儿童的现象不能视而不见、置若罔闻。三是对社会上一些不利于青少年健康成长的现象，如不健康的出版物、黄赌毒活动、垃圾食品等要予以坚决的批评抵制，给予学生正确的引导和帮助。

6. 不断提高思想政治觉悟和教育教学业务水平

教师素质是教育教学工作取得成效的关键要素。教师承担提高民族素质的使命，自身必须具有较高的思想觉悟和业务水平，这既是教育工作的需要，也是社会进步和科学技术发展对教师提出的要求。为此，教师应加强学习、不断调整和更新知识结构，不断提高自身思想政治觉悟和教育教学业务水平，以适应社会发展的实际需要。

三、教育良心

良心是人类特有的一种道德心理现象，是和义务、责任密切联系的道德范畴，也是义务内化后的自我升华。教育良心是教师职业道德的灵魂，是教师道德自律的最高表现形式。

（一）教育良心的内涵与特征

所谓教育良心主要是指教师在教育实践中，对履行道德义务的自觉意识、对履行教育职责的价值认同与情感体认，以及对自我行为进行道德判断、调控、评价的能力等。马克思指出："良心是由人的知识和全部生活方式来决定。"① 也就是说，教育良心作为一种道德意识，是对教师所处的客观社会关系的自觉反映，是教师个人或群体在履行教书育人过程中产生和形成的；作为一种主观的意识形态，教育良心是以教师对客观的职业道德原则和规范的理性认识为前提的；作为一种道德责任感，教育良心是教师对学生和社会义务的强烈体认；作为一种道德评价能力，教育良心是教师

---

① 马克思恩格斯全集. 第 6 卷. 北京：商务印书馆，1961：139.

道德意志和信念的积淀和转化，从而达到对道德行为的充分把握。

教师在教育工作中体现出来的崇高德行就是教师的教育良心。概括来说，教育良心主要具有以下几个特征①：

一是示范性。教育良心是教师职业道德的内化形式，它的形成标志着教师已将对社会的道德要求转化为自我的道德意识，成为一种理性精神。教师的言行接受教育良心的指导和内控。这种良心对教育对象起到了潜移默化的影响和感召。

二是内在性。教育良心是隐藏在个体内心深处的一种真挚情感，是一种高度自觉的精神力量，虽然目不能及，却在教育活动中起着导向性的作用。

三是稳定性。教育良心是以道德信念为基础的，一旦形成就会成为一种稳定的品质，能够比较深入持久地对人们的行为发挥积极作用。

四是综合性。教育良心是一个综合因素的结合体。它包含着理性，是人的理性的一种深沉积淀；又包含着意志，是人的意志力的突出表现；还内含着非理性的东西，如直觉、本能、情商等。

五是广泛性。教育良心一旦形成，其作用范围十分广泛，可以渗透到教育活动的一切领域之中，影响着个体行为的方方面面。

六是自觉性。教育良心较之一般的良心具有更高程度的主体自觉水平。主体的自觉性体现在教师思想上的自我警觉、行动上的自我监控、道德上的自育自省。

（二）教育良心在教师职业道德行为中的作用

教育良心蕴含着教育的伦理精神，尽管它的形式是主观的，但内容却是客观的，它能在教师职业行为中产生独特的作用主要体现在以下几个方面。

1. 对教师行为选择起着指导作用

教育良心是教师行动的"决策者"，对教师行为起到某种鼓励或者禁止的作用。对于符合教育良心的思想和行为给予肯定与鼓励，对于违背教育良心的念头和想法给予否定和禁止。一个已经确定了教师良心的教师，在选择教育行为时常常会自觉地为行为对象着想，"这样做是否对学生有益？""如果我是学生的话，会怎样想呢？"等，选择正确的、符合教师道德规范要求的动机和行为，从而避免不道德的行为。这些都充分表现了教师教育

---

① 钱焕琦. 教师职业道德. 上海：华东师范大学出版社，2008：172.

良心在教师行为选择中发挥着指导作用。

2. 对教师的行为过程起着监控作用

教育良心是教师行为的隐蔽的调节器，在教育教学行为进行的过程中，教师的教育良心对教师的一切行为时时起着监督和调节作用。当教师发现自己的行为符合道德要求时，教师良心就会给予支持、强化，否则就会进行自我克服和纠正；尤其是当教师发现自己的行为是错误的，是行为失当了，就会在教育良心的命令下改变自己行为的方向和方式。对于教育工作这一特殊职业而言，教师良心的自我监督和调节作用就显得更为重要。

3. 教师良心对教师行为起着评价和激励作用

当教师的教育行为结束后，教师良心就是教师教育行为的自我裁定者，是教师内心的道德法官。当教师看到自己的教育行为符合教师道德要求，产生了良好的教育效果，教育良心就会给予肯定和赞扬，从而使教师在心理上得到满足和欣慰；同时还激励教师再接再厉。当教师的行为违背教师道德要求，对学生和教育事业利益带来损害时，教师良心会使教师进行道德上的自我谴责，使之感觉到愧疚和自责。

（三）教师教育良心的主要表现

教师的职业良心可以表现在教育工作的每一个环节，概括起来主要表现在四个方面。[①]

1. 恪尽职守

恪尽职守实际上就是一种工作责任和纪律的要求。教育工作中"恪尽职守"的重要内涵有两条：第一条是从职业规范上说，教师的良心要求教师应当遵守工作纪律，按照社会和教育事业对教师的要求尽职尽责。比如认真备课、上课，遵守工作时间及其他工作规范等。第二条是从教育效果上说，职业良心要求教师不能误人子弟，要尽全力取得最佳的教育效果。做不到这两条的教师就是某种意义上的玩忽职守，就会受到职业良心的谴责。

2. 自觉工作

自觉工作的要求是由教师的劳动特点决定的。首先，教师的教学行为具有个体和自由的特性。"慎独"的美德十分重要，因为教师的工作多数情况下是无人监督的。虽然有教育对象的面对，但由于学生的未成熟性，师生关系的不对等性，学生往往也没有全面监督教师工作及其质量的能力。

---

① 肖自明，孙宏恩，韦庆华. 现代教师道德修养. 咸阳：西北农林科技大学出版社，2010：24～25.

其次，教师的工作在一定意义上是没有边界和限度的。比如教师不仅要完成校内的工作，还应当与家长、社区等方面建立教育联系。这一联系需要教师投入大量的精力。怎样才算践行了使命，我们没有明确的界定。又如，"教无止境"。除了基本工作之外，怎样做才算完成了教师的任务，也完全由教师主观决定。所以，教师能不能自觉要求自己是教师工作成败或效能高低的决定因素，教师必须有自觉工作的良心。

3. 爱护学生

爱护学生是教师的天职。教师对学生的爱护有其职业上的特点，这就是他必须对教育对象的成长负责。教师对学生的爱不同于一般的亲朋之爱，主要表现在为学生"传道、授业、解惑"上。此外，教师对学生发展中存在的这样或那样的问题，不能采取放任的态度，并且，教师在纠正学生的缺点时必须充分考虑到不能挫伤他们的学习积极性，抑制他们的个性成长。

4. 团结执教

团结执教也是教师良心要求的重要组成部分。教师的劳动从其活动过程来看具有明显的个体性，但教育效果的取得却是集体性的。学生的人格成长、学生的知识及心智水平的提高都是教师群体合力劳动的产物。所以教师的同事关系不仅是一般的同事关系，而且是一种职业道德的本质要求。教师同事关系方面的良心不是一般人际关系方面的良心，而是职业良心的直接构成部分。

教师良心的上述四个方面，分别反映了教师与社会、教师与自身、教师与学生以及教师与同事之间的道德关系。这四个方面的联系是它们共同反映了教师对教师事业的责任、义务意识和情感等。

四、教育公正

(一) 教育公正的内涵

从广义上说，教育公正是指每个人、每个阶层都有公平地接受教育的权利和机会；从狭义上说，教育公正也称为教师公正，是指教师在教育实践活动中为人正直和处理各种关系符合公认的道德准则。

教师的教育公正主要包括两个重要的组成部分：一是教师自身具有的公平、正直、无私的品质。公正是一种崇高的道德境界，即为人处世没有私心，不违反公认的道德标准和公平合理的原则；而公平总是和无私联系在一起，因为只有无私的人才能在为人处世中做到公平。公平还需要诚实和勇敢，是基于诚实基础上与勇敢相结合的一种美德。人们一直以来对正义、正直、无私、刚正等的赞美，都是对公正形象的褒扬、向往和追求。二是教师在教育和评价学生时，应该公正平等、正直无私，不偏袒、不偏心，在对待不同智力、不同性别、不同民族、不同出身、不同相貌等的学生时能一视同仁、满腔热情地关心每个学生，从每个学生的不同特点出发，因材施教。

（二）教育公正的意义和作用

教师的教育公正作为教师职业道德的重要范畴，在学校教育活动中具有重要的意义和作用。

1. 教师的教育公正能为教育教学活动创造健康的精神背景，促进良好教风学风的形成

在日常的教育教学工作中，教师在对待学生的态度上能否做到公正合理，直接影响学生学习的积极性、班风学风的形成。如果教师有意无意地偏袒成绩好、相貌好、肯听话、有背景的学生，那么这些学生容易滋生盲目的"优越感"，无法正确认识到自身存在的不足，往往会妨碍其全面的健康成长。教师若对那些成绩差、脾气倔、不听话的学生冷漠厌弃、歧视讥讽，那么教师就不能发现他们身上的"闪光点"，无法发现教育中的积极因素；而学生内心也会对教师的不公平感到痛苦和愤怒，对学习也就提不起兴趣。在班级管理中，教师若不能伸张正义、主持公道，班级就会四分五裂，难有凝聚力。如此种种都不利于良好教风学风的形成。

许多的教育事实都表明，教师只有在教育劳动中恪守公正的道德原则，才能创造良好的精神背景，使每个学生都得到发展的可能和信心，从而形成良好的教风学风。

2. 教师履行教育公正，是教师树立教育威信的重要条件

教师威信的树立与其知识水平、教学能力、工作态度有关，也与教师品德与作风有关。公正是教师思想品德和教育作风的重要表现。如果教师行为端正、办事公道，学生就更愿意信服和尊敬教师；反之，就会对教师敬而远之，抵制教师的教育影响。

3. 教师履行教育公正，有利于培养学生的健康人格

青少年学生对教师是否公正十分敏感、在意。叶存春、冯江平（2003）对云南省汉族和10个少数民族1079名中小学生进行调查，发现中小学生最厌恶的教师十种行为特征中排在第一位的就是教师的"偏心、不公平"。一旦受到教师不公正的待遇，受到不正常人际关系的伤害，学生就可能憎恨老师。最初可能是憎恨一个或几个教师，然后就可能发展到憎恨一般教师，讨厌学校；还可能对社会公正失去信心。相反，教师的公正将会使学生从公正、友好的人际关系中受到感染和教育，并在教师的影响下逐步养成公正的品格，对社会、对他人采取公正、友好的态度，进而形成亲近社会、友好他人的健康人格。

（三）教师的教育公正在教育活动中的具体体现

教师与学生在特定的教育情境中展开特殊的交往活动，在交往过程中，教师对待学生的方式会表现出复杂的公正问题。其教育公正主要体现在以下几个方面。

1. 坚持真理，伸张正义

首先，作为社会文明的传播者，教师要对所教授的科学文化知识进行审视和甄别，批判地继承，去伪存真，使学生学到真知实学。当前信息畅通、知识爆炸、思想多元，这里既有精华，也有糟粕，对于青少年学生来说是一种难以应对的干扰，这就需要教师指导学生在比较中鉴别真善美与假恶丑，帮助学生在知识的海洋中朝着健康的方向前进。

其次，教师不但要传播真理，还要坚持真理、捍卫真理，为学生树立坚持真理、尊重科学的榜样。教师在教育实践活动中也难免会出现错误，一旦发现，或经由他人（包括学生）指出，就应采取实事求是的态度，向学生坦诚，而不能强词夺理、知错不改。否则不仅误人子弟，还会损害教师的威信和形象。

最后，面对现实，要伸张正义，主持公道，以自己的道德行为影响学生。学校作为社会的一个部分，深受社会影响，各种社会问题必然反映到学校中来。教师作为受社会委托对学生身心发展施加影响的"社会代表"，面对纷繁复杂的社会现象时，要明是非、辨善恶，给予正确的公正的评价。这样学生才能受到正确的启发和教育，正确地看待社会和对待人生。如果教师对社会问题讳莫如深，或者恣意抨击、扬恶抑善，采取不公正的态度，那将会延误或误导学生，带来不良的后果。

2. 一视同仁，爱无差等

教师在对待学生时不能以个人情感、好恶为依据，而应一视同仁，用公正的态度去关怀、爱护学生的成长。在对待学生群体和学生个体时"一视同仁，爱无差等"的具体表现是不相同的。

教师在对待学生群体时应遵循面向全体、照顾多数的原则，不能仅仅把注意力和工作重心放在少数班级和少数学生身上。学校的教育应面向全体学生，追求整体发展和教学质量的大面积提升，如果教师只把关注和爱投注在个别班级或学生身上，显然是与教育公正原则相违背的。

教师在对待学生个体时则需公平对待每一位学生，对学生的关心和喜爱不以学生的成绩好坏、智力高低、家庭身份不同而有所偏袒，不分轻厚薄重。然而在学校的教育活动中我们会看到教师偏爱学生成绩出色的学生，歧视或忽视学习成绩较差的学生；一些教师为一己之利，对有家庭"背景"的学生态度热情、关怀备至，或迁就、放任，对家庭条件不好的学生则漠不关心、视若无睹。这样的偏爱行为对整个教育的发展是不利的，也违背了教育公正要求。

3. 实事求是，赏罚分明

教师在处理教育活动的各种关系和矛盾中坚持公道无私、赏罚分明是教育公正的表现。首先，教师在处理与学生利益息息相关的事务时，如推优评奖、批改试卷、劳动任务分配等活动，要发扬公正，抑制偏私，办事要公道，不能徇私情，图回报，亵渎公正。否则既损害学生利益，又玷污教师形象。其次，教师在教育活动中常常会运用奖励与惩罚来鼓励先进、鞭策后进，树立正气、抑制歪风。然而要使奖励和惩罚得当、有效，关键还在于公正。只有褒贬得当、赏罚分明才能妥善地处理好教育活动中的关系和矛盾。例如，教师对学生进行表扬和奖励、批评或惩罚都应遵循一定的标准；所运用的奖励或惩罚的方式方法必须是与学生取得的成绩或所犯过错的性质、程度相符合等。

4. 因材施教，长善救失

让每个人都成为成功者的追求，让现代教育不能局限于为学生提供大致相同的学习条件，而是要根据学生各自的特点施加教育影响，为其提供最大的发展机会。教师从每个学生已有的知识基础、性格、天赋、能力等不同的实际情况出发，发现并挖掘学生身上的积极因素和独特优势，有的放矢地进行教育教学，使每个学生都能扬长避短，获得最佳的发展。

五、职业荣誉

树立正确的职业荣誉感是社会对教师职业生活规定的基本道德行为标准。在物质发达的今天，教师能否守住清贫，甘于寂寞，为学生真心付出，无怨无悔；能否坚持崇高的教育理想和信念，保持心灵的一方净土，不被金钱和名利所腐蚀，就不可避免要涉及教师的职业荣誉问题。

（一）教师职业荣誉的内涵

教师职业荣誉是指对教师职业道德行为的社会价值所做出的肯定评价

和教师本人对这种评价的自我意识。它包括两个方面：一方面是指教师履行了社会义务，对社会做出一定贡献后，社会舆论所给予的赞许和褒奖。它是一定社会和阶级评价教师道德行为的社会价值尺度，是教师道德行为的价值标准和价值体现，其客观基础是社会舆论。另一方面是指教师对自己行为的社会价值所产生的自我意识，即由于履行了社会义务而产生的自我道德情感上的满足和自豪。① 可见，教师的职业荣誉意识，是在社会评价和自我评价中形成和发展起来的一种主观意识和内心体验，是对教师职业道德生活中存在的各种道德关系的反映。它能激励教师自觉地按照社会所倡导的价值尺度去从事职业行为，履行社会义务。

（二）教师职业荣誉的作用

1. 推动作用

教师职业荣誉能推动教师更好地履行职业道德义务。教师职业荣誉是以职业道德义务为基础的，是教师履行社会义务后的结果，同时反过来又能推动教师自觉地履行职业义务。教师树立了正确的职业荣誉观，表明他对社会价值标准的认同，并以此作为衡量和督促自己道德行为的价值尺度和规范准则。在崇尚名利和追逐金钱的当今，还有一大批教师能无怨尤地在教师岗位上敬业奉献，就是因为他们始终坚信教师职业的社会价值和意义远高于个人名利。

2. 激励作用

教师的工作需要得到社会和他人的支持、信任和理解，更需要得到社会和他人的尊重、赞赏。这种需要若得到满足，就能转化为激励教师道德行为的持久动力，激励教师奋发向上，发挥出更大的潜能。

3. 评价作用

教师职业荣誉能帮助教师对自己行为后果做出光荣和羞耻的评价。当教师受到社会的谴责和贬斥时，内心感到自责和愧疚，感到耻辱。而知耻是进步的开始，有羞耻心的人必然会珍惜荣誉。没有职业荣誉感和羞耻心，在行动中就不会顾念自己职业道德和行为的社会影响，就不会有积极进取的心理意识和行为。职业荣誉感通过自我的道德评价来鼓励善行，遏制恶行。

（三）教师职业荣誉的表现

1. 以育人为己任

教书育人是教师的神圣职责，也是社会的需要和时代的要求。国家和

---

① 雷小波. 论教师职业荣誉. 机械工业高教研究，2000（4）.

人民把民族的未来和希望托付给教师，教师就应将此视为最大的荣誉，并为此努力，把学生培养成"有理想、有道德、有文化、有纪律"的德才兼备的社会主义新人。

2. 以达人为自赏

俗话说"十年树木、百年树人"，人才的培养需要较长的周期，这个过程中需要教师无私的奉献。教师要甘愿充当学生成长的阶梯，并由衷希望"青出于蓝而胜于蓝"。

3. 为学生的成长和成就而自豪

在教师辛勤地培育下，学生离开学校踏入社会，在各行各业中勤奋贡献，崭露头角，成为行业中坚力量，为社会发展做出贡献。这一切会让教师感到自豪，并收获"桃李满天下"的职业幸福感。

（四）正确对待教师荣誉

1. 积极履行职业义务，赢得社会的尊重和个人的尊严

职业荣誉包括社会评价和个人自我评价两个方面，因此教师在职业道德生活中就需要正确处理社会赞誉和个人尊严的问题。要使这两者达成一致，需要教师个人追求的价值、价值标准要与社会的价值标准相一致。也就是说，教师要遵循社会公认的价值标准和行为准则，以此指导自己的职业，履行社会赋予的职业和义务。唯有如此，才能获得社会的赞誉。反之，则不能获得社会的赞誉，那么教师个人的尊严也就无法实现。

教师的职业与社会中的其他职业相比，具有一些独有的特点，例如，教师的工作时空无明显的界限。教师的工作时间不仅仅是上课、待在学校里的工作时间；教师的工作空间也不仅仅局限在学校内部。教师除了完成学校的工作任务，还要进行超越工作时间、空间的家访、个别教育、备课、批改作业、处理偶发事件等，对于教师而言是没有"上下班""加班"概念的。教师的工作无法用具体准确的数字来衡量，这里蕴含了教师无私的奉献和辛勤的劳动，这些理应得到社会的尊重和赞誉。然而，由于历史、政治、经济等方面的原因，人们在不同程度上存在着对教师职业社会价值的模糊认识和肤浅理解，加之教师的政治地位和经济待遇整体上还处于较低的水平，在一些人眼中教师可有可无，是不能直接创造物质财富的"穷教书匠"，社会中还存在对教师职业的轻视和偏见。

当前，由于合理健全的社会利益分配机制尚未完全建立，社会中分配不公、脑体倒挂的现象依旧存在，教师的生活还比较清贫、社会地位还有待进一步提高。在这种情况下，教师坚持正确的职业荣誉观，爱岗敬业、

无私奉献，不为偏见和诱惑所动摇，保持心灵的一方净土，就显得更为重要。

2. 正确处理个人荣誉和集体荣誉的关系

个人与集体的关系是社会生活中的重要关系。所谓集体，简要地说，就是许多人集合起来的有组织的整体。个人则是构成集体的基础、源头。在社会主义社会里，教师的个人利益与集体利益从根本上是一致的。对教师来说，集体荣誉与个人荣誉之间具有根本的一致性，追求个人荣誉与维护集体荣誉之间是辩证统一的关系。首先，追求个人荣誉是教师追求进步的一种具体体现，教师积极追求个人荣誉也有利于集体荣誉的实现。其次，追求个人荣誉与维护集体荣誉是相辅相成、辩证统一的。一方面，个人荣誉是集体荣誉的一部分，个人荣誉的取得离不开集体的培养和帮助。另一方面，集体荣誉也同样要靠每一位教师的共同努力才能够实现，集体荣誉中蕴含了教师个人的奉献和功绩，因而也是更高层次的个人荣誉。例如，当教师所在学校受到表彰时，学校里的每一个教师都会感到光荣。脱离教师个人荣誉来讲集体荣誉是不现实的，同样，只讲个人荣誉而不讲集体荣誉则更是荒唐的。对教师来说，追求个人荣誉与维护集体荣誉在根本上是一致的，是互相依存、水涨船高的关系。最后，集体荣誉高于个人荣誉。个人不能离开集体而孤立存在，个人的一切活动都离不开集体的帮助和支持，个人的贡献里往往渗透着集体的智慧，即使自己的才能在创造业绩过程中起着重要作用，集体中其他人的配合和支持也是必不可少的。教师个体价值的最终评判标准来自个人对集体的贡献，来源于社会、集体是否对其做出肯定的价值判断。可见，正确的荣誉观更强调集体荣誉高于个人荣誉。

3. 正确划清荣誉与虚荣的界限

荣誉作为对道德行为的社会价值做出的公认的评价，是人所特有的一种美好的社会心理。珍视社会的肯定和称颂，自觉把荣誉当作一种鞭策的力量，这就是荣誉感。健康的荣誉包含进取的精神、正确的目的以及艰苦的付出。三个因素体现着一个问题的三个方面，紧密联系，不可分割。而虚荣心则是一种浅薄、庸俗的社会心理。人们平常说的"死要面子"，指的就是这种心理状态，仔细分析起来，贪图表面光彩、务虚名、求私利的人，他们的目的卑微低贱，以满一时的虚名为荣，置他人和正义于不顾，企图不付或少付出劳动，甚至窃取他人的劳动成果，来骗得称颂或掠夺荣誉。表里之相悖逆，名实之相违背，正是虚荣的本质特征。

每位合格的教师应区分清楚荣誉和虚荣的差别，做到：不沽名钓誉，不贪图虚名，不弄虚作假，窃取他人劳动成果以骗取荣誉；不贬低别人，抬高自己以谋取荣誉；不嫉贤妒能，不同行相轻……只有这样教师获得的荣誉才是高尚的、纯洁的。

[相关链接]

教师职业道德的解读①

教师职业道德不等同于公民道德，也不等同于职业道德，更不等同于个体的道德，它们之间又是相互联系、互不分离的。对它们之间关系的准确解读，是正确把握教师职业道德规范的有效途径之一。

（一）教师职业道德与公民道德

公民是指具有一国国籍的人，享有宪法和法律规定的权利和义务。对公民含义的规定也使得公民道德具有隐形政治含义，即它是作为国家的一分子、是社会人所具备的最基本的道德。对公民道德的解释诸多，均强调其社会责任，是在国家、社会及日常生活中体现出的道德品质。公民道德关系着国家的安定、社会的发展、生产力的繁荣，是从国家的角度思考并以规范的形式陈述。《公民道德建设实施纲要》用 20 个字概括了公民道德的基本规范：爱国守法、明礼诚信、团结友善、勤俭自强、敬业奉献。这20 个字中，"爱国守法"是第一位的，强调国家是公民道德的根本，守法是公民道德的底线。

教师也是公民，公民道德是教师首要具备的道德品质。教师职业道德是突出在教育行业内，在实施教育活动中，与学生、教师、家长之间交往时形成的道德品质，与教育的特殊性相联系。教师职业道德的视域是教育活动，公民道德的视域是社会及国家，两者有着本质的区别却又有着内在的联系。教师职业道德应是在作为"人"的道德基础上向教育领域的延伸，是根据教师职业特性制定的道德品质，两者不能混为一谈，要明确其各自的视域及差异。

（二）教师职业道德与职业道德

职业道德是一个行业应具备的最基础的共同道德，是道德在人类社会分工、竞争中的特殊演绎。马克思主义认为，"道德是由一定的社会经济关

---

① 宋晔，寇茜. 教师职业道德的时代拷问. 河南教育学院学报（哲学社会科学版），2010（5）.

系所决定的特殊意识形态，是以善恶为评价标准、依靠社会舆论和传统习惯及内心信念所维系的调整人们之间以及个人与社会之间的行为规范的总和"。职业道德就是在某种行业中维持人与人之间的关系，要求大家共同遵守的行为规范，它协调劳动中人们之间的关系，保证人们的工作态度及生产品质。

亚里士多德曾说过："每种技术，每种学科，以及每种经过考虑的行为或志趣，都是以某种善为其目的。"善是美德，是存在的根基，是对美好的追求和向往。人追求善是人更好地生存、相处的要求，这是个人道德产生的前提；行业追求善，是行业长期、持续发展的要求，这是职业道德的产生前提。教师作为特殊的职业，以"育人"作为自己的终极目标，以培养完善人格的学生作为自己的价值追求，更需要强烈的"善"来促使教育的良性发展。教育不同于一般的职业，因此，教师职业道德不同于一般的职业道德，是职业道德的特殊形式。

（三）教师职业道德与教师德性

历史对教师职业道德的解读多从教师德性出发，认为教师职业道德就是教师自身内化的道德品质在教育活动中的释放，这样的理解是狭隘的。教师德性是教师个人的"成人之道"，是主体性的存在方式。它是教师个人对道德完善的更高追求，也就是说，教师德性即教师个体道德，是教师在教育实践的过程中对道德认识的内化。

教师职业道德是团体道德，是教师个体道德在职业中的表现形式。它是所有教师都必须遵守的道德底线，多以规范的形式存在。在教育活动中，教师职业道德是对教师职责审查的基本规范，是外在力量对教师道德成长的硬性要求。它规定了作为教师最基本的道德要求，违背了教师职业道德，也就意味着丧失了作为教师的为人之道。

教师职业道德是教师职业的最低外在要求，教师德性是教师更高的内在道德追求；教师德性同时也是制定教师职业道德规范的基础和前提，它有助于教师更好地理解和践行教师职业道德。所以教师职业道德与教师德性两者并不矛盾，应有机地组合，明确各自的定位，在践行教师职业道德的同时完善、提升教师的个体道德，使二者成为彼此的助力器。作为外在规范的教师职业道德需要内化为作为内在生命的教师德性。教师德性的提升有助于教育工作的改善，有助于学生的道德进步。所以，作为外在规范的教师职业道德，一旦内化为教师内在的德性，就会成为稳定的精神动力，成为教师精神的核心成分。

第四节　教师职业道德的特点与社会功能

一、教师职业道德的特点

道德渗透到具体的职业生活、职业行为中，就形成丰富多彩的职业道德。教师职业在长期的发展中，逐步形成了不同于其他职业的一整套的特定要求。由于教师教书育人的职业性质，其职业道德比其他职业道德有着更高、更全面的要求，社会主义教师职业道德比历史上的教师职业道德水准更高，它具有新的特点。

（一）示范性

教师职业的特点和性质，决定了教师经常处于为人师表的地位，为"师"就要有渊博的知识，为"表"就要有高尚的美德。在有思想、有感情、有意志、有个性的年青一代面前，教师的言行要符合社会主义的道德规范，时时处处起表率作用，尤其是中小学学生正处于成长发展的关键时期，他们可塑性大、模仿性强，具有强烈的向师性，教师在他们心目中具有特殊的重要地位，他们把教师的言论作为真理，教师的行为作为标准，教师的形象作为榜样。教师高尚的道德行为是学生的一种期望、召唤，是引导和激励学生完善品德、积极向上的一种精神力量。因为教师的一举一动、一言一行对学生产生深刻的影响，所以要求教师踏踏实实地践行国家规定的教师职业道德规范，切切实实地成为做人的模范，成为学生心目中的典范。正如19世纪俄国著名教育家乌申斯基所说的"教师个人的范例，对于青年人的心灵，是任何东西都不能代替的阳光"。

（二）先进性

教师是社会中具有较高文化素质的成员，他们在社会中享有良好的社会声誉，其道德无疑也承担着对社会其他成员的引导作用。这既是教师职业功能的需要，也是社会发展对教师职业道德的要求，是新时期教师职业道德具有的先进性特点。社会主义社会的教师职业道德体现了教师个人利益、集体利益和社会利益的一致性。就道德的现实性来说，教师作为社会一员，必须遵守社会的各项道德要求，更要遵守教师职业的道德要求；就道德的理想性而言，教师是人类灵魂的工程师，应努力追求道德的超越，主动吸收人类道德的宝贵财富，开拓道德发展的新境界，为下一代树立先进道德的典范。无数的历史事实也说明，教师道德总是处于当时社会道德的较高水平，为人类道德的继承和发展发挥积极作用。

（三）深广性

教师职业道德一方面受社会道德的制约；另一方面又对社会道德的形成和发展产生极为重要的影响。尤其是现代学校由封闭式转为开放式，教师的道德行为更加广泛、深刻地影响着社会的各个方面和各个阶层，尤其对学生的影响最直接、最深刻、最全面、最持久，甚至影响到学生的一生，可以说影响着子子孙孙、千秋万代的思想品德素质，直接关系到中华民族的思想道德素质，对现实社会和未来社会的道德风貌产生广泛、深刻的影响。古代教育家孔子被尊称为"至圣先师"，现代教育家陶行知被荣称为"万世师表"，许多优秀教师被称为"人之楷模"，都反映了教师职业道德深广性的特点。①

（四）完整性

教师职业道德是一个完整的、统一的，具有真正道德意义的规范体系。这种完整性集中表现在教师职业道德的继承性、发展性和开放性上。教师职业道德作为一种意识形态，深受历史道德传统的浸润，在职业发展的过程中具有历史的继承性。在市场经济条件下，教师的道德观念也面临着新的挑战，需要在继承历史宝贵遗产的基础上不断吸收新的观念，才能更加完善，成为完整的具有时代意义的教师职业道德规范体系。教师职业道德的发展性指的是当前我们正处于新旧体制交替之时，一些新的观念，如平等观念、民主观念、效率观念、竞争观念等已经逐渐被人们所承认和接受，形成了新的社会主义道德规范。这些思想观念对教师职业也产生了影响，教师只有进一步吸收这些新的道德规范，才能使教师职业道德更加具有时代的完整性。开放性是指新的教师职业道德，不仅要吸收社会改革中的新思想和新观念，还要面向世界，吸收人类文明的优秀成果。只有保持这样的开放，教师职业道德规范才会更加丰富和完善。

二、教师职业道德的社会功能

教师职业道德一经产生，作为一种意识形态和上层建筑，它会对教师自身、他人以及社会发挥多方面的功能，具体表现如下。

（一）认识—导向功能

"教师职业道德的认识功能，是指在教育实践中，它通过道德判断、道

---

① 谢瑞俊. 教师职业道德的特点和功能. 苏州教育学院学报，1992（4）.

德标准和道德理想等形式，客观地反映各种利益关系状态、教育的规律特点和任务要求，帮助教师正确对待自己的权利和义务，并借助于善与恶、利与害、正当与不正当、应该与不应该等概念来表现认识成果的功能。"①它的作用在于，一方面向教师提供有关的道德知识、给教师选择行为的依据；另一方面帮助教师了解自己在社会中的地位和作用，认识个人与社会的利益关系，认识教师对自身、对国家、对民族、对教育事业以及他人应负的社会责任、应有的行为模式、应具备的道德素质和人格。在帮助教师对职业等形成正确认识的同时，它引导教师与社会和社会教育融为一体，在实践中不断增强教师遵守师德行为规范的自觉性，促使教师在为社会、为教育服务中创造与实现自己的人生价值。

（二）调节—规范功能

教师职业道德的调节与规范功能，是指在教育实践中，一方面通过激发教师的道德良知，唤起教师的道德责任感、义务感和荣誉感等，使教师在与他人和社会各种人际交往中，纠正不良行为，坚定正确的行为，从而实现自身道德向更高层次的转化和发展；另一方面教师职业道德通过规范、条例、守则等具体形式来规范和约束教师的职业行为，使其符合社会的需要和职业发展的需要。

教师职业道德的调节—规范功能是教师道德中最重要的功能，它主要通过社会舆论、内心信念等方式来实现。

[案例与思考]

悬崖小学的支教夫妻

李桂林，男，42岁，彝族村寨甘洛县乌史大桥乡二坪村教师。陆建芬，女，41岁，彝族村寨甘洛县乌史大桥乡二坪村代课教师。甘洛县乌史大桥乡二坪村，是凉山北部峡谷绝壁上的彝寨，村民上下绝壁都要攀爬5架木制的云梯，进出极为艰难，村民一年难得下绝壁一次。就是在如此艰险的环境下，从汉族地区来的李桂林、陆建芬夫妻扎根这里18年，把知识的种子播种在彝寨，为村民走出彝寨架起"云梯"。

1990年，李桂林夫妻来到这里，村民的落后与贫苦深深地震撼了这对夫妻。强烈的同情心和民族感使李桂林坚定了扎根二坪搞教育的信心，得到了妻

---

① 肖自明，孙宏恩，韦庆华．现代教师道德修养．咸阳：西北农林科技大学出版社，2010：13～14.

子的大力支持。他与妻子 18 年如一日地教书育人，培养了六届学生共 149 人，其中有 22 人是从外村慕名而来的。李桂林本人还两度被评为县优秀教师。

二坪——这个过去的"文盲村""穷山村"，现在成了"文化村"。他们为偏远山区的教育事业撑起了一片蓝天。

请思考：究竟什么样的力量支撑着李桂林、陆建芬夫妇在如此艰苦的环境中坚守？

（三）教育—示范功能

教师职业道德的教育功能，是指它具有指导教师进行自我教育和社会教育的功能。一方面，教师职业道德能帮助教师正确认识教师职业，正确对待教师应尽的职责和义务，处理好与他人、社会、集体的关系，在此过程中是师德理论与实践的紧密结合，能激发教师道德修养的自觉性和积极性，这是教师进行自我教育的表现。另一方面，教师职业道德对社会产生的教育功能主要通过三个渠道进行：一是教师在教师实践中用自己的道德品质影响感染学生。学生带着从教师那里学习、效仿而成的优良品质和道德风貌踏入社会，对社会道德风尚发生作用。二是教师亲自参加社会活动而影响社会道德风气。三是教师通过自己的道德行为影响家庭成员、亲朋好友、邻里等社会人员，对社会风气产生影响，净化社会。这是教师职业道德所产生的社会教育功能。

[案例与思考]

张丽莉——冰雪为容玉作胎

张丽莉从哈尔滨师范大学毕业后，分配到黑龙江省佳木斯市第十九中学任初三（3）班班主任。2012 年 5 月 8 日，放学时分，张丽莉在路旁疏导学生。一辆停在路旁的客车，因驾驶员误碰操纵杆失控，撞向学生。危急时刻，张丽莉向前一扑，将车前的学生用力推到一边，自己却被撞倒了。被轧伤后她有时清醒有时昏迷，在送医院的途中，还对大家说："要先救学生。"昏迷多天后，张丽莉醒来的第一句话是："那几个孩子没事吧！"

经过抢救，张丽莉被迫高位截肢。她的亲人和医护人员都不敢想象她知道真相的后果会是怎样，但张丽莉很快接受了事实，还反过来安慰父亲说："当时车祸的场景我还记得，很幸运，如果车轮从我的头碾过去，你们就看不到我了，我救了学生，也保住了命，今后一定会幸福的。"

请思考：张丽莉老师的举动会给学生们、同行教师、家长们带来怎样的影响？

【思考题】

1. 简述教师职业道德的特点与社会功能。

2. 简述教育爱的内涵及特征。

3. 简述教师职业道德的基本构成。

3. 联系实际说明教师职业道德的重要性。

4. 结合实际谈谈你对教育公正的理解，并论述教师该如何保持教育公正。

第三章　教师职业道德原则

【学习目标】

1. 掌握教师职业道德原则内涵，理解教师职业道德原则的基本特征。

2. 了解我国教师职业道德原则的发展历程。

3. 理解教师职业道德原则的地位与作用，掌握建立教师职业道德原则的依据。

4. 理解教育人道主义、教书育人、全面发展教师职业道德原则。

教师在教育实践活动中，必须遵循一定的道德原则，以调节教育实践过程中的各种关系，保证教育实践活动的正常进行。教师职业道德原则作为对教师行为的基本要求和评价标准，在教师职业道德体系中居于主导地位。在教育实践活动过程中，教师特别要遵循教书育人、教育人道主义、全面发展的教师职业道德原则。

第一节 教师职业道德原则的确立与作用

一、教师职业道德原则概述

（一）教师职业道德原则的概念

教师职业道德原则，是一定社会或阶级对教师职业道德行为提出的基本要求，是教师在教育活动中处理各种利益关系、调节和评价一切道德行为必须遵守的根本指导原则。

教师职业道德原则以最普遍的形式反映着一定社会、一定阶级对教育道德提出的最根本的职业要求，代表着该社会、该阶级在教育领域的最根本利益，是特定教师道德体系基本性质的集中体现，是它区别于其他类型教师道德体系的根本标志。它作为教师职业道德体系的核心内容，既决定着教师一切道德活动的方向，又赋予教师一切道德活动的动力。它作为教师职业道德的理论和实践的概括与总结，贯穿于教师职业道德活动的始终，是衡量和判断教师行为善恶的最高道德标准，对教师职业道德行为具有广泛的引导功能和规范功能。在整个教师道德体系中，教师职业道德原则占有最突出的位置，发挥着重要作用。

教师职业道德原则的概念体现了以下三个特征：

第一，教师职业道德原则鲜明地表达了不同职业道德的服务宗旨，是区别不同类型的职业道德的标志。

第二，教师职业道德原则指明了道德行为的总方向。道德行为是现实社会生活中最基本的道德活动现象。

第三，教师职业道德原则在教师道德的理论和实践中具有概括性、稳定性，并起核心作用。教师职业道德原则是教师在任何时候都必须遵循的道德行为标准，也是用以评价和判断教师行为善恶的标准，它体现了教师职业道德的实质。

（二）教师职业道德原则与教师职业道德规范、教师职业道德范畴的关系

道德原则是一定社会或阶级对人们行为提出的最基本的要求，是道德体系的核心，是人们立身处世的基本准则，也是判断是非、善恶的基本标准。教师职业道德原则是教师在教育职业活动中正确处理各种利益关系遵循的最根本的指导准则，教师在工作中要处理的国家民族、教师之间、领导之间、学生之间、家长之间等的关系，是一定社会或阶级对教师在职业

活动中提出的最根本的道德要求。

道德规范是一定社会或阶级用以调整人们之间利益关系的行为准则，也是评价人们行为善恶的标准。道德规范指判断善和恶、正当和不正当、正义和非正义、荣和辱、诚实和虚伪、权利和义务等的道德准则。人们遵守道德规范要求的行为，就是善行；违反道德规范的行为，就是恶行。

道德范畴是反映人们之间最本质、最重要、最普遍的道德关系的概念，它包括义务、良心、公正和荣誉等。教师职业道德范畴，是指那些概括和反映教师职业道德的主要特征，体现一定社会对教师职业道德的根本要求，并成为教师的普遍内心信念，对教师的行为产生影响的基本道德概念，如教师义务、教师良心、教师公正、教师荣誉等。这是教师道德规范体系的重要组成部分。教师职业道德范畴反映了教师与他人、与社会之间最基本的道德关系，并成为教师内心信念而对教师行为产生影响。

教师职业道德原则与教师职业道德规范、教师职业道德范畴的关系是：

第一，道德原则是一定社会或阶级对人们行为提出的最基本的要求，是道德体系的核心。道德规范是比较具体的道德原则，是在一定条件下、一定范围内人们立身处世和评价是非善恶的标准。道德范畴存在于每一个人的意识和感情中，是反映人们道德关系和行为调节方向的一些基本概念。

第二，教师职业道德规范和范畴都是教师职业道德原则派生出来的。教师职业道德规范和范畴是教师职业道德原则的展开、补充和具体化。

第三，教师职业道德原则、教师职业道德规范和教师职业道德范畴相互作用、相互影响、相辅相成，共同构成教师职业道德体系的有机整体。

二、教师职业道德原则的发展

(一) 教师职业道德原则的发展

教师职业道德是随着教育的发展而发展的。春秋时期以前，教师职业道德虽然已经出现，但很不系统，往往夹杂于政治道德之中。春秋时期，孔子办私学，广收门徒，创立了许多有关教师职业道德方面的理论，并以《论语》一书集中反映了出来。其中较为著名、对后世影响较大的有："默而识之，学而不厌，诲人不倦，何有于我哉？"体现了一种有关"学""诲"的师德。"其身正，不令而行；其身不正，虽令不从。不能正其身，如正人何？"体现了一种"以身作则""言传身教"的师德。此外还有热爱学生、有教无类、不耻下问、知过而改、因材施教、循循善诱等有关教师职业道德方面的著名言论，形成了我国教育史上的第一个教师职业道德规范体系。

　　教师职业道德原则是一定社会、一定阶级的所有教师在教育教学中不断总结、提炼出来的，既有全面性，又具有稳定性，它不能由哪一位教师、哪一所学校来随意改变。自从教师职业道德在奴隶社会形成以来，各个社会阶级的教师职业道德虽有些相同的规范、相似的范畴，但绝对没有相同或相似的教师职业道德原则。自从有了阶级，教育就具有鲜明的阶级性，各个社会的统治阶级都要求教师为其阶级利益服务。奴隶社会的教师要忠诚于奴隶主阶级的教育事业，封建社会的教师要为维护宗法制度和神权统治服务，资本主义社会的教师要为资产阶级培养人才，社会主义社会的教师是由无产阶级政党——共产党领导，为社会主义建设事业服务、为劳动人民服务。由此可见，教师职业道德原则就是以统治阶级的教育事业为根本，通过教师共同的从教实践，在批判地继承古代优秀的教育遗产，吸收当代各国先进教育经验的基础上，以确立教师道德原则的三个条件为客观依据，根据教师职业道德原则的基本特征，总结、概括、提炼而成的。

　　社会主义教师职业道德基本原则是随着社会主义经济关系的确立和社会主义教育制度的建立而逐步形成和发展的，它集中体现在社会主义的教育方针之中。在社会主义社会，如新中国成立之初的教育方针，是使受教育者在德育、智育、体育诸方面都得到发展，成为有社会主义觉悟的、有文化的劳动者，后来发展为"教育必须为社会主义服务、为人民服务"，改革开放后要求"教育要面向现代化，面向世界，面向未来"。社会主义教育方针，集中体现了社会主义经济关系和政治要求，体现了无产阶级的根本利益和社会主义教育制度的本质，反映了社会主义教育的客观规律。教师是教育方针的执行者和实践者，社会主义教育方针要求人民教师必须忠于社会主义方向，忠诚于人民的教育事业，按照社会主义目标，把学生培养成"四有"公民。在社会主义社会里，衡量教师行为的基本道德原则，一是要看教师的行为是否符合社会主义教育任务和教育方针的要求；二是要看教师的行为是否有利于教育质量的提高。

　　（二）我国改革开放后教师职业道德原则的发展

　　改革开放以来，我国先后颁布了四个教师职业道德规范，教师职业道德原则随着这四个教师职业道德规范的颁布与实施逐步建立与发展起来。

　　1.1984 年颁布的《中小学教师职业道德要求（试行）》

　　1984 年 10 月 13 日，教育部、全国教育工会颁布《中小学职业道德要求（试行）》（以下简称《要求》）。颁布《要求》的目的"是为了提高教师的社会主义觉悟和共产主义道德情操，把青少年培养成有理想、有文化、守纪律的一代新人"。《要求》全文（含标题）共 267 字，分为 6 条。主要内容包括：爱国爱党，热爱教育事业；执行教育方针，教书育人；认真学习，努力提高业务水平；热爱学生，建立良好师生关系；遵纪守法，处理好与学校、家长和社会的关系；注重个人修养，为人师表。《要求》主要调节教师的四重关系：教师作为公民与国家、社会的伦理道德关系，教师与学生的伦理道德关系，教师与学校集体的伦理道德关系，教师与家长等社会群体的伦理道德关系。

《要求》是新中国成立以来正式颁布的第一部教师职业道德规范，开启了师德规范化之路。其特点有三：第一，从宏观角度归纳了时代需要的教师道德品质，缺乏层次性。第二，从理想境界表述教师的职业道德，缺乏操作性。第三，对教师角色职能定位不明，缺乏专业性。

2. 1991 年颁布的《中小学教师职业道德规范》

1991 年，国家教委、全国教育工会结合现实需求对《要求》进行修订后，颁布了《中小学教师职业道德规范》（以下简称 1991 年《规范》）。1991 年《关于颁布〈中小学教师职业道德规范〉的通知》中明确指出："教师队伍的思想、政治、道德素质如何，直接关系着我国能否培养新一代社会主义事业建设者和接班人，各地必须予以高度重视。"1991 年《规范》的核心是坚持社会主义方向，教书育人，精心培育德、智、体全面发展的社会主义新人。其全文（含标题）共 238 字，分为 6 条。主要内容包括：爱国爱党，加强思想学习；执行教育方针，教书育人；提高理论水平，钻研业务；热爱学生，保护其身心健康；热爱学校，团结协作；注重个人修养，为人师表。主要调节教师的三重关系：教师作为公民与国家的关系，教师与学生的伦理道德关系，教师与学校集体的伦理道德关系。

1991 年《规范》在内容上的特点有二：第一，调整后的规范内容在整体上更具有层次性意识。第二，明确了教师应处理的几层关系，使规范更具有专业性意识。

3. 1997 年颁布的《中小学教师职业道德规范》

1997 年 8 月 7 日，国家教委、全国教育工会颁布重新修订的《中小学教师职业道德规范》（以下简称 1997 年《规范》）。1997 年《规范》颁布的目的在于进一步提高中小学教师的道德素质水平，帮助教师牢固树立科学的世界观和高尚的职业道德，自觉规范自己的思想行为，促使全体中小学教师真正成为人民满意的教育工作者。1997 年《规范》全文（含标题）共

583 字，分为 8 条。主要内容包括：依法执教，爱岗敬业，热爱学生，严谨治学，团结协作，尊重家长，廉洁从教，为人师表。主要调节教师的四重关系：教师与国家的伦理道德关系，教师与教育系统内群体的伦理关系，教师与学生的伦理关系，教师与教育系统外群体的伦理关系。

1997 年《规范》较前两次师德规范有较大进步。其特点有三：第一，规范较具可操作性。它的内容更加具体，时代性也较强，如教师的廉洁问题等。第二，规范较具专业性。它以职业特征为出发点，论及教师应处理的关系。第三，规范的科学性不高。1997 年《规范》在本质上是前两次规范的细化，但仍然存在着结构不完整和内容不系统的问题。

4. 2008 年颁布的《中小学教师职业道德规范》

2008 年 9 月 4 日，教育部、中国教科文卫体工会全国委员会颁布重新修订的《中小学教师职业道德规范》（以下简称 2008 年《规范》）。2008 年《规范》的颁布在于加强中小学教师职业道德建设，提高教师的师德素养。2008 年《规范》（含标题）共 501 字，分为 6 条。主要内容包括：爱国守法，爱岗敬业，关爱学生，教书育人，为人师表，终身学习。主要调节教师的四重关系：教师与国家的伦理道德关系，教师与学生的伦理道德关系，教师与教育系统内群体的关系，教师与教育系统外群体的关系。

2008 年《规范》是我国步入 21 世纪后的第一部教师职业道德规范，它集以往三部师德规范之成果，因而更为完善，但仍存在一些不可忽视的缺陷。其特点有：第一，体现了自律与他律的结合。规范出现了肯定教师个体有提高道德修养的能力与要求的取向。第二，体现了理想与现实的结合。对教师现实的道德问题加以重视，不只提道德理想追求。第三，对师德规范科学性的探索仍在发展中。过往的规范中存在的问题仍然没有根本解决，这正是 2008 年《规范》向前追求和探寻的方向。

从 1984 年颁布《中小学教师职业道德要求（试行）》至今，我国共四次颁布教师职业道德规范。中小学教师道德规范的颁布与发展标志着我国教师职业道德原则的确立。目前我国中小学教师职业道德原则主要有教育人道主义原则、教书育人原则、全面发展原则。人道主义原则居于较低层次，全面发展原则居于最高层次，教书育人原则居于中间层次。

三、教师职业道德原则的地位与作用

道德原则是认识和处理个人利益和社会利益的基本原则，对人们的道德实践有着重要的指导意义，是道德体系的核心。同样，教师职业道德原则是教师在道德实践中认识和处理各种关系的具体原则，对教师的道德实践具有指导意义，是教师职业道德体系的核心。

（一）教师职业道德原则在教师职业道德体系中的核心地位

1. 教师职业道德原则具有基准性

教师职业道德原则是教师在道德实践中进行道德教育、道德修养、道德选择和道德评价时必须遵循的基本准则，是教师道德实践活动的行为准则。教师职业道德原则对教师的道德行为具有普遍的约束力和指导意义。

2. 教师职业道德原则具有本质性

教师职业道德原则是教师职业道德的社会本质最直接、最集中的反映，是教师职业道德区别于其他各种不同类型道德的最根本、最显著的标志。教师职业道德规范是教师职业道德原则在实践中的具体体现，教师职业道德原则是教师职业道德规范的本质。

3. 教师职业道德原则具有稳定性

教师职业道德原则以最普遍的形式反映着一定社会、一定阶级对教育道德提出的最根本的职业要求，代表着该社会、该阶级在教育领域的最根本利益，是特定教师道德体系基本性质的集中体现，是它区别于其他类型教师道德体系的根本标志。在一定历史时期，教师职业具有稳定性，表现为一定阶级服务的基本原则。同时，要认识到，教师职业道德原则的稳定性是相对的，随着社会经济政治的发展以及教师职业活动环境的变化，教师职业道德原则也会发生变化。所以可以这样认为，教师职业道德原则具有相对稳定性。

4. 教师职业道德原则具有自身的独特性

不同职业道德拥有自身的职业道德体系，具有各自不同的职业道德原则。以教书育人为己任的教师职业，一方面具有职业道德的基本特征；另一方面教师职业道德原则是调节教师个人与他人、与社会关系的根本行为准则，集中反映了教师职业道德的本质，具有与其他职业道德不同的独特性。

（二）教师职业道德原则的作用

1. 教师职业道德原则是整个教师道德体系的根本，具有最普遍的指导作用

教师职业道德原则总是以最普遍的形式反映着一定社会、一定阶级对教师道德提出的最根本要求，代表着该社会、该阶级在教育领域里的最根本利益，是特定教师道德体系基本性质的集中体现，是区别于其他类型教

师道德体系的根本标志。教师职业道德原则决定着整个体系的发展方向，规定了教师道德行为总的方向和性质，贯穿于教师道德发展的全过程，因而它的指导性和约束力是最普遍的。这种最普遍的指导作用和约束力，使教师职业道德原则不同于一般的道德规范，在整个教师道德规范体系中占主导地位，起支配作用。

2. 教师职业道德原则是整个教师道德体系的核心，具有统率作用

教师职业道德原则通过回答教师应当为哪个社会、哪个阶级的教育事业服务，规定着为哪个社会、哪个阶级人才培养的质量与规格，它解决了教师在教育过程中遇到的最本质的关系和矛盾，鲜明地表达出一定的教师职业道德体系的核心内容。各个教师职业道德规范，都是围绕着教师职业道德原则而展开的，是这一原则在各方面道德关系中的具体运用和体现。在教师职业道德体系中，教师职业道德原则占据提纲挈领的统帅地位。

3. 教师职业道德原则是整个教师道德体系的基本原则，具有裁决作用

教师职业道德原则反映了教师职业的总目标，指明教师在职业实践中的道德行为的总方向。因此，教师职业道德原则上对整个教师道德体系中的一切道德规范和范畴都具有约束力，是评价教师道德行为的最高原则。

随着知识经济的发展与学习化社会的到来，教师应该认清以培养创新精神与实践能力为基本培养目标的变化，教师职业道德原则对道德规范具体内容选择具有重要意义，它直接裁决选择适合本阶段的教师职业道德规范。在培养目标实现过程中践行教师职业道德规范，正确处理个人与事业、个人利益与国家、民族、集体利益这一最重要的基本道德关系，增强动力，培养适合社会发展的人才。

四、教师职业道德原则确立的客观依据

任何道德体系、道德原则都不是凭空想象，不是人们主观想象或逻辑推演的结果，都有其形成的依据和特征以及形成的过程。教师职业道德原则必须依据客观条件确立。

（一）教师职业道德原则必须反映一定社会经济关系和阶级利益的根本要求

一定社会或阶级的道德，要通过相应的行为准则，反映一定社会或阶级的要求，为这个社会或阶级服务。教师职业道德是一个完整的道德分支体系，它直接表达一定社会或阶级教师的义务、责任和要求等，体现着教师职业道德的社会本质和阶级属性。教师职业道德原则作为教师职业道德体系的核心，必然反映一定社会经济关系和阶级利益。

（二）教师职业道德原则需要符合一般社会道德原则的基本要求

道德作为一种社会意识形态，是由社会存在决定的。社会道德的基本原则是由社会经济关系决定，并随着社会经济关系的变化而变化的。教师职业道德是社会道德的一个组成部分，必须从自身的特定角度来反映社会经济关系的变化。教师职业道德原则是一定社会利益关系的产物，它必须体现一定社会道德原则对教师行为的基本要求。社会主义经济关系决定了社会主义的道德原则，社会主义教师职业道德是社会主义道德的重要组成部分，社会主义教师职业道德原则必须符合社会主义道德原则，反映社会主义道德对教师行为的基本要求。在社会主义条件下，教师职业道德原则必须符合社会主义方向。

（三）教师职业道德原则需要反映教师职业活动的特点

教师在其职业活动中要处理好方方面面的、各种各样的关系，核心的关系是师生关系。教师职业道德原则是对正确处理师生关系要求的概括。教师的职责是教书育人，这是教师职业区别于其他职业的特点，教师职业道德原则必须体现这个特点。在教育过程中，教师不仅要教书，要通过语言向学生传授知识，而且要育人，要运用多种方式培养学生优良的道德品格。因此，有利于育人就应成为教师的行为准则，教师职业道德原则必须反映这个要求。

第二节　教育人道主义原则

[相关链接]

践行教育人道主义的教育家

古今中外很多教育家不仅是教育人道主义的提倡者，也是践行者。孔子堪称教育人道主义的楷模。他兴办私学，广收门徒，把自己毕生精力和智慧都奉献给了教育事业。他最早提出"有教无类"思想，认为人不论贵贱、贫富、长幼、华夷、智愚，都有受教育的权利，从而打破了"学在官府"的局面，开启了平民教育之先河。他还以"仁爱"之心关心学生、爱护学生，培育了三千弟子，贤者七十有二。可以说，孔子的"有教无类""仁爱"思想是教育人道主义的发端。

人民教育家、留美博士陶行知放弃高官厚禄，打赤脚、穿草鞋全身心地投入了乡村教育运动，在更高层次上推行和实践了教育人道主义传统。

他把他人道主义的目光投到长期没有受教育权的穷人、女子身上，提倡女子教育，推行平民教育，倡导乡村教育，把当时社会地位最低的女子、穷人当人看，使他们有了受教育的权力和机会；他着眼于人的全面发展，立足当时的现实社会，把培养有尊严、有价值、有能力的人——能立足社会又能有益社会的人——作为毕生奋斗的目标；他开创了"教学做合一"的教学形式和方法，他改注入式教学为启发式教学，使教师走下高高的讲台，放下师道的尊严，建立平等式甚至互学式的师生关系——合乎人道、人性的师生关系。

苏联著名教育实践家和教育理论家苏霍姆林斯基，在践行教育人道主义原则上为我们树立了楷模。正像李镇西老师所说："和一般的教育家不同，苏霍姆林斯基不是以'学者'或'研究家'的身份去冷峻、客观、孤立地研究教育，而是充满真诚的人道主义情怀，把自己的一腔激情洒向他的每一位学生。他的深情的目光首先对准的是个人的心灵而不只是具体的教学环节或手段，他一生所关注的始终是每一个学生的个性的发展。这就使他的教育境界远远超过了一般侧重于研究教育技术的教育家，而使教育真正进入了人的心灵的宇宙。而且，苏霍姆林斯基在表达他那些充满人情味的教育观点时，所用的语言也是既充满坚定信念又亲切温馨甚至不乏诗意的语言……"

总结那些我们敬仰、尊重、追随的教育家身上的共同点，我们不难发现他们所具有的教育人道主义情怀和品格。回顾人类的教育史，我们也不难发现：哪个时期的教育符合人道主义原则，哪个时期的教育就有活力，就能健康发展；反之，哪个时期的教育违背人道主义原则，哪个时期的教育就问题成堆，发展困难。坚持教育人道主义原则，不仅是对教师的必然要求，是教师道德的重要组成部分，也是教育本质的内在要求。

一、教育人道主义原则概述

(一) 教育人道主义原则的概念

人道主义原则泛指一切以人为中心，强调人的地位，重视人的价值，维护人的尊严和保障人的权利的道德思想体系。教育人道主义，是指以马克思主义的世界观和历史观为基础，是人道主义道德精神中所蕴含的那些经常性的理想和普遍原则在教育领域中的具体体现和运用。所谓教育人道主义原则，就是要求教育者从人道主义出发，在教育过程中尊重人、关心人、爱护人，正确调节教师与学生、教师与学生家长、教师与教师等各方面的关系，以人道主义的言行达到培养学生社会主义人道主义品格的目的。教育人道主义是人道主义精神在教育中的具体运用和体现，是现代教育的重要特征，是关系着教育善恶好坏的重要领域。教育人道主义是教师职业道德原则之一。

（二）教育人道主义的发展

人道主义，是源于欧洲文艺复兴时期的一种思想。提倡关怀人，尊重人，以人为中心的世界观，主张人格平等，互相尊重。人道主义是一个历史概念，在不同的社会都有其特定的含义。社会主义人道主义作为一种道德要求和价值标准，是对以往历史上的人道主义和人道精神的批判、继承和发展。它以马克思主义的世界观和历史观为理论基础，建立在社会主义的公有制基础之上，是调节社会主义人际关系的基本伦理原则和道德规范。

教育人道主义就是人道主义道德精神中所蕴含的那些恒常性的理想和普遍性的道德原则在教育领域中的具体运用和体现。它是欧洲文艺复兴时期伴随着人道主义的兴起而出现的。早期的人文主义者们大都对教育倾注了极大的热情，他们普遍接受了古希腊时期自由教育的思想，在教育目的、教育方法、教育内容、课程设置以及道德教育等方面努力实践人文主义的教育理想。教育人道主义最初兴起于文艺复兴时期，是人文主义者对中世纪教育的反抗和变革。维多利诺、拉伯雷、伊拉斯莫斯、莫尔等人文主义者以人性反对神性，揭露封建教育的罪恶，实践人文主义的教育理想，重视发展人的智慧和才能，追求个性解放，形成了最初的教育人道主义形态。伟大的教育实践家维多利诺认为，教育目的不仅是为了培养神职人员，而是培养身体的、精神的及道德的和谐发展的人。教育思想家拉伯雷则对经院主义的烦琐论证、死记硬背的教学方法深恶痛绝，认为教学与学习的过程应当如同"国王在消遣"一般轻松愉快。这些思想集中体现了早期人文主义者们力求将教育从中世纪教会和经院哲学的统治下解放出来的强烈愿望，是教育人道主义最初的表现形态。

教育学科的建立，教育家们的理论研究与实践，为教育人道主义的进步提供了广阔的发展空间。夸美纽斯在《大教学论》中比较系统地表达了人文主义者的教育信念。18世纪，启蒙思想家们对封建教育发起了彻底的挑战，是教育人道主义的第二大发展。卢梭强烈谴责"为了不可靠的将来而牺牲现在"的教育，称其为"野蛮的教育"，它使得儿童"欢乐的岁月是在哭泣、惩罚、恐吓和奴役中度过的"①。卢梭要求凸显儿童的真实生活，还儿童以自由，实施自然教育，即"在教育方法上要排除人为的、专横的压制和灌输，强调自主、自发的学习生活"②。裴斯泰洛齐把全部精力和爱心都献给了孤儿院的孩子，教育他们成人。他说："我自己生活得像乞丐，为的是教乞丐们生活得像一个人。"③ 19 世纪末 20 世纪初，欧洲出现了"新学校"运动、美国出现了"进步教育"运动，它们都突出了学生的主体地位，强调教育的民主，重视儿童的真实生活，丰富了教育人道主义思想。国际新教育协会 1942 年提出了一个"儿童宪章""主张所有儿童都拥有基本的和最低程度的权利"④。这是对教育人道主义的具体化，有重大意义。瑞典著名的民主主义教育家裴斯泰洛齐则提出了"教育意味着完整的人的发展"⑤ 的思想，"使人的头脑、心灵和手这些特有的能力得以展开和发展""如果片面地培养某种力量……他造出的只能是半人，不会干任何有益活动的半人"。这些观点都带有浓厚的人道主义的色彩，对后世的教育产生了极为深远的影响，是教育人道主义第二大发展的典型代表。此后，19 世纪末至 20 世纪初期欧洲兴起的"新教育运动"和美国的进步教育思潮也都主张研究儿童的特性，重视儿童自身在教育中的主体地位及其创造活动，反对把儿童视为强制行为的对象。这其中虽然有一些片面性和不成熟性，但仍然是对教育人道主义思想的极大丰富和拓展。第二次世界大战以后，以马斯洛、罗杰斯等为代表的人本主义教育思想家从整体的人出发，围绕人的自我实现，主张学校教育就是自我实现、完美人性的形成以及人的潜能的充分发展，从而使教育人道主义思想发展到一个新的阶段，即人本主义教育思想的阶段。可见，教育人道主义的思想传统在西方教育发展的历史可谓源远流长。再追溯东方教育发展的历史，苏联教育家阿莫纳什维利、马卡连柯、苏霍姆林斯基都是成功实践教育人道主义精神的典范。苏霍姆林斯基曾经明确指出："没有起码的人道就不可能有共产主义道德"⑥，"培

---

① ［法］卢梭. 爱弥儿（上）. 李平沤，译. 北京：人民教育出版社，1985：66.

② 日本筑波大学教育学研究会. 现代教育学基础. 上海：上海教育出版社，1986：29.

③ 滕大春. 外国近代教育史. 北京：人民教育出版社，1989：136.

④ 王天一，等. 外国教育史（下）. 北京：北京师范大学出版社，1985：171.

⑤ 裴斯泰洛齐教育论著选. 夏之莲，等译. 北京：人民教育出版社，1992：411.

⑥ ［苏］苏霍姆林斯基. 帕夫雷什中学. 北京：教育科学出版社，1983：193，242.

养人道主义情感是确立道德修养最重要的方面之一"①。在我国，斯霞老师的"母爱教育"以及近几年兴起的"愉快教育""情感教育""尊重的教育""新基础教育"等都要求凸显人在教育中的地位，也同样饱含着教育人道主义精神。

中西方教育思想发展的历史已经无可辩驳地向我们揭示：教育人道主义思想具有超越时空的普遍适用性，它是任何时期的学校教育都应当遵守的最基本的伦理原则。从根本上来说，人道主义与教育的结合不是任何外力的强迫，而是教育本质的内在要求。教育是一项培养人的社会事业，一切教育活动都是围绕人并且是为了人而展开的，人是教育的核心和宗旨。这一本质就内在地决定了教育必然要致力于对人的普遍关怀，致力于对人的价值、尊严、权利和自由的追求，致力于人自身的不断发展与完善，而这些正是不同历史时期的人道主义共同的价值取向。"人的宝贵与尊严，是人道主义的中心价值。"② 不同类型的人道主义的区别不在于是否关心人，而在于对人的不同理解。所以，教育的本性和人道主义的精神是一致的，教育的价值就是在践行人道主义精神的过程中得以表露与展现的。"学校的主要任务应是培养正在成长中的人，并且正是在这个问题上应当实现人道主义化，意即使学校本身实现人道主义化。"③ 因此，人道主义与教育有着天然的密切联系。教育人道主义存在合理性的根据就在于教育自身。对教育进行人道主义的追求和约束深刻地折射出了人类对自身的热切关注以及对教育的恒久期待。"教育的伟大任务既不是简单地灌输，也不是将我们的观点强加给他人，而是为鼓舞人们达到新的道德发展水平而进行启迪和指导。任何把含有排他因子的真理、虔诚、美德和正义的观念强加于整个社会都是有害的。"

（三）教育人道主义原则的作用

古往今来，许多著名教育家在倡导与践行教师人道主义方面做出了重大贡献，促进了教育人道主义的不断发展与完善。教育人道主义原则作为教师道德的基本原则在教育教学理论与实践中发挥着重要的作用。

---

① ［苏］苏霍姆林斯基. 帕夫雷夫中学. 北京：教育科学出版社，1983：193，242.

② ［美］科利斯·拉蒙特. 人道主义哲学. 北京：华夏出版社，1990：279.

③ ［苏］A. 梅里克—帕沙耶夫. 教育的人道主义化：问题与可能性. 国外社会科学，1990（4）.

1. 坚持教育人道主义原则有助于师生关系的和谐发展

在教育劳动过程所形成的各种人际关系中，师生关系是最重要、最基本的关系。师生关系的和谐与否决定着教育过程能否顺利进行以及教育结果的好坏。教师只有坚持教育人道主义原则，尊重学生、爱护学生、平等地对待每一位学生，才能真正教育好学生。教师作为学生的表率、学生的榜样，其教育人道主义精神，对学生的道德品质和道德行为起着示范作用，直接影响学生的人道主义态度。相反，教师的任何非人道化的言行都将伤害学生的人道主义态度，破坏师生关系的和谐，并阻碍教育目标的实现。

2. 坚持教育人道主义原则有助于调节教师和学生家长之间的关系

除了学校教育，家庭教育对学生的成长也是至关重要的。在培养学生成长、成才这一点上，教师和家长的目标是一致的。教师与学生家长和谐的关系有助于教育目标的实现。教师尊重学生家长、平等对待学生家长，实现与学生家长关系的人道化，这是吸引家长积极地参与教育活动的重要手段，而家长对教师的尊重、关心会促进教师满腔热情地投入教育事业中去。

3. 坚持教育人道主义原则有助于调节教师与同事及其他人际关系

"教师劳动的形式往往是个体的，但教育的全部过程绝不是单个教师所能实现的，它要求全体教师协调一致形成优化的集体合力，为共同目标而努力。同时，教师关系也是学生认识成人世界的人际关系的最直接的缩影之一。教师关系的和谐是实现教学教育目标，培养学生良好道德品质的重要因素。因此教育人道主义也是处理教师间的关系的基本原则。"[1] 教育是一个庞大的社会系统工程，教师除了要协调师生关系、教师与学生家长的关系、教师间的关系外，还需要调整与学校领导、教辅人员及社会其他人员的关系。坚持教育人道主义原则，就能够有效地处理好各种关系，从而调动社会各种力量，齐抓共管、献力献策，为培养社会主义有用人才这一总目标共同努力。

二、教育人道主义确立的客观依据

（一）教育人道主义是社会主义人道主义在教育领域、教育过程中的贯彻

社会主义人道主义要求尊重每个人，关心每个人，当然要求在教育领域和教育过程中，人们互相尊重、互相关心。从逻辑上说，社会主义人道

---

[1] 施修华. 学校教育伦理学. 上海：学林出版社，1991：36.

主义是调节社会主义社会人与人之间关系的一条基本道德原则。教育人道主义是调节教育领域、教育过程中人与人之间关系的一条基本道德原则，是人道主义原则在教育领域、教育过程中的特殊要求。坚持教育人道主义原则，是社会主义人道主义原则在教育领域、教育过程中的贯彻、表现和具体化。

（二）教育人道主义是处理教育活动过程中特殊人际关系的要求

在教育活动的过程中，作为教育主体的教师处于主导地位。在教师和学生之间的关系中，以及教师和其他教育活动参与者之间的关系中，仅以一般的道德原则和道德规范来加以调节还不够，还必须加上适合教师特殊角色身份的一些道德规范。教育人道主义原则就是教师完成教育任务、实现教育目标必须遵守的职业道德原则。从教育实践看，一方面，作为知识、技能与道德品质的传播者、灌输者，在教育教学过程中，教师对于学生来说往往是居高临下的；另一方面，在调节教育过程中的人际关系时，教师必须高度尊重学生的人格，教师对学生必须有强烈的平等意识。教育人道主义作为一种道德原则与道德规范，就是人道主义要求与这种教育过程特殊要求的结合。在教育活动中，教师与学生之间的关系是最重要的一种人际关系。如果教师运用教育人道主义原则来调节师生关系，就能对学生的人格与行为产生积极的影响，就可以促进师生关系的健康发展，就可以促进学生之间关系的健康发展，为完成教育任务、实现教育目标提供人际关系保证。同时，教师在教育活动过程中遵循教育人道主义原则可以促进学生人道主义品质的形成。培养学生的社会主义人道主义品质既是学校教育的重要任务，又是整个社会道德建设的重要任务。在教育活动中，教师还必须处理好与其他教育参与者的关系。只有运用教育人道主义原则来调节，才能处理好各方面的关系，从而保证教育任务的完成和教育目标的实现。

（三）教育人道主义在教师职业道德体系中居于特殊地位

教育人道主义渗透于教育活动过程的一切道德规范中，具有广泛的约束力和普遍的导向性。教师在教育教学过程中要遵循教书育人原则，就要向学生传播社会主义人道主义思想，培养学生社会主义人道主义品格。教师在教育教学过程中要遵循以身作则原则，用自己的好思想、好品格、好作风影响学生，这就包括用社会主义人道主义思想、社会主义人道主义品格去影响学生。社会主义人道主义品格影响着教师的作风，社会主义人道主义品格通过多种作风体现出来。教师在教育教学过程中要遵循教育公正原则，坚持真理、办事公道、一视同仁、尊重学生，这些都包含着社会主义人道主义的要求，是教师人道主义品格的表现。只有遵循教育人道主义原则，才能切实做到教育公正。教育人道主义要求尊重学生的权利，促进学生的全面发展，是教育教学实践过程中学生主体地位的保证，有利于学生个性的展开，有利于创造性人才的培养，使教育教学活动更能适应或满足经济社会发展对人才的需要。教师对学生权利的尊重和维护，有利于校园和谐，有利于社会和谐，有利于学生和谐人格的养成，有利于学生的心理健康；同时，也有利于教师自己的身心和谐，维护教师自己的身心健康。教师职业道德规范作为一个庞大的体系，内容极为丰富，可无论是调节师生关系的规范、调节教师与教师之间关系的规范、调节教学过程和科研过程中人们关系的规范，还是调节社会服务过程中人们关系的规范，都渗透着教育人道主义要求。教育人道主义在教师职业道德体系中居于特别重要的地位，应当把教育人道主义确立为教师职业道德的一条基本原则。

三、贯彻教育人道主义原则的具体要求

教育人道主义是所有教育工作者必须共同遵守的基本道德原则。贯彻教育人道主义原则，教育工作者需做到以下几个方面。

(一) 尊重学生

遵循教育人道主义原则，教师要尊重学生。教师要把学生视为与自己在人格上完全平等并具有自身个性特征的人来对待。不能因为学生在某些方面与自己差距较大而轻视他们，忽略其价值。教师对学生的尊重和理解要建立在平等的基础之上，没有平等也就没有尊重和理解。一般来说，相对于教师，学生的年龄较小，知识水平较低，生活阅历较少，但教师和学生在人格上是平等的。在现实生活中，许多教师不能平等对待学生，常常是不管学生的感觉如何，不管学生是对是错，一不高兴就训斥、讽刺学生，结果使许多学生对教师敬而远之，师生关系出现障碍，给教育教学活动增加了困难，降低了教育教学的效果和质量。因此，教师不论是在课堂教学过程中，还是在管理工作中，都应尊重学生。要注意尊重成绩差的同学，应对他们多加鼓励，热情地帮助他们提高学习成绩。对那些缺点较多、组织纪律性较差、不尊重教师的学生，既要严格管理，加强教育，又要尊重他们的人格。教师不仅自己要尊重学生，还要教育学生相互尊重。理解学生要求教师多和学生交流，增进师生间的相互了解，加强师生间的感情沟通。理解学生还要求教师能把握学生心理活动的规律，按学生的心理活动规律调整自己的教育方法。教师尊重学生，最基本的就是要尊重学生的合

法权益，并尽力去维护学生的合法权益。

（二）关心学生

遵循教育人道主义原则，教师要关心学生。教师要关心学生的各个方面，既要关心学生的学习，又要关心学生的物质生活和文化生活。教师要多和学生交流，以加强教师和学生间的相互了解、相互沟通。只有了解学生，才能采取有效的方法帮助学生，才能使学生在遇到困难时及时得到帮助。教师要关心每一位学生，不能只关心部分学生，不能只关心那些由于种种原因和自己关系密切的学生，而不关心其他学生。对那些在学习上、物质生活上、文体活动方面和人际关系方面有着特殊困难的学生，教师应予以更多的关心。教师不仅自己要关心学生，还要教育学生相互关心。

（三）同不尊重学生、不关心学生的思想和行为做斗争

遵循教育人道主义原则，教师对于不尊重、不关心学生的其他教师、其他教育活动参与者的思想和行为应予以指出、制止。对严重损害学生物质利益和精神利益，严重侮辱学生人格的行为要做坚决的斗争，以维护学生的尊严，维护学生合法的、正当的、应有的权益。教师对自己有损学生人格、有损学生各方面正当权益的行为，一旦发现，应及时纠正。有些学生有意无意地侮辱了同学，侵犯了同学的正当权益，对这些学生，无意的要及时提醒，有意的要严肃处理，绝不姑息。

应当指出，教师在同不尊重学生、侵犯学生正当权益的思想和行为做斗争时，还要注意对有错误言行的学生、教师和其他教育活动参与者予以尊重和关心。要坚持实事求是，从实际出发，运用适宜的方式、方法和手段，通过适当的途径有效地解决问题。

第三节　教书育人原则

一、教书育人原则概述

（一）教书育人原则的概念

教书育人，顾名思义，就是指传授知识，培养人才。具体地讲，教书育人要求教师在其职业活动中既要努力教授学生专业知识，又要关心爱护学生，以自身的道德行为和人格魅力言传身教，引导学生寻求生命意义、塑造完美人格、实现人生价值。

教书育人是教师职业道德的基本要求，是教师职业道德的基本原则。

在我国，教书育人原则就是要求教师按照党和国家的教育方针，在传授专业知识的同时，坚持育人为本、德育为先，把立德树人作为教育的根本任务，努力把学生培养成为德、智、体、美全面发展的社会主义建设者和接班人。

(二)"教书"和"育人"的关系

1. 教书和育人紧密相连

教书育人一方面指明了教师的神圣职责和肩负的历史使命；另一方面总结了教师的劳动手段、劳动方式和劳动任务。从教育实践上看，教书是手段，育人是目的。教师教书的目的就在于培养人才。如果教师错把教书作为目的，片面追究书本知识和前人经验的推演、传授，忽略人文精神和科学精神的培养，忽略学生道德品质和修养的塑造，忽略学生身心健康等全面才能的发展，最终培养出来的将是一些毫无社会责任感和创造力、无法担当祖国建设重任的平庸之才。教书成为学校教育中教师培养人才的主要工作特点，但是，教师虽为教书之人，其目的并不仅仅是教书，而意在育人，意在培养人才。教书只是育人的形式，是达到育人的经常化手段，育人才是真正的目的和根本。两者紧密联系，相互促进。

2. 教书和育人两者统一

教书为了育人，育人必须教书，这是一条成功的教育教学经验，是为现代教育、教学实践证明了的真理，也是学校教育之所以存在的意义。学校育人有很多途径，但教学是学校教育的核心。在教学过程中，既学习各学科知识，又将思想品德教育融于其中。尤其课程改革后，构建了知识与技能、过程与方法、情感态度与价值观三位一体的"立交桥"式的课程目标，教师在教学过程中落实与达成课程目标。在学校教育中，教师教书过程中必然育人，要育人必须通过教书的方式和内容来实现。两者彼此促进，共同发展。

3. 教书和育人是人才培养的主要手段

教学过程中，教师将人类积累的各门学科的基础知识有目的、有计划、有组织地传授，高效地实现学生在较短的时间完成知识的学习与能力的培养。同时，学生在学习过程中，不但接受系统的世界观、人生观、价值观的教育，并且接受教师的言传身教，为成为社会需要的人才做准备。

二、教书育人原则的依据

(一)教书育人是教师的基本职责

任何时代，教育的根本任务是培养特定社会、特定时代所需要的人才。

不同社会、不同时代对人才的要求有许多不同之处，但也有共同的内容，即对人才的培养都具有两方面的要求：一是要有德；二是要有才。教育的目的和任务规定了教师既要教书，又要育人，教书育人是教师的基本职责。教师职业活动的这一特点决定了应把教书育人作为教师职业道德的原则。

（二）教书育人是遵循教学规律的要求

教书育人原则是依据教学过程的客观规律确立的。首先，教学的过程必然就是育人的过程。教师的主要任务是教学，教学过程是教书和育人紧密结合的过程，教书和育人两者不可分割。教师应当自觉地把教书和育人结合起来，应注意知识传授和思想道德教育两者的有机结合，应注意探索符合实际的、有效的、具体的结合方式。其次，育好人是教好书的保证。在教育教学过程中，学生主观能动性是否充分发挥，是否具有崇高的理想、良好的品德和正确的方法，是否有良好的思想道德素质和个性心理品质，直接影响学生的学习效果。一个人，如果热爱祖国、热爱人民，有强烈的责任感和进取心，有坚强的意志，诚实、守信、自信，能吃苦耐劳，可以增强学生的心理调节能力、行为控制能力、生活自理能力、社会协调能力和挫折承受能力，不仅可以保证学生在校期间的学习，而且有利于学生整个一生的发展。因此，教师应自觉地在教学过程中结合知识传授对学生进行思想品德教育，进行人生观和价值观教育。

（三）教书育人是培养社会需要人才的基本要求

社会在发展的过程中，需要各种各样、层次不同的人才，推动社会的政治、经济、文化、科学技术等发展。社会需要的人才基本上由学校教育来承担，由教师教书育人来完成。学校教育就是教师作为教育者，根据一定社会的要求和受教育者身心发展的规律，有目的、有计划、有组织、有系统地进行的影响活动，这种影响活动意在增进人的知识和技能，发展人的智力和体力，影响人的思想和品德，提升人们的审美情趣和能力，以把他们培养成为一定社会或阶级所需要的人。学校通过培养人才，满足社会对人才的需要。

三、教书育人原则的要求与方法

教书育人是教师的根本职责，是教师义不容辞的道德义务。教师应自觉地履行教书育人的道德义务，不断提高教师职业道德水平。

（一）教书育人原则的要求

1. 热爱

热爱是遵循教书育人原则的关键。热爱表现在两个方面：一是热爱教育事业，这是教书育人的前提。作为一名教师，首先必须热爱自己的事业。这种热爱之情来自对自己所从事工作重要性的深刻认识。教育事业是培养和造就人才的事业，教师在传播人类文明、启迪人类智慧、塑造人类灵魂、开发人力资源、弘扬和培育民族精神方面发挥着重要的、不可替代的作用。教师职业的特点决定了教师所从事的工作是具有高度责任感的工作，同时也是一项无比崇高、光荣、伟大的工作。教师应该对自身职业持有热爱之情。有了热爱之情，才会有高度的使命感，才能更深刻地认识到自己的工作是和祖国的未来发展、国家的繁荣昌盛联系在一起的，才会把自己日常看似平凡的工作做得更好。二是热爱学生，是教书育人的根本。热爱学生，是教师教书育人的根本，是教师必不可少的、最重要的职业道德，它反映了教师对教育事业的忠诚，对祖国未来的责任。教师劳动的重点是塑造人，是用自己的知识和才能、智慧和品德、勤奋和献身，在和自己的劳动对象的共同活动中去影响学生，教师只有自己具有最美好的心灵、最富创造性的工作、最肯做出牺牲的精神，才能够塑造出完美的心灵，培育出对祖国有用的人才。

2. 学习

教师劳动的手段是教师自身，也就是教师要用自己的知识和才能、智慧和品德、勤奋和献身，去实现教书育人的目的。所以，教师不仅要有高尚的道德情操，还应该具有广博的专业知识、精湛的教学艺术，只有这样才能承担起祖国建设者和接班人的培养重任。要达成这一目标，每一位教师都应该树立不断学习、终身学习的理念，时刻充实自己、完善自己，这是教书育人的关键所在。教师在学习过程中，首先，要有良好的学习态度，善于学习。通过向书本、向他人（包括学生）学习，成为真正"教书育人"的自我积淀。其次，要在反思中学习。在理论研究与教学实践中具有反思态度，总结成功的经验与失败的教训，不断调整、改进、提升自己的教育品质。最后，要在实践中学习。实践的过程不仅是教师完善知识结构的过程，也是教师育人方法、教学能力得以实施和检验的过程。在教学实践中不仅可以提高教师的知识水平，还可以培养敏锐感受、准确判断和分析出现的新问题的能力，把握教育时机、转化教育矛盾和冲突的能力，根据学生实际和面临的情境及时做出决策和选择、调节教育行为的能力。

3. 践行

践行是建立在热爱与学习基础之上的教书育人。教书育人是教师的天职，是教师职业道德的基本要求，是教师职业道德的基本原则。在教书育人过程中，一定要深刻理解教育目标并贯穿于整个教学中，坚持对学生的全面培养，遵循教育教学规律，树立正确的学生观、教师观、教学观，在实践中与时俱进，提升思想政治觉悟，形成良好的道德品质。同时，在践行过程中，总结教育教学经验与人才培养规律，不断将实践经验上升为教育教学理论，提升自身修养与道德品质，用自身的"躬行"提升教书育人的质量。

（二）教书育人的方法

1. 以"心"教书育人

这里的"心"是指教师对学生的热爱之心。要教育学生，首先必须热爱学生，因为爱是教育的基础。大量事实证明，教师的爱，能促使学生产生积极的情绪，从而转化为学生接受教育的内在动力。在教育工作中，教师只有对学生怀有真挚的爱心，才能引起学生对教师的崇敬、信任和亲近，才能创造教育学生的感情基础，创造有利于学生德、智、体全面发展的良好教育氛围。因此，人们把教师对学生的爱看作是开启学生心灵之门的金钥匙。这种爱既体现在全面地、无微不至地关心学生、尊重学生、信任学生；又体现在对学生充满着真诚的期望，可以说，教师对学生寄予期望有多高，学生的进步程度就会有多大。著名的"皮革马利翁效应"便是最好的例证。同时，教师对学生的爱，不是宠爱、溺爱、放任，而是爱中有严，严中有爱，严爱结合。否则，只严不爱，学生无法接受；而只爱不严，不是真正的爱。必须把爱学生、尊重学生与严格教育、全面要求结合起来，统一起来。这才是教育爱，这种爱才能对学生的内心世界产生影响，发生作用。

"热爱学生，教书育人"是教师职业道德的关键和核心。在这里，师爱与育人互为前提，相辅相成，缺一不可。育人，规定教师爱的目的性和方向性，赋予这种职业情感以特定的科学内涵；师爱，则有力地推动着育人的实践，赋予这一实践过程以活力。因此，教师应把热爱学生作为天职。

2. 以"行"教书育人

这里的"行"泛指教师的言行、品行、德行等。教师以行育人就是要以自己的言行、品行、德行等去影响教育学生。历史上，人们历来十分重视教师这方面的要求。古语道："师者，人之模范也。"法国思想家卢梭指出："在敢于担当培养一个人的任务以前，自己就必须造就成一个人，自己就必须是一个值得推崇的模范"，并认为，"真正的教师不在于口训，而在于实行"。教育家赫尔巴特也说："教学的最高的最后目的包含在这一概念之中——德行。"这些都必然要求教师要按照一定社会或阶级的需要形成一定的品行，否则是难以担当教师这一角色，也难以完成教学任务的。更重要的是，我们必须看到教师工作本身具有示范性。孔子说："其身正，不令而行。其身不正，虽令不从。"一位教师站在讲台上，必然会发生两种作用：一是通过语言来传道、授业、解惑、培养学生才智；二是教师本身的示范，他不用语言讲解，却能把任何品德、风貌展现出来，对学生起着潜移默化的作用。我国现代著名教育家杨昌济认为，教师言行一致，以身作则才能有效地影响学生。他说："教育者之行为若不违其言，其影响于被教育者必甚大。"他本人品行高尚，性格坚强，严于律己，忧国忧民，对青年毛泽东产生了深刻的影响。伟大的教育家陶行知先生，提倡并实践"以教人者教己"的信条，成为当代教师的榜样。

3. 以"人"教书育人

这里的"人"是指教师的人格力量。教师的人格有着特殊的力量和教育作用，正如俄国教育家乌申斯基指出的那样，教师的人格对于年轻的心灵来说，"是任何教科书、任何道德箴言、任何惩罚制度和奖励制度都不能代替的一种教育力量"。在学生心目中，教师是社会的规范、道德的化身、人类的楷模、父母的替身，他们都把人格高尚的教师作为学习的榜样，模仿其态度、情趣、品行，乃至行为举止、音容笑貌等。因此说，教师不仅是用自己的学识教人，更重要的是用自己的品格教人。教师的一言一行、一举一动都通过学生的眼睛在心灵的底片上留下印象，对他们的精神世界起着无声无息的熏陶或感染甚至感召的作用。所以，作为一名教师，要具有健全的人格，一种心胸宽广、自强不息、乐观向上的气质，一种求实致远、朴实高雅的品位，一种"富贵不能淫，贫贱不能移，威武不能屈"的品格。学生在这样一种气质、这样一种精种、这样一种情怀、这样一种品位、这样一种人格的熏陶感染下，才能养成真诚、公正、平等、友爱的品质。除此之外，作为一名教师还要善于通过教育活动、师生交往来塑造学生的人格。学校教育除了课堂教学外，还需要精心安排与创设各种适合学生身心发展与品德提升的丰富多彩的活动，通过活动中的交往达成人才培养、道德素质的重要目标。

[案例分享]

《带着蜗牛散步》

李老师是某初中教师，为了唤起学生的进步热望，引导所有学生共同进步，有一天，她给学生讲了一个教育寓言故事，叫《带着蜗牛散步》。

"有一天，上帝给我一个任务，叫我率一只蜗牛去散步。可是蜗牛爬得实在太慢了。我不断地催它，吓唬它，责备它。它却用抱歉的目光看着我，仿佛在说：'我已经尽全力了！'我又急又气，就去拉它，扯它，甚至踢它。蜗牛受了伤，反而越爬越慢了，后来干脆趴在那里不肯向前爬了，而已筋疲力尽的我也只好看着它干瞪眼。无奈之余，我不禁有些奇怪：上帝为什么叫我率一只蜗牛去散步呢？

"唉，好吧！算了吧！松手吧！反正上帝也不管了，我管什么？任蜗牛慢慢地向前爬，我在后面生闷气。咦，这时候，我突然闻到了花香，原来这里是花园。接着，我听见了鸟叫虫鸣，感到了温暖的微风。陶醉在美丽风景的欣赏中。

"一段时间后，我从陶醉中回过神来，无意中向前一看，呀！蜗牛已爬出了好远。等我跑步赶上它时，它用一种胜利者的姿态来迎接我（表明蜗牛有了进步）。未等我开口，它已经带着自信，奋力地向另一个'驿站'爬去了……我突然明白了：原来上帝不是叫我率蜗牛去散步，而是叫蜗牛率我去散步呀！"

柳老师是某师范大学大三教师教育专业学生的《教育学》任课教师，在讲到"教师与学生的关系"这一知识点的时候，她就给学生讲述了这位李老师的做法，并与学生一起对李老师的做法及这个故事蕴含的道理进行了分析、讨论。有学生说："这个故事告诉我们，教育要重结果，而不能只看过程。"有学生说："这个故事说明教学是相长的"。柳老师引导学生去体会"蜗牛"一词，问学生为什么故事里不是"小狗、小猫"等行动速度快的动物，这里是用"蜗牛"来指代那部分进步慢的暂时落后的学生。同时，她又引导学生注意故事里的"我"的几个动作："不断地催它，吓唬它，责备它。又急又气，就去拉它，扯它，甚至踢它。"这表明了这个老师的急躁。后来老师调整了自己的教育方法，将自己的注意力从"蜗牛"身上移开，这时就"闻到了花香，原来这里是花园。接着，我听见了鸟叫虫鸣，感到了温暖的微风。陶醉在美丽风景的欣赏中"。这个做法表明老师将注意力从落后生身上移开，懂得了要给"蜗牛"们点空间。结果，"蜗牛已爬出了好远。等我跑步赶上它时，它用一种胜利者的姿态来迎接我"，这表明只要相信"蜗牛"们，善于给"蜗牛"们点空间，"蜗牛"们就会有进步。

接着，柳老师对李老师做法中所蕴含的教育学知识原理做了剖析和点评，她说："李老师的做法，以及这个故事都充分反映了教育学上的一条知识原理，那就是：教师要树立正确的学生观，相信学生都有进步的愿望，相信人心向善。在充分欣赏优秀的学生的同时，更要相信那些暂时的落后生也完全有进步的可能，要满腔热情地期待、鼓励和运用得体的方式方法去引导、帮助他们，也要善于给他们以空间，要学会等待。教育是一种慢的艺术，不应该操之过急。"

听了柳老师的话，学生深深赞赏李老师的做法，以及这个故事里蕴含的教师的教书育人原则。柳老师说："通过这个故事，我对如何对待学生的观点更清晰了，对这条原则的理解和掌握也更清晰和深刻了，知道了以后怎样对待学生。'教书育人'四个字很简单，但真正在教育教学实践中运用，却是如此的深奥与深刻！"

第四节 全面发展原则

一、全面发展原则概述

（一）全面发展的概念

全面发展，即人的全面发展，指人的体力和智力的充分发展，又指人在德、智、体、美各方面和谐的发展，与片面发展、畸形发展相对。人的全面发展是马克思主义经典作家基于对资本主义社会中物对人的统治和以物的依赖性为基础的人的片面发展的批判，提出了"人的全面发展"理论。这种理论提出的社会历史前提是资本主义的早期发展阶段。根据马克思主义的历史唯物主义的方法论原则，人的全面发展体现为现实性与理想性的辩证统一，体现为不断发展的永恒的历史过程。因此，在当今构建社会主义和谐社会的时代背景下，人的全面发展思想除了继承经典作家思想精华之外，还应包含更多新的富有时代意义的内容。

关于马克思主义全面发展的概念，可以具体表述在五个重要方面：①全面发展是人的解放；②全面发展是人的权利；③人的全面发展是人的能力的全面发展；④全面发展是人的属性的全面发展；⑤全面发展是人类的历史追求。

（二）教师职业道德的全面发展原则

人的全面发展，是人自身发展的最高目标，也是社会发展所要最终达到的目标。学校教育是指教育者按照一定社会的要求和受教育者身心发展的规律，对受教育者所进行的一种有目的、有计划、有组织的系统影响活动，这种影响活动意在增进人的知识和技能，发展人的智力和体力，影响人的思想和品德，提升人们的审美情趣和能力，以把他们培养成为一定社会或阶级所需要的人。学校教育应该将人的全面发展作为最高目标，教师承担着人的全面发展的重要任务。

教师职业道德的全面发展原则，就是指教师在教育劳动过程中，要致力于增强学生的素质和能力，促进学生德、智、体、美诸方面和谐发展。教师应把促进学生的全面发展作为一项道德原则，贯彻到自己的教育教学实践中去。

二、马克思主义关于人的全面发展学说

（一）马克思主义关于人的全面发展学说的基本观点

马克思主义关于人的全面发展的学说是马克思、恩格斯在经济学的研究中考察社会物质生产与人的发展关系时所提出的关于人的发展问题的基本原理，是马克思主义教育思想的重要组成部分。他们的基本思想是：人的发展是与社会生产发展相一致的。旧式劳动分工造成人的片面发展，大工业及其生产要求人的全面发展，并为人的全面发展提供了物质基础；实现人的全面发展的根本途径是教育与生产劳动相结合。马克思主义关于人的全面发展学说的基本理论包括如下要点。

1. 人的片面发展的历史根源在于社会分工和私有制

马克思和恩格斯在全面研究人类社会发展历史的基础上，论述了分工与人的发展的关系。

一方面，分工是历史进步的原因，但是私有制下的分工限制了人的发展，造成了发展的片面性。在原始社会也有分工，不过这种分工是纯生理基础上的自然分工，它对个体的发展还不能产生实质性的影响。随着生产力的发展，出现了体力劳动与脑力劳动的分离，这才是真正意义上的社会分工，也正是这种社会分工，才开始对人的发展产生实质性的影响。这种分工在资本主义工厂手工业时期达到了最为严重的程度，工厂手工业把一种工艺分成各个精细的工序，再把每个工序分给个别工人，作为他们终生的职业，使他们一生束缚在单一的操作和单一的工具之上。这就导致了劳

动者身心发展的分离，使劳动者成为劳动的工具。

另一方面，"不仅工人，而且直接或间接剥削工人的阶级，也都因分工而被自己活动的工具所奴役；精神空虚的资产者为自己的资本和利润所奴役，律师为他的僵化的观念所奴役，这种观念作为独立的力量支配着他；一切'有教养的阶级'都为各式各样的地方局限性和片面性所奴役，为他们肉体上和精神上所奴役，为他们的由于受专门教育和终身束缚于这一专门技能本身而造成的畸形发展所奴役"。

2. 人的全面发展是大工业生产的客观要求，同时大工业生产也为人的全面发展提供了可能性

大工业生产是以现代科学技术为基础的，它从不把某一生产过程当成是生产的理想状态。追求工艺的不断改进、产品类型的推陈出新、产品质量的不断提高是现代生产竞争的客观规律。生产过程的不断完善和更新，需要劳动者不断学习和掌握科学技术，通晓生产过程的基本原理，这就必须要求脑力劳动和体力劳动的结合，要求人全面发展。现代工业生产不仅提出了个人全面发展的必要性，而且也提供了这种可能性。首先，大工业生产依靠的是先进的科学技术，为适应这种生产的顺利进行，涌现出了一系列新兴学科。这些新兴学科的出现，使劳动者通过学习掌握生产过程的基本原理和基本技能，了解整个生产系统成为可能。其次，大工业生产的发展，促进了劳动生产率的提高，从而为缩短劳动时间，减轻劳动强度，使劳动者学技术、学文化，发展自己的兴趣爱好特长成为可能。

3. 社会生产关系是人的全面发展的决定性条件

机器大工业生产尽管迫切要求个人全面发展并为个人的全面发展创造了物质基础，但是，大工业生产的资本主义形式却阻碍了个人全面发展的实现。"因为机器就其本身来说缩短劳动时间，而它的资本主义应用延长工作日；因为机器本身减轻劳动，而它的资本主义应用提高劳动强度；因为机器本身是人对自然力的胜利，而它的资本主义应用使人受自然力的奴役；因为机器本身增加生产者的财富，而它的资本主义应用使它的生产者变成需要救济的贫民，如此等等。"在当今资本主义社会，资本家顺应时代潮流，对普通劳动者的教育条件和生活条件做了一些改善，但是资本主义私有制下的根本矛盾依然存在，那些改善措施只是为了适应生产力的发展，提高资本的竞争以取得更高利润。而且资产阶级为了巩固其现有的生产关系和政治制度，必然要用它的意识形态和生活方式来腐蚀人们的心灵、危害人们的身心健康。因此，只要资本主义剥削制度存在，人的全面发展就

不可能全面地、普遍地实现。

社会主义社会消灭了剥削制度、脑力劳动与体力劳动的根本对立，才给人的全面发展提供了良好的社会基础。在未来的社会条件下，劳动生产率极大提高，劳动不再是奴役人的手段和谋生手段，而成为解放人的手段，此时，人的全面发展才能得以完全实现。

4. 教育与生产劳动相结合是造就全面发展的人的途径和方法

马克思主义关于人的全面发展的理论阐明了教育和社会生产活动在人的发展中的影响和作用，认为现代工业生产是高知识、高科技的表现，没有教育与生产劳动的结合，就不能消灭脑力劳动和体力劳动的差别，也就不能满足现代化生产的需要和促进生产力的发展，更不会有人的全面发展。列宁指出："没有年青一代的教育和生产劳动相结合，未来社会的理想是不能想象的，无论是脱离生产劳动的教学和教育，或是没有同时进行教学和教育的生产劳动，都不能达到现代科学技术水平和科学知识现状所要求的高度。"对此，马克思也特别指出："未来的教育对所有已满一定年龄的儿童而言，就是生产劳动同智育和体育相结合，它不仅是提高社会生产的一种方法，而且是造就全面发展的人的唯一方法。"

关于个人全面发展的含义，散见于马克思、恩格斯的多部著作中。综合马克思、恩格斯在众多篇章里阐发的关于个人全面发展的思想，可以认为，马克思主义个人全面发展的内涵就是人的多方面的、充分的、自由的、和谐的发展，即人的智力和体力、志趣和才能、道德精神和审美情趣都得到自由而充分的发展。

(二) 马克思主义关于人的全面发展学说的积极意义

马克思主义关于人的全面发展的学说确立了科学的人的发展观，指明了人的发展的自然规律，其重要意义表现为以下几个方面。

1. 指导我们科学地理解人的全面发展

关于人的全面发展问题，在马克思主义产生以前，亚里士多德、夸美纽斯、卢梭、裴斯泰洛奇等都曾提出过使人的体力、智力和道德等多方面和谐发展的问题。但他们在提出和探讨人的全面发展的过程中脱离了社会生产和生活，只是从"神的意志"或"人的本性"出发来说明和解释人的发展。而马克思主义提出的人的全面发展是"从人们现有的社会联系，从那些使人们成为现在这种样子的周围生活条件来观察人们"。指出："人的发展既和他们生产什么相一致，又和他们怎样生产相一致。""个人是什么样的，这取决于他们进行生产的物质条件。"用这种科学的人的发展观做指导，有助于我们深刻理解人的发展的社会必要性和社会制约性。在确立和实现教育目的过程中把人的发展和社会的发展结合起来。

2. 为我国人才培养指明了方向

马克思主义所指出的人的发展的历史必然性，为我国人才培养指明了方向。马克思主义全面发展学说在从社会生产的发展，特别是社会大工业生产发展对人的影响中，看到了"承认劳动的变换，从而承认工人尽可能多方面的发展是社会生产的普遍规律"，揭示了人的全面发展的历史必然性，有助于我国教育在人才培养中坚持全面发展的方向，丰富培养人的素质，更好地推动我国的现代化建设。

总之，只有正确地理解马克思主义关于人的全面发展的学说，并结合当前政治、经济、文化发展的实际情况，才能制定出科学的教育目的。

三、贯彻全面发展原则的基本要求

我国现阶段的教育目的为"以培养学生的创新精神和实践能力为重点，造就'有理想、有道德、有文化、有纪律'的德、智、体等全面发展的社会主义事业建设者和接班人。"它明确了我国人才培养的素质要求，即明确了人才应有的基本素质——德、智、体、美各方面，明确了使受教育者各方面全面发展，即在注重基本素质（德、智、体、美）形成发展的同时，也要注重促进其他素质的形成和发展，而不应仅仅局限在德、智、体、美四方面。这是促进人的个性丰富发展所必需的，有利于个人在物质生活领域和精神领域发挥展现创造性才能，更好地实现自己的理想和价值，使人的生存发展充满内在活力。

教师是学生全面发展的重要承担者，教师在贯彻全面发展原则的过程中应该遵循的基本要求如下。

（一）把促进人的全面发展作为教育目标来认识

首先，把促进人的全面发展作为教育目标，使每一个学生都得到全面的发展是教育的最高理想，而全体学生全面地得到基本发展，在此基础上各自得到不同的个性发展，就应该成为我们的现实理想和近期目标。其次，要求教师必须坚持马克思主义人的全面发展理想和"三个代表"重要思想，充分认识促进人的全面发展的现实意义与长远意义，在教育劳动中充分发挥自己的积极性、主动性和创造性。最后，把促进人的全面发展作为教育的目标，要求教师必须坚持"以人为本"。

（二）面向全体学生，开展全面教育

一方面，要求教育教学要面向全体。所谓面向全体就是教师把每个学生都装在心里，要公平地保障每个学生的学习权利，要一视同仁地施教于每个学生。"面对全体学生"是对教师教育活动的最基本的要求。另一方面，要开展面向全体的全面教育。全面教育也称同时教育，是指对所有学生进行共同内容的教育，其目的是将受教育者作为一个具有主体的、完整的人而施以教育，使受教育者人格与学问、理智与情感、身心各方面得到自由、和谐、全面的发展，主要包括体质教育、思想政治教育、智力教育、情感教育、社会劳动教育和人际交往教育。

（三）在全面发展的基础上充分发展学生的特长

首先，所谓全面发展主要是指教育教学要让学生在知、情、意、行等方面获得最自由、最充分的发展，并非追求德、智、体、美、劳的面面俱到的发展。其次，要注意用各个学科的个性去反映素质教育的共性，不能要求在某一学科的某节课后学生在德、智、体、美诸方面都有变化，要突出学科特点。最后，发展学生特长是全面发展应有之义。

（四）全面提高教师自身素质

教师要发展学生的智力素质，自身必须具有较强的业务能力，学有所长、学有所专；教师要培养学生的良好思想品德，自己必须先具有良好的人品；教师要培养学生的审美能力，自己必须先具有审美素质。

【思考题】

1. 什么是教师职业道德原则？它具有哪些特征？

2. 简述我国改革开放后教师职业道德原则的发展历程。

3. 建立教师职业道德原则需要考虑哪些因素？

5. 什么是教育人道主义原则？它的重要作用表现在哪些方面？

6. 教师在贯彻教育人道主义原则中需遵守哪些基本要求？

7. 什么是教书育人原则？制定教书育人原则需考虑哪些因素？

8. 教书育人原则的基本要求与方法表现在哪些方面？如何理解？

9. 什么是教师职业道德的全面发展原则？如何在教育教学中贯彻全面发展原则？

第四章　教师职业道德规范

【学习目标】

1. 理解并掌握《中小学教师职业道德规范》（2008 年修订）的基本要求和具体内容。

2. 学会分析评价教育实践中教师道德现象或问题。

自古以来，我国对教师职业道德有严格的要求和规定，《礼记·学记》中早就有"君子知至学之难易，而知其美恶，然后能博喻；能博喻，然后能为师；能为师，然后能为长；能为长，然后能为君。故师也者，所以学为君也。是故择师不可不慎也"的论述。我国古代有严格的择师制度，这种传统影响深远。

改革开放以后，我国先后四次颁布和修订了《中小学教师职业道德规范》，最新一次是在 2008 年。《中小学教师职业道德规范》（2008 年修订）的基本内容继承了我国的优秀师德传统，并充分反映了新形势下经济、社会和教育发展对中小学教师应有的道德品质和职业行为的基本要求。《中小学教师职业道德规范》对教师的职业道德起指导作用，是调节教师与学生、教师与学校、教师与国家、教师与社会相互关系的基本行为准则。

第一节　爱国守法

爱国守法是每一位公民的职责和必须履行的义务。翻开中外教育的史卷，不难发现爱国守法始终是教师职业道德的一个重要组成部分。在教育部 2008 年修订的《中小学教师职业道德规范》中，对"爱国守法"的具体要求是：热爱祖国，热爱人民，拥护中国共产党领导，拥护社会主义。全面贯彻国家教育方针，自觉遵守教育法律法规，依法履行教师职责权利。不得有违背党和国家方针政策的言行。

一、爱国是教师首要遵守的政治规范

爱国是基于个人对自己祖国依赖关系的深厚情感，也是调节个人与祖国关系的行为准则。它同社会主义紧密结合在一起，要求人们以振兴中华为己任，促进民族团结、维护祖国统一、自觉报效祖国。爱国是每个国人骨子里深深藏着的那股对国家最质朴的忠诚。爱国作为一种信仰、一种情怀，是个人情感中的上层建筑，是中国最宝贵的东西。几千年以来，中华民族历史上涌现的无数民族英雄和爱国仁人志士，在抵抗外来侵略、反抗专制统治、保护百姓生存和建设神州家园的社会活动中，表现出来的情有独钟、矢志不移、奋不顾身、尽心尽力、无怨无悔的大无畏的英雄主义民族气概，正是爱国主义坚强意志的真实写照。爱国是每一个公民义不容辞、不可推卸的社会责任，教师作为国家公民和民族一员理应承担热爱祖国、报效国家的责任和义务。

爱国主义作为中华民族的优良传统，在建设有中国特色社会主义的今天，教师需要做到以下几个方面。

（一）了解国情，认清责任

教师要正确认识祖国悠久的历史、灿烂的文化和优良的传统，尤其是近现代中国人民为实现民族独立和祖国富强而英勇奋斗的壮丽历史。只有认识和了解了我国的基本国情，才能发自内心地、真心诚意地热爱祖国，才能真正明确教师肩上的历史责任。

（二）坚决维护国家利益和民族尊严

一个人的前途和命运始终是与祖国和民族的前途命运紧密相连、息息相关的。国家的统一、民族的团结是我们的事业取得胜利的基本保证。维护国家利益和民族的尊严可以放弃个人利益，甚至生命，一直以来就是中国人民最宝贵的思想品格，也是爱国主义精神的具体体现。作为教师更要有牢固树立维护国家和民族利益的思想意识，自觉维护祖国独立、统一，民族的尊严、和谐。

（三）立足教师岗位，把爱国之情转化为扎实的行动

爱国需要激情，更需要理性。对于普通的公民而言，要把爱国热情转化为坚守岗位的动力，做好本职工作，在自己的岗位上踏实勤恳地为社会创造价值，这才是最好的爱国方式。就教师而言，爱国并不是要做出惊天动地的伟大壮举，而是需要在平凡的教师岗位上辛勤工作、默默奉献，切实履行好教书育人的职责，为祖国发展培养出合格的人才。

二、守法是教师最基本的行为准则

俗话说：无以规矩、不成方圆。一个国家和社会要正常运行也必须有一套行之有效的规范。法就是国家制定认可的社会成员必须遵守的行为规范。守法是指任何组织和个人都必须遵守我国现行的法律规定和要求，依法办事。

从教师的角度来说，守法不仅仅是法律层面的要求，也是教师职业道德的基本要求，教师应做到如下几个方面。

（一）主动学习有关的教育法律法规

遵守宪法和法律是教师的基本义务，要履行好这一义务，首先需要教师学习、了解我国现有的法律法规，尤其是有关教育的各项教育法律、法规。教育法律法规体系繁杂，我们简要介绍其中的几部重要法律文件，如《中华人民共和国教育法》《中华人民共和国教师法》《中华人民共和国义务教育法》等。

《中华人民共和国教育法》是我国历史上颁布的第一部全面规范教育领域的大法，是全面规范各种教育关系的重要法律。作为我国的教育基本法，在教育法规各形式层次中处于最高层次。[1] 它对教育的地位、教育方针、教育基本制度、学校及其他教育机构、教师及其他教育工作者、受教育者、教育与社会、教育投入与条件保障、教育对外交流与合作、法律责任等全局性的重大问题做出了基本规定。

《中华人民共和国教师法》以法律形式明确了教师在我国社会主义现代化建设中重要地位，规定了教师权利和义务、教师管理制度、教师待遇及

---

[1]　李晓燕，等. 教育法学. 北京：高等教育出版社，2006：302.

其保障、法律责任等方面的内容，是保障教师合法权益、建设具有良好思想品德和业务素质的教师队伍、促进社会主义教育事业发展的根本保障。

《中华人民共和国义务教育法》规定了适龄儿童、少年必须接受，国家、社会和家庭都必须予以保证的带有强制性的国民教育。该法对我国实施义务教育的性质、目的、年限、步骤，国家、社会、学校、家庭所应承担的义务、学校管理体制、师资、经费、设备以及违反该法应受到的处罚等重要问题都做了全面、明确、原则的规定。该法是提高全民族素质的"根本大法"，为学龄儿童少年接受基础教育权利的实现提供了法律保障。

除了上述教育法律文件以外，还有《中华人民共和国未成年人保护法》《中华人民共和国民法通则》《中华人民共和国国旗法》等相关法律法规都是指导教师从事教育、教学活动的重要依据。教师只有主动学习、熟悉相关的法律法规条文的内容，才能做到知法、懂法、守法。

（二）自觉遵守教育法律法规

现代教育是一种专业化的活动，依法执教是其中应然之义。首先要求教育者必须具备一定的条件才能从事教育教学活动。许多国家都实行了专门的教师资格证制度。一个公民只有具备教师资格才能当教师，不具备或丧失教师资格就不能当教师。我国的《教育法》《教师法》对此都有明确的规定。所以，教师主体的合法性是教师是否依法执教的首要衡量标准。其次，教师的教育教学活动必须符合法律规定的培养目标和要求。现代社会的多数国家对教育的法律控制会表现在对人才培养目标的不同层次的规定上，这些不同层次的法定教育目标是教师教育教学行为必须严格遵守的法律准则。当然，教育还是具有创造性的活动，为了实现法律规定的教育目标，各国法律往往也都允许教师在开展具体教育教学活动时可以较自由地选择教育教学的内容。由于教育内容与教育目标有着不可分割的联系，所以，国家对教育内容也会做出某些法律上的规定，包括课程开设、课程设计、课程标准、教材使用等。教师对教育教学内容的选择必须在法律规定的范围内进行。

（三）正确行使法律赋予的权利

教师在教育教学活动中依法享有进行教育教学活动，开展教育教学改革和实验；从事科学研究、学术交流，参加专业的学术团体，在学术活动中充分发表意见；指导学生的学习和发展，评定学生的品行和学业成绩；按时获取工资报酬，享受国家规定的福利待遇以及寒暑假期的带薪休假；

对学校教育教学、管理工作和教育行政部门的工作提出意见和建议，通过教职工代表大会或者其他形式，参与学校的民主管理；参加进修或者其他方式的培训的权利。

教师在享受权利的同时，必须履行相应的义务；教师在行使权利时必须尊重学生的合法权益，必须明确宪法和法律对此项权利的限制。

[案例与思考]

杨某，30 岁，1999 年师专毕业，在某乡中学任初中物理教师。工作以来，杨某教学能力突出，很快成为学科的骨干教师。2002 年，为了提高自己的学历层次，经杨某申请，当地教委和学校批准其到某师范大学进修。杨某十分珍惜这次来之不易的进修机会，在一年的进修期间，不仅成绩优秀，还发表了数篇论文。然而，进修结束后，她才发现学校将她进修期间的工资扣了一半，并告知：进修期间，没有在学校正常工作的，一律扣发一半工资。学校可以扣发参加进修的教师的工资吗？杨某应该怎么办？

《教师法》第 7 条规定，教师享有参加进修或者其他方式的培训的权利。《中小学教师继续教育规定》第 4 条规定，参加继续教育是中小学教师的权利和义务。第 16 条规定，经教育行政部门和学校批准参加继续教育的中小学教师，学习期间享有国家规定的工资福利待遇。学费、差旅费按各地有关规定支付。

根据以上规定，杨某参加进修进行继续教育，是其权利也是其义务。经过教委和学校批准，杨某参加进修学习期间享有国家规定的工资福利待遇，学校不得扣发其工资，而且还应按当地规定向杨某支付学费和差旅费。对于学校扣发其工资，杨某可向学校所在地教育行政部门申诉，以维护自己的合法权益。①

三、教育方针是教师行动的行动指南

教育方针是一定时期教育工作的总方向和行动指南，是党和国家在一定历史条件下所制定的关于教育工作发展的总方向。1995 年《中华人民共和国教育法》确立了我国新时期教育的基本方针：教育必须为社会主义现代化建设服务，必须与生产劳动相结合，培养德、智、体等方面全面发展的社会主义事业的建设者和接班人。

---

① 国家律师联盟网．http：//www.un148.com/Flbq/detail _ 9127.htm.

以教育方针为教师的行动指南，教师需要在教育教学活动注意以下几个方面。

（一）学校的教育教学活动必须面向全体学生

现实中的教育教学活动还存在着"应试教育"，为了追求升学率，教师只重视对少数尖子生的教育，使原本应该面向全体学生的基础教育演变成面向少数尖子生的"精英教育"。这是与社会主义教育方针相违背的。要全面贯彻教育方针，必须把面向少数学生的"应试教育"转到面向全体学生的素质教育的轨道上，使学生得到全面的发展。

（二）学校的教育教学活动要让每个学生在德、智、体等方面都得到全面发展

社会主义教育培养的是德、智、体等方面全面发展的人才。但在应试教育过程中，升学考试的主要内容是知识、技能，因此一些学校只重视知识的教学和技能的训练，忽视思想的启迪和品德的培养；只重视智育，放松德育、轻视体育，忽视美育和劳动技术教育，这样培养的人才只能是片面发展的人。要全面贯彻教育方针，就必须让学生在德、智、体、美、劳每个方面都得到全面发展。在德育工作中，培养学生良好的政治立场、良好的思想素质和道德品质，还要塑造学生良好的个性和健全的人格。在智育活动中要让学生在掌握系统科学文化知识，形成基本的技能技巧的过程中发展智慧和创造能力。在体育活动中要让学生在增强体质的同时，系统掌握强身健体的知识和技能，养成良好的卫生习惯。在美育方面既要培养学生正确、高尚的审美情趣，还要造就学生发现美、创造美的才能。

（三）以正确的言行来贯彻教育方针

"不得有违背党和国家方针政策的言行"是关于教师爱国守法的底线规定，也是教师不得违背的师德规定。一是因为党和国家的方针政策，代表的是最广大人民的根本利益，集中反映的是最广大人民的愿望和心声。二是因为中小学教育的对象是未成年学生，他们辨别是非的能力和自我控制的能力都不太成熟。三是因为中小学教师的职责与权利决定了"学术无禁区，讲台有纪律"。四是因为教师特别是中小学教师的思想观点对未成年学生的影响巨大。因此，中小学教师在职业活动中，特别是教育教学活动中，必须做到"心中有根弦，嘴上有把门"①。

---

① 王毓珣，王颖．教师新师德六项修炼．重庆：西南师范大学出版社，2009：11.

第二节　爱岗敬业

《中小学教师职业道德规范》（2008 年修订）对"爱岗敬业"的具体要求是：忠诚于人民教育事业，志存高远，勤恳敬业，甘为人梯，乐于奉献。对工作高度负责，认真备课上课，认真批改作业，认真辅导学生。不得敷衍塞责。

爱岗敬业就是要求人对自己所从事的职业具有敬重感，恪尽职守，履行自己的社会义务。尽管古今中外各种职业的职责各有不同，但各自对其从业者设定爱岗敬业的要求却是普遍相同的。作为职业道德的一种要求，爱岗敬业蕴含着职业人员对社会分工必要性和现实性的尊重。

一、爱岗是教师的基本品质要求

爱岗是指一个人热爱自己的事业、热爱自己的岗位。教师爱岗就是热爱教育事业，具体体现在热爱工作和热爱学生上。教师热爱工作，意味着对教育事业全身心的投入和不悔追求的信念、态度和决心；热爱学生意味着对学生人格和生命的尊重、对学生潜能和自觉的信任、对学生思想和行为的理解、对学生失误和不足的宽容，表现出对学生的关心、关注和关爱。而敬业是指一个人对工作产生的使命感和责任感。教师敬业就是对国家教育和学生成长的强烈使命感和责任感，具体表现为对教育教学工作的认真负责，对学生的关怀备至等。爱岗与敬业既相互联系，又互有区别。从两者的联系来看，爱岗是敬业的前提，敬业是爱岗的体现。一个热爱教育事业的人会更好地履行自己的职责，完成工作任务，一个敬业的人会在认真工作中体验到教育教学的快乐与幸福，从而更加热爱教育事业。从两者的区别来看，爱岗更多的是属于情感体验；而敬业则更多地表现为态度和行为。总之，两者相互联系、相互促进。

（一）忠诚于人民的教育事业是当代教师道德的核心原则

2008 年在对教师职业道德规范修订时，将 1997 年规范中的"热爱教育、热爱学校"，改为"忠诚于人民的教育事业"。这是在职业道德规范中对教师在职业忠诚方面提出的具体要求。所谓"忠诚"，就是"人们对某人、某种理想、某种职业、某个国家、政府或组织等的忠实状态或程度"①。全球人力资源管理服务和咨询公司的翰威特曾经将职业忠诚划分为三个层次：第一层次是乐于宣传层次，就是组织员工经常会对同事与可能的同事、现实的与潜在的客户说组织的好话。第二层次是愿意留下层次，就是具有愿意留在组织内的强烈愿望与行为。第三层次是全力付出层次，就是员工工作非常投入，并愿意付出额外的劳动，以促进组织走向成功。以此对照，不少教师都还需要不断提高自己的职业忠诚层次。

（二）热爱教育是忠诚于人民教育事业的具体体现

社会上各行各业都把热爱本职工作、忠于职守作为职业道德的基本要求。教师只有真正热爱教育工作，自愿自觉地把知识和才能奉献给教育事业，才能做好工作，才能有利于教育事业的发展。教师要热爱教育事业需要做到以下几点。

1. 树立远大的职业理想

心理学的研究表明，一个人的职业理想深深地影响着一个人对未来的憧憬和努力方向。理想是人内在的动力，是人体内部的发动机。教师只有具有良好的职业理想，才会产生发自内心的教育热情，努力工作，勤奋探索，做出一流的业绩和最佳的绩效，成为人们尊敬的人类灵魂的工程师。

2. 要有强烈的事业心和高度的责任感

教育是一项艰苦的创造性劳动，需要有顽强的意志、刻苦的钻研、坚持的付出，没有强烈的事业心和责任感是不可能做到的。教师只有正确认识自己所从事的职业的意义，认识到教育职业对国家繁荣、社会发展和人类进步的作用，才能满腔热情地热爱自己的职业，全力以赴地做好工作；才能在任何环境条件下，自觉践行正确的行为，把自己的事业看作是对社会、对他人的不可推卸的道德责任。

3. 正确处理教育事业整体利益和教师个人利益的关系

处理好这两者关系一是要重视教师个人正当利益的满足，积极改善教师的工作和生活条件，以利于社会主义事业的发展。因为社会主义教育事业的发展必须调动每个教师的积极性，依靠广大教师的共同努力。教师个人正当利益得不到满足，教育事业的整体利益就难以实现。另外就教师个人而言，要遵守集体主义道德原则，坚持整体利益高于个人利益的原则。因为个人利益的实现从根本上有赖于整个社会物质文明生活条件的提高，

---

① 王泽应. 今天，我们还要不要职业忠诚. 中国教育报，2006-02-21.

而要提高我国人民的物质文化生活条件，必须大力发展教育。由于教师职业的特殊性，利己主义、享乐主义、个人至上等价值观是与教师崇高职责格格不入的。

二、敬业是教师的基本态度和行为

敬业，是指对自己的职业所怀有的一种虔敬的感情。它要求人们在职业活动中表现为专心致志、勤奋认真、守职尽责。"对工作高度负责"这是《中小学教师职业道德规范》中对敬业的总要求，从微观的行为上看，教师需要做到以下几个方面。

(一) 认真备课上课

这就是要求教师做好自己从事的主要工作——教学。备课是上课的基础，是教师教学工作的起始环节。教师要履行岗位职责，必须在备课上下足功夫，做足准备。教师要研究课程标准，明确本学科及各章节、课题的教学目标，领会教学的具体要求和标准，弄清教材体系及教材范围和深度；钻研教科书的有关章、节内容，真正吃透教科书中的内容和材料，做到"懂""透""化"；划分教材重点及难点；研究有关的教学法参考资料，并加以精选和组织；了解本班学生的特点。根据课程标准的提示、教科书和教学参考资料的内容及学生的特点，选择有效的教学方法、手段。真正好的备课是教师持续不断的积累、教师高尚师德的表现，受到教师责任心和事业心的牵引。

[案例分享]

用一生来备课①

"对这节课，我准备了一辈子。而且，总的来说，对每一节课，我都是用终生的时间来备课的。不过，对这个课题的直接准备，或者说现场准备，只用了大约 15 分钟。"如今，这种"用一生备课"的理念已经被人们广为接受，但中学教师如何用一生备课才能游刃有余地用 15 分钟的时间现场准备一节课呢？

首先，教师必须不断丰富自身的学科知识。

其次，教师必须进行必要的理论学习，掌握必要的教学知识。

再次，教师要将教学知识与教学情境融为一体，不断发展教学智慧。

---

① 吴芝琴. 用一生来备课. 教师报，2006-12-10.

……

上课是教学工作的中心环节，是实现培养目标、提高教育质量的基本途径。教师在上课过程中要努力做到"教学目标明确、教学内容正确、教学方法恰当、教学组织合理、师生积极性高、教学效果明显"等。

（二）认真布置和批改作业

布置和批改作业是教学工作的重要组成部分，是课堂教学的继续和补充。在作业布置方面，有些教师存在随意、随口、随心等现象，在实施素质教育、减轻学生课业负担的要求下，教师更需要对作业布置进行精心设计和准备。一般要求做到：一是依据课标教材，体现布置意图。二是明确教学目标，突出作业重点。三是强化针对意识，注重作业质量。四是作业形式多样，激发学生兴趣。五是加强创新意识，克服思维定式。六是结合实际操作，加深理解意义。七是学习编题技巧，掌握解题规律。八是掌握作业时间，控制作业密度。九是重视作业技巧，处理好七对关系：量与质、易与难、扶与放、统与分、死与活、课内与课外、主动与被动。[①]

作业收上来以后，教师必须认真批改。通过作业的批改，一方面，可以了解学生对所学知识等的掌握情况；另一方面，可以通过学生作业来发现教师在教学中的问题，以便改进教学。目前，我国广大的中小学教师创造了许多行之有效的作业批改方法，如重点批改、当面批改、全批全改、小组批改、同桌互改、自批自改等。作业批改后，教师还要针对作业中存在的共性问题进行讲评，以促进学生对知识、技能的掌握。

（三）认真辅导学生

这是此次规范修订中增加的新要求，是对"敬业"这一要求的扩展。由于班级授课的教学组织形式存在难以照顾学生个别差异等弊端，所以，认真辅导学生就是要求教师要关注每位学生的发展，照顾个别差异。教师要对学习有困难的学生给予特别的关照，因为同样的课堂内容他们可能"吃不了"，需要教师的帮助和指导；教师要注意对学习优异的学生的辅导，因为同样的课堂内容他们可能"吃不饱"，需要教师引领其快速成长；教师要对某些方面有特长的学生积极引导，才有可能推动其产生更浓厚的兴趣，并有所创新。

（四）不敷衍塞责

这是对爱岗敬业的底线规定，教师不得违背，否则将予以行政处分或

① 王毓珣，王颖. 教师新师德六项修炼. 重庆：西南师范大学出版社，2009：44.

者解聘处理。《中华人民共和国教师法》明确规定：故意不完成教育教学任务给教育教学工作造成损失的由所在学校、其他教育机构或者教育行政部门给予行政处分或者解聘。若教师工作敷衍了事、出工不出力，消极怠工、积极推诿，对学生个人、家庭、社会都将产生消极的负面影响。

[案例分享]

深山教育的守护者①

在这样一个远离热闹繁华的小山村，一位当年从山外精彩世界走来的青年人，毅然在这里当起了"孩子王"，而且一当就是35年。他，就是至今仍在安徽黟县毛田教学点任教的汪来九老师。

毛田是黟县宏潭乡的一个村民组，地处黟县与黄山区交界的深山区，全组只有200多人。长期以来，这里交通闭塞、经济落后。以前村民要去一趟县城，往往要步行七八个小时，直到5年前，这里才修通了通往县城的柏油路。

1970年，为缓解山区师资严重匮乏的现状，当时的徽州行署在屯溪创办了徽州地区师范学校（现黄山学院的前身）。品学兼优的汪来九，荣幸地被乡亲们推荐到该校读书。一年后，汪来九成为这所师范学校的首届毕业生。他没有忘记孩提时代的心愿，主动要求回家乡的大山里教书。

尽管汪来九从小在山里长大，而且毛田教学点离他家也只有近10华里，但刚到毛田教学点报到时，20岁的汪来九还是心凉了半截：这个一人一校的教学点，不到20名学生，但小学5个年级和学前班齐全；村旁山脚下仅有的一间土坯房是教室，也将成为他的卧室和办公室。

报到那天是雨天，他走进教室，只见外面下大雨、屋里下小雨，屋顶漏、地面渗，一踩一脚泥。晚上，他呆呆地坐在昏暗的煤油灯前，一种从没有过的孤独袭上心头，他决定咬牙坚持一阵子，再想法及早离开这里。只要有同伴，哪怕到再偏远一点的地方也行。

为了给领导和当地群众留下好印象，以便早日调走，更为了化解孤独，汪来九把全部心思都用到了教学上。一天天过去了，一个学期结束了，孩子们一双双渴望知识的眼睛、乡亲们一张张尊敬信任的笑脸，还有上级领导对他教学的鼓励和肯定，让汪来九盼望早日调离的念头动摇了：这个地方，我不愿待，他不愿待，这帮孩子怎么办？汪来九决定暂时留在这里，

---

①　大山之子——记小学教师汪来九. 安徽日报，2006-08-15.

带出一届毕业生再说。谁知这一留，就留了35年！

随后的岁月里，教室换到农户家，再转到生产队仓库，先后六易其所。而此时的汪来九早已与山里淳朴的乡亲、可爱的孩子结下了深厚感情。他十分珍惜多年来与乡亲们共同培育而形成的彼此信任、相互配合的教学环境，思考的也不再是自己的去留问题，整天琢磨着如何能让学生们拥有一间不怕刮风下雨、不用搬来搬去的教室。一到节假日，汪来九便奔波在崎岖的山路上，一遍遍地反映，一次次地争取。终于，县教育部门被他锲而不舍的精神所感动，在1991年为毛田教学点盖起了3间校舍。汪来九将其中一个大房间作学生的活动室，让孩子们在雨雪天里也能有个活动场所；另一个大房间用作6个年级的教室；最小的那间被一分为二，外面是学生阅览室，里面是他的卧室兼办公室。

有一年，乡里考虑汪来九教学经验丰富，准备把他调到条件较好的中心小学任教。听到这一消息，孩子们自发"罢课"，家长也加入"声援"的行列，惊动了乡里，也感动了汪来九。从此以后，汪来九虽有多次调走的机会，都被他主动放弃了。谈及原因，他实话实说："一是任教从开始到现在，家长们对我都很客气，对我的教学工作给予肯定，他们舍不得我走，我也不忍心丢下天真可爱的孩子们；二是像毛田这样一个在山旮旯里的教学点，如果没有一位认真负责的好教师，山里的孩子是很难学到扎实知识的。所以我宁愿自己苦点累点，也要为孩子们走出大山当好'铺路石'。"

35年来，毛田教学点最多时有学生30人，少时只有17人。为了保证孩子们尽可能学到更多的知识，汪来九通过多年的教学实践，在课堂上合理进行学科搭配、年级搭配，总结摸索出一套特别适合山区教育的"多级复式教学法"。

白天上课，晚上备课改作业，还要挤时间家访，汪来九一天到晚"连轴转"。35年间，山外基础教育的教学方式不断发生着变革，汪来九同样面临着新课程改革、新教育理念、信息技术等许多以前闻所未闻的新知识的挑战。虽然学习和教学条件无法和山外学校相比，但是汪来九还是想通过自己的敬业和努力，为大山里的孩子撑起一片同样精彩的蓝天。

35年来，在宏潭乡二三十所小学和教学点的统考成绩排名中，毛田教学点的综合名次总是名列前茅。在汪来九的启蒙教育下，毛田这个小山村先后有70多位孩子考入高中及大中专院校，其中还有一名本科生。

35年来，汪来九一心扑在教学上，教过的许多孩子走出了大山，走进了更广阔的世界，而他心里却总觉得愧对家庭：妻子分娩时，他在学校；

父亲病故时，他还是在学校……学生送走一届又一届，汪来九也从当年充满青春活力的小伙子，熬成一个两鬓斑白的老教师。他依然坚守在大山深处。然而，党和人民没有忘记他这位扎根山区辛勤耕耘的园丁，先后授予他"全省优秀教师""全省先进工作者""全省师德标兵"和"全国师德先进个人"等称号。安徽省委教育工委和省教育厅、黄山市委和市政府先后发出通知，在全省教育系统和黄山市各地各部门开展向汪来九学习的活动。

"三十余载守一校，两袖清风伴讲台，勤育桃李满天下，山高水长见情怀。"汪来九以 35 年平凡而执着的追求，书写着对党的教育事业的无限忠诚。

第三节　关爱学生

苏联著名文学家高尔基曾说："爱孩子，那是连母鸡都会做的事情。"而关爱学生却是人类复杂情感中最高尚情感的结晶。关爱学生是教师的天职，是教育工作的起点，是衡量教师职业道德水准的标尺。实际上，关爱学生是从教师与学生关系的角度，对教师提出的职业道德要求。

《中小学教师职业道德规范》（2008 年修订）对"关爱学生"的具体要求是：关心爱护全体学生，尊重学生人格，平等公正对待学生。对学生严慈相济，做学生良师益友。保护学生安全，关心学生健康，维护学生权益。不讽刺、挖苦、歧视学生，不体罚或变相体罚学生。

一、关爱学生是教师职业道德的核心与灵魂

教师关爱学生也称教育爱，是教师对学生的一种自觉的、纯洁而真挚、普遍而持久的爱。在师爱这一职业性的情感中，包含着社会对教师职业的特殊道德要求："教师要对学生有亲近感，要时刻牵挂着、依恋着自己的学生；教师要对学生有期望感，始终对学生寄予深切的希望，为学生的点滴进步感到由衷的高兴；教师要理解学生，要怀着一种体贴、爱护的心情去对待学生；教师要有愿为学生的成长而贡献才智和力量的热忱。"[1]

（一）教师关爱学生的作用

教师对学生的爱，不仅是学生健康成长的重要客观条件，而且师爱作

---

[1] 王玲. 师德的核心：敬业、爱岗、奉献. 思想理论教育导刊，2002（8）.

为一种无形的力量，可以直接转化为学生学习和进步的内在动力。在教育的过程中，师生之间的情感和心理是相互影响的，教师亲近学生，牵挂学生，给予学生的关爱被学生体验到，学生就愿意接近教师，接受教师的教育。正所谓"亲其师、信其道"。教师对学生怀抱期望和信任，学生体验到教师真情的关怀，其内心就会产生一股强烈的动力，增强自信，从而促进学习和各方面的发展进步。

教师对学生的关怀、爱护、尊重、信任，必然激起学生对教师的感激、依恋、尊重、爱戴，这是心灵与心灵的接触，是爱的双向交流，会使师生感情融洽、关系和谐。这种在教育过程中反复发生、不断深化的情感体验，会将师生关系推向一个美好的境界，可以使教师更深刻地感受到从事教育事业的乐趣，引导他们成为坚强有力的人类精神财富的传播者。

[案例与思考]

喜欢沈老师的八个理由①

（1）我们班设立了图书角，每个同学带两本课外书，沈老师却带来了6本，大家都爱看。

（2）春游时，我把食品弄丢了，沈老师送我一袋面包、两瓶酸奶。其实，她自己带的也不多。

（3）上次语文考试，我只得了85分，很伤心。沈老师借给我5分，让我下次考试还给她。

（4）沈老师买了一个漂亮的转笔机摆在教师的书橱里，我们再也不用担心忘记削铅笔了。

（5）上星期，我不小心打碎了沈老师的红墨水瓶，同学们都怪我。我哭了。沈老师知道后，没有批评我，反而安慰我。

（6）沈老师每天和我们一起背古诗。古诗文擂台赛，她得了第一名。

（7）生水痘了，我一个人在家，很孤单。沈老师带了水果来看我，还给我补课。

（8）大扫除时，沈老师不让我们擦天窗，怕我们摔着，自己擦了所有的天窗，累得满头大汗。

这是江苏启动实验小学分校沈虹霞老师教过的一个学生写的日记。沈

---

① 魏薇，王红艳. 中外学校教育经典案例评析100篇. 济南：山东人民出版社，2010：273.

老师重温这篇日记后，一份深深的感动让沈老师又有了永远保持自己在学生心目中形象的决心和愿望，也让沈老师在平凡的岗位上体验到了一种职业带来的崇高和幸福。

请思考：究竟是什么让沈老师赢得了学生真诚的喜爱？沈老师从中获得了什么？

（二）教师关爱学生的要求

1. 关爱学生要以了解学生为起点

了解学生是关爱学生的起点，是进行教育的前提。没有了解的爱是盲目的；没有了解的爱是主观主义的。为此，教师要全面地认识和了解学生，才能寻找到亲近学生的钥匙，才能真正地关爱学生。

［案例分享］

把"茧"打开①

我班有一位学生性格极度孤僻，就好像为自己做了"茧"一样与人隔绝，成绩也是一塌糊涂。在我刚教他时，上课连眼神都在刻意回避我，我找到了他的家长，知道了他的家庭情况，知道他是一个离异家庭的孩子。我马上意识到我要感化他，让他接受我。所以，课上我总是关注他，多提问他；课下，把他叫到跟前，及时了解他对新知识的掌握情况，多与他聊天，并且不给他施加压力。慢慢地，我不仅收获了和他对视的目光，还收获了他的笑容。他妈妈高兴地对我说："老师，我儿子说自己的学习开始入门了。"是啊，听到这句话，我也是兴奋不已。

作为班主任，我们要同班里的每一位学生建立一种相互信任、相互理解的感情。有了这种感情，就具备了做好工作的基础，就能从感情上和学生打成一片，从心底里赢得学生的信任。相反，那种高高在上、盛气凌人、只会板着面孔训斥人的教育工作者，最多只能让学生敬而远之。

2. 关爱学生要将尊重信任与严格要求相结合

教师关爱学生，首先要尊重学生的人格和自尊心，尊重学生的权利和做人的尊严、价值和品格，信任学生的力量与能力。对学生要友好、和善、亲切、平等、民主，不能粗暴、压制，更不能动不动就训斥、辱骂、讽刺学生，体罚或变相体罚学生。否则就会让学生"彼视学舍如囹圄而不肯入，视师长如寇仇而不欲见"。教师对学生的关爱，既不是溺爱，也不是宠爱，

---

①　马婧. 怀揣广博的爱，温暖每个人. 学周刊，2014（2）.

而是要将爱与严格要求结合起来。这两者是辩证统一的关系。尊重、信任学生必然要对他们提出严格要求，爱中有严，否则就会变成娇宠护短、放任自流；严格要求必须以尊重信任为前提，否则就会变成无理、无度。

3. 关爱学生要将一视同仁与因材施教结合起来

人与人之间是平等的，这种平等的一个突出表现，就是人人都应该受到别人的尊重。学生也是独立的个体，他们也是有尊严的，也应该受到别人的尊重，特别是来自教师与家长的尊重。对学生来说，教师是与其关系最大的人之一，教师对学生的态度，有着举足轻重的作用，因此教师要平等、公正地对待所有学生，一视同仁地尊重他们每个人。

此外，教师还要了解学生、准确地掌握学生的兴趣、爱好以及各方面的特点，有针对性地对学生施教。因材施教不仅包括教育教学内容、进度，也包括教师的教育方法和方式。

二、公正与宽容是教师关爱学生最主要的表现形式

(一) 公正是教师关爱学生的基础

关爱学生就要公平对待所有学生，在学生眼里，"公正客观"被视为理想教师最重要的品质之一。他们最希望教师对所有学生一视同仁，不厚此薄彼；他们最不满意教师凭个人好恶偏爱、偏袒某些学生或冷落、歧视某些学生。公正，这是孩子信赖教师的基础。所谓爱无差等，一视同仁，指的主要是教师不能以自己的私利和好恶做标准处理师生关系，应当给所有的学生提供平等的学习机会。教师对每位学生的态度要保持一致，不能以自己的好恶感情，偏袒、庇护一部分学生，鄙视、冷淡另一部分学生，要一视同仁，批评和表扬要恰到好处。学生的情况是多种多样的，个性有不同，能力有差异，智力有高低，品行有上下，家庭情况有差距。爱听话懂事的孩子，爱聪明伶俐的学生，这是人之常情。但是作为一名教师，如果单凭自己的感情行事，就是一种狭隘的偏爱，一种不公正的做法。教师感情的倾斜，必然也会引起学生的心理倾斜。学生不一定都会明白地用语言来表达对老师的意见，然而他们心里的感受是非常清楚的。即使采取一次不公平的措施，也会毁掉长期建立起来的公平声誉，哪怕是无心的。对每一个学生一视同仁，就要像一座天平，不偏不倚。

[相关链接]

教师公正的标准①

调查一：家长眼中的教师公正

（1）能做到一视同仁，能把自己的学生当作自己的孩子一样看待；

（2）对学习好的学生和学习不好的学生能一视同仁；

（3）对待每一位学生态度一样，不论其出身、家境、俊丑等；

（4）公正无私，不分好坏中等，不专抓好学生；

（5）不对任何学生抱有成见，不论"好学生"还是"差学生"；

（6）对待学生一视同仁没有偏见，不论与学生家长是否认识，都不影响教师与学生的关系；

（7）让学生轮流做班级干部，培养学生的综合素质和能力。

调查二：学生眼中的教师公正

（1）对待学生机会平等；

（2）平等待人、不偏向他人、不嘲讽及轻视；

（3）不考虑学生的家境、服装以及学习成绩，对所有的学生都一视同仁；

（4）没有特别偏爱的学生，也没有特别厌恶的学生，待人平等；

（5）一视同仁，不对学习不好或纪律不好的同学怀有瞧不起的心理；

（6）不给优秀学生开小灶；

（7）对学生没有偏向心理，对每一位学生都给予一定的进步机会；

（8）对学生一视同仁，不把学生分成三六九等，不论学生学习成绩如何，在同一事上采取同一态度对待；

（9）一视同仁，对谁都一样，比如上课发言，应该每个人都叫，不光叫一个人或几个人；

（10）对待所有同学都一视同仁，不用有色眼光看人；

（11）一碗水端平，不在投票选举时说一些暗示性的话。

（二）宽容是教师关爱学生的另一种表现

爱的形式有很多种，严格要求是一种爱，宽容也是一种爱。宽容一直是中华民族的传统美德。学生的成长过程不是一帆风顺的，会遭遇各种挫

---

① 肖自明，孙宏恩，韦庆华. 现代教师道德修养. 咸阳：西北农林科技大学出版社，2010：73.

折和困难，学生在这个过程中必定会出现这样或者那样的错误。学生犯错有理由得到教师的谅解和宽容。对学生宽容，反映的是教师的自信，相信自己能以尊重、理解、信任去感化、熏陶、影响学生。给学生自我反思、自我修正、自我进步的时间和空间，体现的是教师特有的人文教化。

[案例分享]

陶行知的"四块糖果"

一次，教育家陶行知看到学生王友用泥块砸同学，当即斥止，令他放学后到校长室。陶行知来到校长室，王友已等在门口准备挨训了。可一见面，陶行知却掏出一块糖给他，并说："这是奖给你的，因为你准时，我却迟到了。"王友惊疑地接过糖果。陶行知又掏出一块糖放到他的手上："这第二块糖也是奖给你的，因为我不让你再打人时，你立即就停止了。"王友瞪大了眼睛。陶行知又掏出第三块糖果："我调查过了，你用泥块砸那些男生，是因为他们不遵守游戏规则，欺负女生；你砸他们，说明你很正直善良，且有跟坏人做斗争的勇气，应该奖励你啊！"王友感动极了，他流着泪后悔地喊道："陶校长，你打我两下吧！我错了，我砸的不是坏人，是自己的同学啊……"陶行知满意地笑了，又掏出第四块糖递过来："为你正确地认识错误，我再奖给你一块糖，只可惜我的糖用完了，我看我们的说话也就完了吧！"

面对犯错的学生，陶行知没有劈头盖脸地训斥，没有不问原因地批评，更没有请家长，而是对犯错的学生进行充满爱和宽容的教育，彰显着对学生的尊重、透露着对学生的宽容和理解。

教师在工作中如何才能做到宽容呢？首先，要理解学生，善于站在学生的立场，理解学生的心态。在与学生交往中，耐心倾听学生的想法，不打断学生的讲话，不急于发表自己的见解。在课堂上，允许学生提出不同的见解；让学生有机会给教师提意见。在班级管理中，让全体学生共同讨论，决定班级事务。其次，要正确对待犯错的学生。对于经常犯错的学生不放弃信任，给予改正的机会；对于学生的错误，不耿耿于怀，不秋后算账；不用粗暴的方式指责犯错误的学生，而是帮助其寻找原因，提供具体的指导等。最后，要善于调控教师自身情绪和行为。当学生不接受教师要求时，不暴跳如雷、火冒三丈、不强迫学生立即接受；多用商量的口吻与学生交流，积极采纳学生的合理建议；控制自己的情绪，抑制消极的负面情绪和冲动行为，有意识地控制、调节自己的行为。

三、保护学生身心安全是教师的基本义务

2008 年修订的规范将 1997 年规范中的"保护学生合法权益，促进学生全面、主动、健康发展"改为"保护学生安全，关心学生健康，维护学生权益"。保护学生安全，首次被写入教师职业道德规范之中，是教师关爱学生这一职业道德的最低要求。

(一)保护学生安全

保护学生安全，尤其是中小学生安全，是教师应尽的第一义务。保护学生安全包括：一是教师组织学生参加各种各样的教育教学活动时，必须保证学生的安全。二是教师在学生安全受到威胁时必须挺身而出，保障学生安全。三是教师必须尽可能地防止校园暴力的发生。四是积极开展生命教育，通过生命赏识教育、生命安全教育、生命价值教育等引导学生认识、尊重、珍惜、热爱生命。

[案例与思考]

2008 年 5 月 12 日，汶川大地震发生时，时任四川省都江堰市光亚学校老师的范美忠正给国际文凭一年级班上语文课，他丢下学生先行逃生，撤至学校的操场。班上的十几名高中生随后才反应过来，陆续来到操场。5 月 22 日，范美忠在中国大陆著名的天涯社区论坛发表《那一刻地动山摇——5·12 汶川地震亲历记》一文，记述自己在震中及震后的经历，描述到这一情况。文中写道："在这种生死抉择的瞬间，只有为了我的女儿我才可能考虑牺牲自我，其他的人，哪怕是我的母亲，在这种情况下我也不会管的。"范美忠说，逃跑是自己瞬间的本能行为，但同时也反映了他对自我与他人生命孰为重的权衡，他并不认为作为一名老师，有为救学生而牺牲自己生命的义务。

2008 年 5 月 12 日，四川汶川发生强烈地震，当时正在上课的谭千秋老师迅速组织同学们向楼下疏散。当他得知有几个同学还没有离开时，立即返回教室。危急时刻他奋不顾身扑了上去，用双臂将 4 名高二一班的学生紧紧地掩护在身下。5 月 13 日晚上，当人们从废墟中将他的遗体扒出来时，他的双臂还是张开的，趴在讲台上。

请思考：同样的危急情境，两位老师的表现为何如此不同？你同意范美忠关于"教师没有救学生而牺牲自己生命义务"的辩解吗？

当我们选择了某种职业，其实就是选择了一份责任。从教育的角度分

析，保护学生的安全是教师的第一责任，是教师的天职。从法律角度分析，保护学生，保护未成年人是法律赋予教师的义务。

教师职业区别于其他社会职业的地方就在于所面对的是活生生的个体，是缺乏自我保护能力的未成年人。当学生的身心安全受到威胁时，教师责无旁贷地担负着保护他们的责任和义务。

（二）关心学生健康

健康不仅仅指一个人没有疾病或虚弱现象，而是指一个人生理上、心理上和社会上的完好状态。在近年来教育事业的发展中，学生的身体和心理健康方面的问题，如视力下降、体质虚弱、心理问题检出率上升、心理问题行为增加等日益引起人们的关注。在这样的背景下，教育部把关心学生健康正式写入新师德规范中，可谓抓住了关键，对学生全面发展、健康成长具有极其重要的意义。

关心学生健康，对于学校而言，首先要注意增强学生体质。中小学是人体生理发育成熟的关键时期，要让学生合理安排作息、饮食，进行体育锻炼。而当务之急就是要切实减轻中小学生过重的课业负担，让学生能走出课堂、亲近自然，积极参加文体娱乐和社会活动，以强身健体、增长才干。其次要关心学生的心理健康。学校和教师要有针对性地做好心理健康教育，注重提升学生心理素质和水平，学校要健全心理咨询和健康教育的机构和人员，帮助学生排除心理障碍，养成健康人格。只有做好这两方面的工作，学生的健康才能落到实处。

（三）维护学生权益

从教师的角度来看，一方面，教师自身不能做损害学生身心健康的事情。要从根本上遏止学校或教师侵犯学生合法权益现象的发生和蔓延，必须对教师进行法律知识的教育，通过学法知法，提高教师对学生权益保障的自觉性和法律意识，使教师明确学生所享有的权利，自己应履行的义务，学校应承担的责任，从而自觉用法律法规来规范自己的言行，在管理工作中公正地对待每一个学生，尊重学生权利。另一方面，教师还要采取有效措施防止学生的身心健康受到损害，要制止有害于学生的行为或者其他侵犯学生合法权益的行为。批评和抵制有害于学生健康成长的现象。在学生身心健康受到损害、合法权益受到侵害时，教师要拿起法律武器维护学生的合法权益。

从学生的角度来看，维护学生合法权益需要培养学生的权利意识和自我保护意识。教师应该有意识地培养学生的权利意识和自我保护意识，使他们清楚自己所应享有的权利以及当自己的合法权益遭到侵犯时应采取的保护措施，这对遏止侵犯学生合法权益现象的发生和蔓延是非常必要的。只有学生权利意识不断觉醒，自我保护意识不断增强，自我保护能力不断提高，侵犯学生合法权益的现象才能被有效遏止。

第四节　教书育人

《中小学教师职业道德规范》（2008 年修订）对"教书育人"的具体要求是：遵循教育规律，实施素质教育。循循善诱，诲人不倦，因材施教。培养学生良好品行，激发学生创新精神，促进学生全面发展。不以分数作为评价学生的唯一标准。

"教书育人"这一规范要求既具有时代性，也具有永恒性。说其具有时代性，是因为这一规范反映了时代的需要，如强调实施素质教育，强调对学生品行的培养和创新精神的激发，强调不以分数作为评价学生的唯一标准等。说其具有永恒性，是因为这一规范反映了教育活动许多规律性的内容，如强调遵循教育规律，强调循循善诱，诲人不倦，因材施教等。此次将"教书育人"列为专条，是针对当前教育存在"只教书、不育人""只顾当前，不顾长远""只顾学生分数、不顾学生全面发展"等现实问题提出的。

一、教书育人是教师的基本职责

（一）教书育人的内涵与特点

教书育人是指教师在其职业活动中既要向学生传授科学文化知识、技能，又要培养学生具有良好的思想品德和身心素质，把学生培养成全面发展的人。教书与育人是相互联系、相互制约、相互渗透的。教书是育人的途径和手段，教师只有把书教好，才可能育好人；育人是教书的最终目的，教好书是为了育好人。教书和育人之间是辩证统一的，任何将两者割裂的认识和做法都是错误的。教师只有将两者统一起来，才能完成教师的职责。

[相关链接]

教书育人的三大误区①

一是"分家论"。就是把教书和育人截然分开、对立起来。认为自己的任务只是传授知识，至于育人那是学校领导的事、政治课教师的事、班主任的事，这种看法是错误的。因为任何一个教师无论教何种课程，他的授课内容本身就包含有知识内涵和育人内涵，不仅要求学生掌握知识本身，而且要告诉学生学了它用来干什么；另外在教学过程中，教师在讲授知识的同时，总是以自己一定的立场、观点、感性和气质影响学生，这是客观的、必然的。正因如此，我们说教师是人类文明知识的传播者，是学生思想道德的启蒙者，是美好心灵的塑造者。问题的关键是如何增强教师的主观意识，提高自觉性，明辨教书育人的方向，向学生指明用所学的知识干什么，什么是应该提倡和坚持的，什么是应该反映和摒弃的。如果以"分家论"的观点和态度来对待教学，就势必放弃了自己的责任，助长不正确的东西，以致走向邪路。

二是"自发论"。就是把教书和育人混为一谈，混淆了教书和育人各自确定的内涵，用教书代替育人，认为自己传授了知识，就自然而然地完成了育人的任务，这种观点是错误的。按照教育学的要求，教师要从事一门学科的教学，所要达到的目的有两个：一是教学目的，这就是要讲清知识内容本身；二是教育目的，就是要讲清学了它怎样运用以及学习的重要意义。两个目的要在同一教学过程中完成，不能截然分开，但又不能相互混同。如果混同了，它的结果和第一种倾向是一样的。

三是"代替论"。就是把教书和育人从另一个极端混为一谈，同样混淆了教书和育人各自确定的内涵，用育人代替教书。认为自己强调了学习某种知识的重要性和学了它有何种好处，不注重把这种知识本身的内容讲清，把一门学科知识的讲授变成了纯政治性的说教或空谈，同样，这种观点也是错误的。客观事实表明，育人只有在教书的基础上才能做到，教师对所授内容讲得越清楚越深刻，就越有利于达到育人的目的，就越能显示出知识育人的威力。不堪设想，一个教师对所授内容讲得一塌糊涂，却能对学生起到启发教育的作用。教师的讲课没有科学的理论性，没有丰富的信息量，没有充分的说服力，犹如喝"白开水"一样，让学生觉得平淡无味，

---

① 王民康. 对教书育人的几点思考. 青海师范大学学报（哲学社会科学版），2003（4）.

苍白无力，也就谈不上什么教育性。这样做只能激起一种逆反心理，教育的动机与效果很可能南辕北辙。

教书育人具有长期性、连续性和示范性的特点。教师的教育对象是学生，是完整的人，是德、智、体等方面都应得到发展的人。而人的发展是在各种教育和环境条件下，经过量变到质变、由低层次向高层次、由不完善到完善的逐渐发展的过程，这个过程是长期的，反复的。学生的发展需要接连不断的日积月累，因此育人工作也需要持续不断。在这个过程中，教师要以身立教，将言传与身教结合起来，为学生发展提供示范。

（二）提高教书育人的自觉性

教师可以从自我认识、自我激励、自我提高三个环节来提高教书育人的自觉性。①

1. 自我认识，就是教师对自己教书育人的状况和水平进行认识和评价

正确的自我认识，可以使教师对自己有一个客观的、恰如其分的评价，既不妄自尊大，又不自卑丧志。自我认识，可以通过三种"对照"来进行。一是"理论对照"。教师用自己所学的马克思主义理论、学科知识理论、师德理论、教育教学理论为标尺来进行对照，找到理论素养上的差距。二是"实践对照"。教师用自己教书育人的实践结果和学生的反馈信息来对照，找到主观愿望同实际效果之间的差距。三是"榜样对照"。教师用自己教书育人的状况和水平同先进人物、优秀教师对照，找到自己和他们之间的差距。

2. 自我激励，就是教师在自我认识基础上给自己在教书育人方面提出新的奋斗目标

自我激励可以为教师提供奋发有为、昂扬向上的动力。自我激励包括以下三点：第一，"目标激励"。教学是周而复始、多次反复的过程。如果不提出新的要求，往往陷于乏味疲沓的境地。因此，教师要不断给自己提出教书育人的新目标，向更新、更高的境界攀登，走改革、创新之路，常教常新，而不能在封闭的圈子里打转。第二，"成果激励"。有劳动必然有成果。教师用自己辛勤培育，健康成长的学生事例激励自己，用社会上对毕业生的肯定性评价来鞭策自己，从而转化为教师自身的满足感、欣慰感和成功感，觉得自己的事业有奔头。第三，"反思激励"。干事业总归有成

---

① 杨立霞. 教书育人规律与教书育人方法. 大连大学学报，2003 (3).

功也有失败，有前进也有挫折。我们不能因遭受失败和挫折而消极退缩，而应变颓废气馁为积极进取，从失败和挫折的反思中总结经验教训，吸取思想营养，走向更大的成功。

3. 自我提高，就是在自我激励的鼓舞下战胜自己身上的消极因素，求得提高

这种提高表现在三个层面上：一是通过是非观的斗争求得提高。目前，教育改革正在不断深化，我们只能摸索着前进。人们对学校所采取的种种改革措施，看法不一，言论纷纷，到底哪些干对了，哪些干错了。在是非、正误的面前，不能茫然无措，而要经过相当时间的考验，要用实践结果去验证。经过实践验证，肯定对的，改正错的，镇定自若，实事求是，继续努力。二是通过价值观的斗争求得提高。对于我们教师职业的价值，社会上褒贬不一，而在现实生活中，也没有真正达到尊师重教的程度。我们要坚持教师职业的信念，把教书育人看成一种幸福，克服患得患失的心理，以积极饱满的热情去做，要有一点"韧"劲。三是通过知行观的斗争求得提高，教师要成为教书育人的好榜样，不仅要有足够的理论认识，而且要有身体力行的勇气，要自觉约束自己，克服知与行的分离、感情与习惯的脱节，把良好的愿望转化为坚毅的决心，把知、行、情、意紧密结合起来，把教书育人的效果落实到实处。

（三）掌握教书育人的规律与方法

教育学理论的研究揭示了这样一条规律，不管教师本人认识到与否，他的"教书"都在起着育人的作用。也就是说，教师的价值取向不同，直接影响育人的效果。这是不以人的主观意志为转移的客观规律。"育人"可能向完全不同的方向发展，可能给学生正面的或者正确的教育，也可能会对学生的成长起相反的作用，这是这条规律的深刻性所在。这就给教师提出一个非常严峻的要求，一定要自觉地认识规律，正确地运用规律，按照教育目的来自觉地确定教书育人的方向。

教师在理解教书育人含义和教书育人规律基础上，要运用科学的教书育人方法。

1. 提高教书育人的本领

教师具有渊博的学识和先进的教育理念是做好教育工作的前提。要将渊博的学识和先进的理念在教学过程中发挥出来，需要教师全面理解教学内容、重难点，运用恰当的方法，讲求教学的艺术。这一切都需要教师自觉地进行学习、钻研和完善。

2. 教学中坚持思想性与科学性相结合

教师在教学过程中向学生传授科学文化知识的同时要结合知识教学对学生进行思想品德和正确人生观、科学世界观的教育。

3. 育人工作渗透到学校教学的各个环节

除了课堂教学，其他教学环节，如辅导答疑、批改作业、考试考查等，都是进行思想品德教育的重要机会。在这些师生交往中，师生可以在课堂以外的环境中交流思想感情，教师可以解答学生心中知识性、哲理性的疑惑等。因此，教师的教书育人工作渗透到学校教学的各个环节，能发挥出更佳的育人效果。

二、"遵循教育规律，实施素质教育"是教书育人的思想指南

遵循教育规律、实施素质教育是中小学教师教书育人的理论依据，也是理想追求。遵循教育规律，要求教师必须了解、掌握教育规律，依据、利用教育规律来开展工作。"所谓规律，就是事物的本质联系，决定了事物发展变化的必然趋势。教育作为一种人类以人为对象的社会性活动，其规律的特点与自然规律有所不同，教育规律所决定的趋势，即育人的效果具有统计性，效果的显现具有长期性。教育规律是客观存在的，是人类经过数百、上千年教育实践，或经过数十年教育实证研究所发现、总结的结论。我们常说的教育规律实际上有意义不同、属性不同的两大类，一类是教育发展规律，一类是育人规律。关于教育的发展规律有两条：教育发展与经济发展相互促进，相互支撑；教育发展是社会发展的基础，并受社会发展影响。关于育人的规律有循序渐进、因材施教、理论学习和实践相结合等。"[1] 只有掌握并遵循教育规律才能真正落实教书育人。

素质教育的核心是教会学生做人，使学生成人，也就是通过素质教育使外在的知识、技能内化于心，升华为稳定的品德和素养。它注重的是人的全面素质的提升。实施素质教育，则是要求教师要转变教育教学思想，认真领会素质教育的精神实质，既面向全体学生，又面向学生的全面发展，转变教师角色，转变学生学习方式，构建新型师生关系。在实施素质教育的过程中要以遵循教育规律为前提条件，如果忽视这个前提，素质教育的理想就会化为空中楼阁。

---

[1] 赵沁平. 教育规律究竟有哪些. 中国高等教育，2012 (18).

三、循循善诱、诲人不倦、因材施教是教书育人的行动指导

"循循善诱、诲人不倦、因材施教"这三个成语都与大教育家孔子有密切的关系，是当前中小学教师教书育人的具体行动要求。

"循循善诱"这一成语源于《论语·子罕》中颜渊的喟叹："夫子循循然善诱人，博我以文，约我以礼，欲罢不能。"简言之，循循善诱人是称赞孔子善于有步骤地引导别人进行学习。"循循善诱"要求教师在教育教学工作中要做到：由少到多地逐步拓宽学生知识的广度和由表及里地逐步加强学生知识的深度；要按照学生思维发展的规律特点，由近及远、由直观到抽象地开展教学；教育必须循序渐进，调动起学生的主观能动性。

"诲人不倦"这一成语源于《论语·述而》中孔子两次论及"诲人不倦"。一次是子曰："默而识之，学而不厌，诲人不倦，何有于我哉？"另一次则是子曰："若圣与仁，则吾岂敢？抑为之不厌，诲人不倦，则可谓云尔已矣。"公西华曰："正唯弟子不能学也。"孔子一生视富贵如浮云，以教书育人为己任，甘愿过清贫的生活，将炙热情感投入对学生、对教育事业中。诲人不倦就是要求教师在教育学生的过程中要有耐心、不知疲倦，做到乐业、乐教。

"因材施教"这一成语并不直接源于孔子，而是宋代大儒朱熹对《论语》注释中对孔子教学方法进行归纳时说"夫子教人，各因其材"。因材施教的前提是对"材"的了解，也就是要求教师通过各种方法洞察学生，才能做到：依据学生不同智力水平、不同性格特点、不同兴趣爱好、不同年龄特征、不同学习进度、不同学习层次、不同发展志向等施加教育影响。因材施教这一优良教育传统是在古代社会中个别教学为主的教学组织形式下提出的，对于当前班级授课制情形下的教师提出了更高的要求。

此外，在教书育人这一规范中，新增加的"不以分数作为评价学生的唯一标准"是对教书育人的底线规定，是对教师行为的具体化要求。

[案例分享]

2013 年度全国教书育人楷模——陕西省商洛中学刘占良老师①

他坚持把爱作为教育的核心价值，以德立己、以德立人的思想贯穿于

———————————

① 2013 年度全国教书育人楷模揭晓. 人民教育，2013（18）.

教育教学的始终，用自身言行感染学生，以启发诱导促进学生知识能力的提高。他爱生如子。学生深夜生病，他亲自背学生去医院，悉心照顾。学生离家出走，他与同事在寒夜走遍大街小巷寻找。他常给经济困难或体弱多病的学生送去温暖。30 多年的教育生涯，使他形成了独具魅力的教学风格。他在课堂上放手让学生去做、去说、去想。逢他上课，学生们神志集中、思维活跃，他们说："听刘老师的数学课，是一种莫大的享受！"他担任学校副校长后仍坚守教学一线，积极推行教育教学改革。在他组织协调下，学校开发出 48 种校本课程，深受学生欢迎。他关注青年教师专业成长，帮他们解决教育教学中的新问题。高尚的师德，精湛的教法，严谨的教风，科学的管理，使他成为校内外广泛被认可的"金牌教师"。

第五节 为人师表

《中小学教师职业道德规范》（2008 年修订）对"为人师表"的具体要求是：坚守高尚情操，知荣明耻，严于律己，以身作则。衣着得体，语言规范，举止文明。关心集体，团结协作，尊重同事，尊重家长。作风正派，廉洁奉公。自觉抵制有偿家教，不利用职务之便谋取私利。

一、为人师表是教师职业道德的内在要求

教师是太阳底下最光辉的职业，肩负着教书育人的崇高使命。为了能够完成教书育人的神圣职责，教师不仅要有渊博的学识，还应有模范的师表行为，既注重言教，又注重身教。教师的劳动不同于其他劳动，就其影响方式来说，它不是用工具去影响或改造劳动对象，而是要用自己的知识、智能、品格、言行等直接去影响学生。就劳动对象而言，教师劳动的对象是成长中的儿童、青少年，儿童青少年习性未定，身心具有较强的可塑性，因此要求教师的职业行为要有崇高性和示范性，可见"以身作则、为人师表"是教育劳动本身对教育工作者提出的特定要求。

（一）为人师表的内涵

"师表"一词，出自《史记·太史公自序》，意思与"师范"相同，是指学习的榜样。为人师表本是对官、师的共同要求，只是到了现代才主要用于对教师的要求。

为人师表是一个传统的命题，又是一个具有现实意义的命题。汉代扬

雄所说的"师者，人之模范也"成了传世名言，唐代韩愈提出的"道之所存，师之所存"的见解，被称为"绝世议论"，这些都说明教师为人师表的实践主流已成为中华民族教育的一个优良传统。从古至今呼唤教师要为人师表的声音似乎从未消减过，这一方面说明教师为人师表虽已形成优良传统，但仍始终伴有教师不能为人师表的现象；另一方面说明随着时代的进步，社会对教师为人师表的认识和要求在不断深化和提高。

教师为人师表的基本内涵是：教师在生活、教学和社会实践中，所表现出来的素质与行为都可以成为他人的表率。从传统意义上说，教师为人师表内容的先进性，主要表现在品德和学识两大方面，教师应当成为"善表"和"先知"。① 现代教师为人师表先进性的内涵比古代更为丰富，也更具有时代性。它要求教师具备作为现代人所应具备的全面而优秀的素质，其中主要包括先进的教育思想和优秀的思想品质，优秀的思想政治道德素质，坚实的专业基础知识和学科研究相应层次的前沿水平，广博的科学文化知识和良好的人文素养，较强的生活、学习和教育技能，优秀的身心素质与审美素质，并通过良好的职业教育，在实践中不断发展提高，保持动态的、持续的先进性，成为现代社会的精英与表率。

（二）为人师表的作用

1. 为人师表是建立教师威信的基础

教师威信是教育学生和搞好教学工作必不可少的条件。凡是在教师事业上取得成就的，无一不是在学生中享有很高威信的。教师威信的树立不是靠威吓、粗暴的手段实现的，只能靠教师高尚的道德品质和精湛的业务能力。

2. 为人师表是履行教书育人职责的途径

教师履行教书育人的职责，要从德、智、体等各方面教育、引导学生，让学生掌握人类创造的文化知识的同时，还要帮助学生树立正确的世界观、人生观，提高学生的思想道德水平，使学生成为社会主义现代化建设需要的"四有"新人。这个过程不仅需要教师正面的引导，更需要教师以身示范。俗话说得好"说千言道万语，不如做个好样子"。

3. 为人师表是改善社会风气的有效手段

教师的为人师表直接影响学生的成长，对学生的影响最为直接。如果没有一支高素质的教师队伍，就不可能培养出大批的社会主义建设所需要

---

① 胡相峰．为人师表论．教育研究，2000（9）．

的合格人才。这样的结果很快就会反映到社会的各个方面。

（三）为人师表的外部表现

为人师表涉及的内容是教师如何处理与自己、与同事、与集体、与家长、与钱财等方面关系。它要求教师在处理自身关系上，要坚守高尚情操，知荣明耻，严于律己，以身作则，衣着得体，语言规范，举止文明。在处理与集体的关系时要关心集体，在处理与同事的关系中要团结协作，尊重同事，在处理与家长的关系时要尊重家长。在面对钱财等问题时，要作风正派，廉洁奉公。自觉抵制有偿家教，不利用职务之便谋取私利。

对各种关系进行梳理，教师为人师表要具备师德、师形和师行。

1. 为人师表，要有师德

德，品德，德行也。为人师表，首先要有师德。人可以没有知识、没有能力，但是不可以没有品德。作为教师，我们不能仅仅注重教授知识，还要注意学生道德情操的培养。对于学生不良的品行，要坚决加以制止纠正。师德体现在哪？首先，要有责任感、责任心。小到教师对自己、对同事、对学生负责，大到对社会负责。责任感的体现不着眼于大而要着眼于小。①

2. 为人师表，要有师形

这说的是教师的仪表示范。仪表是教师的外在表现，是一个教师德、识、才、情等各种素质的综合表现，包括教师容貌、风度、衣着、修饰等。这些方面都有一些相应的规范，例如，教师在着装上既不能过分新奇艳丽，又不能褴褛邋遢，教师所选的衣服佩饰要与自己的性格、性别、年龄、体型融为一体，甚至还要根据自己的教育对象来选择着装。小学低年级的教师的衣着色彩要明快、鲜艳一些，这样有助于启迪儿童爱美的天性。教师要做到仪表端庄，除了注意衣着，还要注意个人容貌，做到整洁卫生。教师要讲究个人卫生，头发、指甲等要经常修剪。总之，教师端庄的、与职业相符合的仪表示范，能给学生一种稳重、得体的教师形象，有助于教师教书育人。总之，人有百象，物有百形。但是，形也好，象也好，要与环境、身份、职位相匹配，否则就是不合时宜。

3. 为人师表，重在师行

首先，教师的语言要发挥示范作用。教师的语言是教师进行传道、授业、解惑的重要媒介，是教师特殊的劳动手段和工具。规范教师的语言是

---

① 马丁娜，张宝军. 为人师表的三个维度. 陕西教育，2009（5）.

语言示范的前提，是为人师表的重要内容。这要求教师在语言上做到科学规范、准确得体、生动形象、情感流沛、优美动听、文明有礼等。其次，教师的行为要发挥示范效果。"师者，人之模范也"的经典性诠释，的确让社会和公众对教师形象存在着完美化的期待，无形之中也使教师的一举一动被置于社会的广泛监督之下。对于教师的行为要求是全方位的，几乎涵盖了教师的教学活动、日常生活和其他社会实践的方方面面。所谓"行为世范"正是对教师行为要求的最好概括。

[相关链接]

为人师表的行为范畴①

社会对教师的完美化期待无可厚非，但社会期待是一回事，现实则是另一回事。我们必须清楚地意识到，一定社会为教师制定的角色规范可以制定得尽善尽美，但由具体的个人去扮演教师这一角色时，其结果一定是千差万别的。有优秀教师，也一定会有平庸的教师，甚至是误人子弟的教师。即使是优秀的教师，也绝不可能没有丝毫的缺点和不足。抹杀了教师个人本身的缺陷和差异，把教师想象成不会有任何行为过失的圣人，明显违背了客观真实性。教师形象的神圣化，既让教师不敢在学生跟前展现真实的自我，也容易让学生因为教师某方面存在瑕疵就否定教师的整体形象和价值。上述两种情况的存在，在很大程度上降低了教师个人因素对学生的影响力，对教师形象建设和教师职业的健康发展也将产生不利影响。

从职业特征分析，教师的表率作用主要体现在"知识表率"和"品德表率"两方面，也就是说，教师作为学生知识的启蒙者和智力开发者，为人师表的要求体现在其严谨的治学态度和认真负责的工作精神，善于激发学生的学习兴趣和积极向上的情感，有能力让学生的智力和能力得到良好发展。另外，教师作为学生的"品德表率"，要求教师做到严于律己、诚实正直、言行如一，具有丰富而健康的情感、广泛的兴趣爱好，激励学生从善并对学生进行正确的价值引导，促进学生优良品德的形成。即便是上述两方面的表率作用，也只能把它合理地理解为在学生、一般社会公众面前的表率作用，而不应该把它理解为在所有人面前都能起到表率作用。如果教师是知识的传播者，其"知识表率"的作用主要是相对于学生而言的。在学科专家、学者跟前，教师也可能是一个幼稚的小学生。所以，一位教

---

① 刘惠. 为人师表的合理范畴分析. 教师教育研究，2005（1）.

师，哪怕是一位非常优秀的教师，也不是所有行为都具有典范性。置明显的客观事实于不顾，要求教师的一切言行都要做到为人师表，是过于理想主义和唯美主义的表现。教师是人不是神，这是制定教师行为规范时必须充分认识到的、最起码的事实。

二、团结协作，形成教育合力是为人师表的具体任务

现代教育是一个分工协作的系统工作，要求每所学校每位教师之间、教师与家长之间建立团结协作的新型关系，这样才能优势互补，形成强大的教育合力，共同完成教书育人的任务。

（一）尊重同事，团结协作

教师群体中，每个教师的工作态度、工作能力、工作效益，可以通过比较、鉴别，激励先进、促进后进，也可以相互之间学习、共同提高。同一个集体中，教师之间要相互尊重，各司其职，并肩作战。在这样的氛围中，学生也能如沐春风，感受到这种团结进取的精神，更有利于学生良好思想品德和个性品质的形成；教师在这样的氛围中才能更好地发挥聪明才智、提高工作效率。反之，教师间"文人相轻"、缺乏相互尊重、团结协作，就会拉帮结派、闹矛盾纠纷，造成人际关系紧张，这样无法形成良好的校园风气。

（二）尊重家长，加强沟通

学生的健康成长成才，需要将学校教育与家庭教育紧密结合起来，教师必须充分认识到尊重家长的必要性。只有教师与家长在教育工作中相互尊重、互相支持、互相联系才能形成教育合力。为此，教师应积极、主动地与家长进行联系、沟通，既听取家长对于孩子教育方面的愿望、要求，也对家长进行教育科学知识和先进教育理念、教育方法等方面的宣传和指导。在与家长的沟通交流中，要带头尊重家长，不能以自己特殊的地位对家长训斥、指责，不能盛气凌人、粗暴无理；也不能把家长当作教师的助教，随意对家长提要求、布置任务；对待家长要一视同仁，不能因个人私利而有远近亲疏的区别对待。

三、廉洁从教是为人师表的最低要求

"所谓廉洁从教是指教师在整个从教生涯中都要坚持行廉操法的原则，不贪学生及家长的钱物，不贪占公共和他人的钱物，不染社会上出现的一

些贪、贿、欲等恶习，始终以清廉纯洁的道德品行为学生和世人做出表率。"① 目前有极少数教师在拜金主义、享乐主义、个人主义等不良风气的影响下，存在着以教谋私、热衷"有偿家教"等现象，这些严重影响了教师的形象，社会舆论强烈。如果这个问题解决不好，势必影响教育事业的发展，影响社会主义精神文明建设。

教师坚持廉洁从教，首先，必须坚守大义，不取非法之财。教师要树立正确的义利观，以大义为先，个人利益要服从国家、人民和集体的利益，依靠工资收入、著书立说、发明创造来获得合法的、合乎道义的收入。教师任何时候都应摈弃唯利是图、自私自利的行为。其次，教师要自觉加强职业道德和心理学等理论的学习和修养，不断端正和提高自身教育认识，廉洁自律，明辨美丑、是非，远离秽污俗沼。

[案例与思考]

礼物②

敲门后，门开了一道缝儿，一个学生怯生生地走进来，脚步缓慢地靠向我，叫了一声："安老师。""有事吗?"我问。"安老师，这本挂历是我爸爸让我送给您的，他说一定要您收下，这样我的成绩就会好起来。"我愣了一下："一本挂历，我收下它，你的成绩就会好起来?""对，是我爸爸说的，反正他让我把挂历交给您。"我望着她略带不解和害怕的样子，不禁笑了起来。家长的心啊，自然是盼望老师能多关照自己的孩子，多给她吃些小灶。但他们哪里知道，想要让她的学习成绩打个翻身仗，怎能凭更多的补课复习就能奏效呢?

看看那本挂历，又看看那张充满着期望的小脸，我说："好，那安老师就收下你这本挂历了。""那太好了，下次我考试就能及格了。""但我有个条件。""您说吧，只要您收下它，什么条件都行。""安老师答应收下你的挂历，但不是现在，而是等期末考试你的成绩及格以后。""那您还是不收呀，我还是及不了格。"说着，她低下了头，眼圈儿顿时红了。我急忙说："不是不收，而是安老师不想收你爸爸送的挂历，要收你自己送的'礼物'，你明白吗?"她似懂非懂地点了点头，"安老师，那我要怎样做才能让您收

---

① 肖自明，孙宏恩，韦庆华. 现代教师道德修养. 咸阳：西北农林科技大学出版社，2010：119.

② 安莺. 礼物. 天津教育，2000 (4).

下这本挂历呢?""你只要:①上课不走神,不搞小动作;②下课认真完成作业,遇到不明白的地方就来问我;③要凭自己的努力争取考及格,我相信等到期末你一定能考出好成绩。""行,我一定让您收下这本挂历。"说完就转身跑掉了。后来,这个孩子真的按我所说的要求去做了,学习成绩也真的比以前大有进步。

期末考试后,这孩子又拿着那本挂历站到了我的面前:"安老师,这回您总该收下这本挂历了吧,因为我考试及格了,这是我自己送给您的'礼物'。""你告诉我这本挂历是哪里来的。""是我爸爸花钱买的。""这能说是你送的礼物吗?"这下子可把孩子给难住了,她着急地说:"安老师,我怎样才能送给您一份我自己的礼物呢?"我看着她那张带着着急和疑问的小脸也笑了:"傻孩子,你每回考试都不及格,这回学习成绩却有了那么大的进步,这不就是你送给我的最好的礼物吗?""老师,我明白了。下回我一定通过自己的努力送您一份让您更加高兴的礼物。"

请思考:假如你也遇到类似的家长赠予礼物的情况,会怎么做?

第六节　终身学习

任何一种职业都需要终身学习,但是世界上没有一种职业的终身学习比教师这一职业的终身学习要求更为严格。《中小学教师职业道德规范》(2008 年修订)对"终身学习"的具体要求是:崇尚科学精神,树立终身学习理念,拓宽知识视野,更新知识结构。潜心钻研业务,勇于探索创新,不断提高专业素养和教育教学水平。

此次修订主要将 1997 年规范中的第四条"严谨治学"改为"终身学习",并对其中的内容进行了大量的修改。其实质上是在如何处理教师与业务学习的关系上对中小学教师提出的职业道德要求。

一、终身学习是时代对教师职业的必然要求

我国进入了建设人力资源强国的新时期,建设人力资源强国需要大批创新型人才,而人才的培养基础在教育。教师作为人类文明的传承者,是推动教育事业又好又快地发展,培养高素质人才的关键。同时,在当今时代知识层出不穷的条件下,要成为合格的教育者,就必须不断地学习,不断地充实自己,要崇尚科学精神,树立终身学习的理念,如饥似渴地学习

新知识、新技能、新技术，拓宽知识视野，更新知识结构，不断提高教学质量和教书育人的本领。教师的终身学习也不仅仅是教师个人自我发展、自我完善的需要，更是更好地开展教育工作、培养高素质人才、振兴中华民族、富国强国的需要，是时代赋予教师的重任。

二、终身学习的具体要求

（一）崇尚科学精神，树立终身学习理念

崇尚科学精神，就是尊重和推崇科学精神，而科学精神最基本的要求就是求真务实，开拓创新。对于中小学教师而言，要求做到："一是要坚持解放思想、实事求是，从实际出发解决工作中遇到的新情况、新问题。二是要热爱科学，崇尚真理，依据教育科学规律从事教育工作。三是要勤于学习、善于思考，努力用人类创造的智慧成果丰富和发展自己。四是要甘心付出、勇于创新，不断提升教育科学水平与教学艺术水准。"[①] 中小学教师不仅自己要有崇尚科学的精神，还要主动向学生进行科学思想的传播，有意识地培养学生的科学意识，普及科学知识。

树立终身学习的理念，就是要求中小学教师既要把终身学习作为职业的必然需要，又要把终身学习作为自己的终身追求。俗话说的"活到老，学到老"就是这一追求的反映。但是，在目前的中小学教学中，仍有不少教师教学理念、教学方法陈旧，逐段逐句讲，以释词析句为主镜头的课堂片段时有出现；教师讲、学生听的"满堂灌"现象也不难发现；驾驭教材又超越教材的技能远远不够，教学视野狭窄，提问不能高屋建瓴，起不到激发学生兴趣、突出重点、突破难点、完成教学目标的实际效果；新的教学模式运用十分勉强，等等。产生上述不足的主要原因就是教师缺乏自觉学习、终身学习的意识。

从教师本身的知识来看，教师的专业发展是一个终身过程。现在大家都已经认识到：教师职前培养的功效是非常有限的，只是教师专业发展的起步，特别是在科学技术、社会经济发展越来越快的形势下，以前那种"一朝受教，终身受用"的时代已经过去了。教师曾经得到的"文凭""证书"，不再仅仅作为当教师的资格证明，而是作为能够进一步学习的证明，是在改革中具有参与资格或取得成功的一种潜力的证明。

---

① 王毓珣，王颖. 教师新师德六项修炼. 重庆：西南师范大学出版社，2009：205.

从教师的教学与实践来看，过去讲"给人一杯水，自己先要有一桶水"，可在知识经济迅速发展的今天，要给学生一杯水，教师应该有一桶"活"水。只有活水才能使这桶水永远不干涸。活水意味着教师的教学技能里不断有新的信息、新的方法。这种活水的源泉在哪里，就在教师个人的终身学习里。①

（二）拓宽知识视野，更新知识结构

美国教育学会（NEA）在广泛调查的基础上，发现教师教学的前 5～6 年，随着教学经验的增加，教学效果显著上升；5～6 年后，教师习惯于已有的教学程序，进步速度放慢，并有逐步下降的现象，如不进修，即使再教 20 年，也不会有多大进步，只能平平常常地应付教学，到最后出现衰退的现象。这一研究发现充分证明教师终身学习的必要性。在人类知识呈几何级数增长、科技迅猛发展的背景下，教师需要定期更新和补充新的知识、技能。

概括来说，教师从事教育专业工作的知识，至少包括：一是条件性知识，这是指必要的教育科学知识，包括教育学的理论与方法、心理学的理论与方法、学科教学论的知识；二是本体性知识，教师的本体性知识又包括两大类型教师的学科专业知识和教师专业相关的其他学科的知识；三是实践性知识，它主要产生于教师的教育教学实践过程中。这些知识的学习不是一次性完成的，而是需要持续不断地学习和积累，伴随在教师职业生涯的全部历程中。

（三）潜心钻研业务，勇于探索创新，不断提高专业素养和教育教学水平

潜心钻研、勇于创新是要求中小教师要对自己所从事的教育专业工作认真思索、钻研，面对教育工作中的疑难问题要多方寻求解决的办法，创造和革新思路和手段。这两者之间有着密切的联系，即潜心研究业务是勇于探索创新的基础，勇于探索创新则是潜心钻研业务的升华。没有潜心的钻研，就不可能有科学有效的探索创新。在教育专业活动中，教育对象不断变化，教育内容日新月异，教育问题层出不穷，教师的劳动愈加具有挑战性，仅靠简单、机械的重复劳动已经无法解决新出现的问题，只有潜心钻研，才能寻找到解决教育问题的最佳方案。

不断提高专业素养和教育教学水平之间也同样存在着辩证统一的关系。一方面，不断提高专业素养是提高教育教学水平的基础；另一方面，不断

---

① 曹万吉. 教师要做终身学习的楷模. 江西教育，2002（23）.

提高教育教学水平则是不断提高专业素养的结果表现。教师专业素养不断提高，才能促进教师教育教学水平由模仿水平逐步发展到独立水平、创新水平、个性水平等更高的水平层次。

总之，教师的职业是一种综合性很高，需要高度创造性的工作。教师的专业也是一种特殊的复合专业。教师要想成为人师，绝不止于职前的专业教育和师范培训，更重要的是终其一生的职业生涯中不断地学习，真正做到"活到老，学到老"。

[案例分享]

终身学习的典范①

最让我永远追随的是恩师王承绪先生孜孜不倦、永无止境的求知求学的精神。王先生是我国公认的比较教育的奠基人，也是声誉四海的中国教育家。全国几十万、几百万教育系毕业的学生哪个不知道、没有读过王先生翻译的《西方教育论著选》，学习教育史的研究生哪个没有读过王先生主编的《中外教育比较史纲》，研究高等教育理论的哪个没有引用过王先生主编的《汉译世界高等教育名著丛书》，学习过比较教育的几十万、几百万的本科生、研究生哪个没有学习过我国"文化大革命"后第一部比较教育教材和王先生撰写的《比较教育学史》。这当然是因为王先生博览群书、慧眼识才，所选所译才能跨越时代，为我们一代代学子提供精神食粮。这当然也是因为王先生学贯中西、敏感睿智，所书所著方能够揭示本质、指明趋势，为我国教育改革和发展提供借鉴和依据。然而，我们是否意识到，这一切凝聚着王先生穷其一生的学术追求和墩厚扎实的学术功夫。正像王先生主译的那部罗马俱乐部的报告《学无止境》（No Limits to Learning）一样，学无止境是恩师王先生一生治学的最好写照。王先生早年不满足于中师所学的知识而进浙大求知求学，王先生又不满足于浙大的毕业留校而远涉重洋赴英国留学。王先生赴英前就已经精通英语、学习法语，但为了研究苏联教育，学习社会主义的教育理论，人到中年王先生又转而学习俄文。在座的各位也许不太清楚，在我们所读的欧洲教育经典中有几篇还是王先生通过俄语翻译的，因为在 20 世纪五六十年代王先生能够获得的唯有俄文文献。20 世纪 90 年代，人类进入了信息时代，电脑和网络来到了我们身边，90 高龄的王先生还和我们年轻人一样满怀热情地迎接现在新的技术和

---

① 张民选. 王先生是终身学习的典范，后辈追随的楷模. 世界教育信息，2011 (3).

工具，学习使用更为便捷的计算机。王先生不仅学会了使用电脑，而且还曾兴奋地告诉我，他是在电脑上完成《汉译世界高等教育名著丛书》翻译的。自学者始于求学，自学者毕生求知。王先生真是终身学习的典范，也是我们永远学习追随的楷模。

【思考题】

1. 简述中小学教师职业道德规范的基本要求。

2. 结合实际谈谈教师怎样才能做到真正的"爱岗敬业""教书育人"。

3. 结合实际谈谈教师"关爱学生"的具体要求和表现。

4. 结合自身体会，对照《中小学教师职业道德规范》（2008 年修订）谈谈如何培养和提高教师的职业道德。

第五章　教师职业中基本的人伦关系

【学习目标】

1. 理解师生关系的概念，了解师生关系的重要意义，掌握构建师生关系的重要原则。

2. 掌握教师团结协作的概念，深入理解教师与其他教师及学校领导之间的道德要求。

3. 理解并把握教师与家长建立良好关系的道德要求。

在学校教育中，教师与学生、教师与同事、教师与学生家长、教师与教育管理者之间的关系是学校中最基本的人际关系，正确处理好这些关系，直接关系着教育活动开展的质量和效率。

第一节　教师与学生的关系

一、师生关系概述

（一）师生关系的概念

师生关系，是指教师和学生在教育、教学过程中结成的相互关系，包括彼此所处的地位、作用和相互对待的态度等。它是一种特殊的社会关系和人际关系，是教师和学生为实现教育目标，以各自独特的身份和地位通过教与学的直接交流活动而形成的多质性、多层次的关系体系，包括师生之间的教育关系、心理关系与伦理关系。其中，师生之间的伦理关系是指在教育教学活动中，教师与学生构成一个特殊的道德共同体，各自承担一定的伦理责任，履行一定的伦理义务。这种关系处于师生关系体系中的最高层次，对其他关系形式具有约束和规范作用。学校中的教育活动，是师生双方共同的活动，是在一定的师生关系维系下进行的。良好的师生关系，是提高学校教育质量的保证，也是社会精神文明的重要方面。新型师生关系应该是教师和学生在人格上是平等的、在交互活动中是民主的、在相处的氛围上是和谐的。

（二）师生的角色与关系

我国古代对于教师的角色有诸多论述。韩愈在《师说》中提到："师者，所以传道、授业、解惑也。"教师的角色在于传授学生做人做事的道理、知识学问并为学生解答各种疑惑。《学记》指出："教也者，长善而救其失者也。"教师的职责就是发展学生的长处和潜能，补救学生的短处和缺失。这是中国古代对教师角色的描述与要求。现代的中小学教师不仅是教育者、辅导者、行政协调者、终身学习者，还是课程设计者、教育研究者。

学生是教育的主体，让学生学习就是保障学生的学习权利，满足个体需要的自由及能够选择的需求。大部分的中小学生都是未成年人，身心发展尚未成熟，在法律上没有完全的行为能力，并受到相关法令的保护，在心理上处于持续发展的过程中。

教师与学生在教育过程中的角色与地位，决定了彼此之间的关系。首先，教师与学生通过教学与交往获得彼此之间的对话基础上的师生关系；其次，教师与学生是法律上的代理与被代理的关系；再次，教师与学生在伦理道德中是平等与尊重的师生关系；最后，教育作为一种服务业，教师与学生之间建立了服务与被服务的职业关系。

（三）师生关系的重要意义

1. 良好的师生关系是教育教学活动顺利进行的重要条件

教育是以学生的发展为最终目的的，要达到这一目的，必须充分调动学生的积极性、主动性。良好的师生关系使学生产生安全感，乐于接受教师的教育和影响，激发学习兴趣，集中学习注意力，启发积极思维，同时，对于唤醒教师的教学热情与责任感、激发教师专心致志地从事教育工作具有重要作用。

2. 师生关系是衡量教师与学生学校生活质量的重要指标

教育教学活动是教师和学生的生命活动特别是精神活动的方式，教育教学中结成的师生关系是教师和学生生存方式的具体表现，是师生自身价值的彰显。师生关系除了对教育教学目标的实现具有手段价值之外，对教师和学生的发展具有本体价值、目的价值。理想的师生关系是教师和学生既作为独立的完整的人，又作为合作者、共享共创者所形成的相互理解、相互尊重、相互信任、相互合作的和谐亲密关系。

3. 师生关系是一种重要的课程资源和校园文化

师生关系是教育教学实践中及时形成的一种课程资源，具有重要的德育功能、心理功能和认知价值，良好的师生关系是提高教学质量的宝贵的人文资源。同时，师生关系作为学校中最基本、最重要的人际关系，是一所学校的精神风貌、校风教风、学风的整体反映和最直观的反映。作为校园文化组成部分的师生关系，对学校精神文化的建设、对学生在校的发展及今后的成长都具有重要意义。

二、构建师生关系的重要原则

师生关系在学校教育教学中的重要作用，要求作为教育者的教师与作为学习者的学生，都应该按照一定的原则，构建良好的师生关系，建立和谐发展的人际关系与教学关系。建设良好的师生关系的重要原则有热爱学生、尊重学生、了解学生、公平公正对待学生、严格要求学生等。

(一) 热爱学生

1. 热爱学生是教育学生的感情基础

爱是人的一种基本需要。学生对于爱的需要更迫切、更强烈，更具有自身特点。在学校中，教师与学生之间建立良好师生关系必须以"爱"作为基础。教师对学生的爱为一种"代理"关系，教师作为代理父母存在的监护人，学生期望从教师那里得到如父母般的爱。师爱还是一种社会之爱，体现了党和人民对青年的热切关怀。学生从师爱中，深切关注到集体生活中的自身价值，从而产生自尊感、自豪感及自强不息的精神。爱还是教育的基础。教育教学过程是教师与学生的交往过程，是相互影响、双向交流、教学相长的过程，师生之间的"爱"伴随着整个过程。只有教师爱学生，学生才可能喜欢教师，才能达成"亲其师信其道"的效果。此外，爱是培养学生具有高尚的社会情感的重要手段。教师对学生的爱，是学生认识人与人之间关系的一个窗口、一本活的教科书。正确的态度、高尚的情感在师生交往的过程中萌发、培育，最终成为学生精神生活的部分。教师通过"爱"的传递，使学生在他的生活中不断体验到了人与人之间那种友爱、善良、公正、尊重、信任等美好的感情，逐步形成对人与人之间关系的正确认识和信念，进而转化为对同学、教师、父母，甚至对集体、人民、国家的热爱。

2. 热爱学生的基本要求

热爱学生是处理师生关系的基础和根本出发点。教师在教育教学过程中把握学生成长规律，关爱学生，是教师高尚职业道德的重要表现。

（1）关爱每一位学生。心理学著名实验"皮格马利翁效应"充分说明了师爱的重要作用，它也说明教师的爱应该是面向全体学生、关爱每一位学生的爱。在一个班里，不仅有各方面突出的好学生，也有某一方面成绩优秀的尖子生；同时，还有各方面表现一般的中等生，更有相对来说比较差的学生；不仅有和教师关系比较融洽的学生，也有与教师关系一般的学生，还可能有与教师关系紧张的学生……总之，教师应该抛弃成见，从全体学生的发展出发，关注每一位学生的需要。这是教师职业道德的基本表现，也是衡量一个教师是否真正爱学生的重要标志。

（2）全面关心学生成长。学生是未来社会的建设者和接班人，经过教师的培养教育，学生将以一个合格的社会成员身份出现在社会上，是"有理想、有道德、有文化、有纪律"的全面发展的社会成员。因此，在学校教育教学过程中，教师热爱学生，使其成为祖国建设的有用人才。一个热爱学生，有着高度责任感的教师，不能只关心学生的学习状况、考试分数，以及能否升入重点中学、大学的情况，还应该从多方面关心学生。既要关心学生的精神生活，指导他们树立远大的理想，培养高尚的情操，懂得做人的道理，形成正确的审美意识和审美能力；又要关心学生的学习生活，帮助他们提高学习的自觉性，掌握科学的学习方法，充实课余生活，发展兴趣爱好，真正做到生动活泼地学习，主动积极地发展自己。同时，当前还特别应该关心学生的身心健康，使他们能够乐观向上、幸福愉快地生活。这既是教师的重要职责，也是教师热爱学生的重要表现。

（3）保持对学生稳固而持久的爱。学生的心灵非常敏感，他们也渴望教师能够时时刻刻地关心爱护自己，并通过教师对自己的态度来准确地判断出教师是否真心爱学生。教师要满足学生的这种需要，就要保持对学生稳固而持久的爱。一是要求自己，不能因为个人情绪的变化而迁怒于学生，学会控制自己的感情，成为个人情绪有效的管理者。二是要求自己，不能因为学生的更替而影响自己对学生的感情,真正做到每一个学生都是自己需要全身心关爱的学生。要保持对学生稳固而持久的爱,教师不仅要加强自身的道德修养,有较强的教师角色意识,而且要注意培养自己具有良好的心理素质,能够在不同的情况下很好地控制自己,以利于学生的成长。

(二)尊重学生

尊重学生是教师建立师生间平等关系的表现。每个学生都有自己的人格和尊严,都渴望得到教师的尊重和信任。得到教师尊重和信任的学生,容易承认自己的品德、才华、能力,从而会增强前进的信心,获得前进的动力,自觉地向着更高的目标发展。在师生平等的交往关系中,彼此都希望得到对高的尊重,从而形成和谐相处的融洽的师生关系。

首先,尊重学生最主要的是尊重学生的人格。教师对学生有管理、教育的权利。在教育、教学过程中,教师拥有按照社会主义教育目标塑造学生的权利,但在人格上,教师与学生之间是平等的关系,教师所有教育教学行为都应以尊重学生人格为前提。教师不尊重学生的人格,任意打骂、侮辱、体罚学生,不仅违反教师职业道德规范,而且违反了法律。

其次,尊重学生的个性差别。在教育教学的细节中做到尊重学生的个别差异,正确把握公正的前提有利于每一个学生的健康成长;在教育教学工作中,尽量缩小由社会不公正给学生带来的差异;辩证地看待学生的优缺点,不绝对化;不同学生犯了同样的错误,要考虑不同动机与原因进行处理。

再次,尊重学生的合法权益。每个学生在家庭、学校、社会生活中都有自己的合法权益,如享有受教育的权利、人身安全不受侵犯的权利。教师要修正学生的不良习惯和品行,让学生心服口服,心甘情愿地接受。

最后,要始终相信学生。教育教学中,教师对学生的信任使学生体验到成功的满足,能激发学生的兴趣,调动学生积极性,特别是对后进生,教师的信任能够给他们提供进步的强大动力。

(三)了解学生

了解学生是教师热爱学生的起点,是教师进行教育教学的前提,也是教师公平公正对待学生的需要。

1. 了解学生的方式方法

了解学生的渠道很广,可以从原学校所提供的文字信息资料中获得,同时也能在与学生相识之后的接触中了解。

(1)从档案中了解。学生档案是记录学生成长过程的重要信息资料。

合理使用学生档案，是了解学生的重要手段。抓住这些信息资料中的可参考部分，即学生的家庭经济状况、家长工作单位及单位现状、该学生最突出的学科以及其最突出的特长，为接触学生、与学生的第一次谈话积累素材，以做好激励学生在新环境中自如地展示自我的准备。

（2）从接触中了解。人与人之间的接触是彼此了解的重要手段。教师除了通过档案了解外，还要深入学生生活的各个方面，在交往和活动中了解他们。在接触中，教师必须用发展的眼光去观察了解学生的心理特征与行为特征及个性特征，体悟他们的内心世界。在与学生的接触中，发现学生的优点、特点，有助于用发展的眼光欣赏、看待他们，而且了解的情况也会更真实、更具体。

（3）从表现中了解。所谓表现，是学生在环境中思想、能力、智力与品德等诸多方面的展示。除了课堂教学活动，课下活动、课外活动、校外活动，无疑给学生们提供了表现自我的机会，同时，也是教师了解学生的极好机会。教师通过学生的一系列表现，了解学生的特点与个性，看到了学生的可爱之处，更增添了教师的爱生之情。

了解学生是教育的起点，也是教师培养爱生之情的需要。只有学生的心扉愿意向教师敞开的时候，教师才能真正了解学生。因此，尽可能地深入了解每个学生的精神世界，走进学生心灵之门，是教师有效教育教学的前提。

2. 了解学生的基本要求

首先，要努力成为学生的朋友。教师想要成为学生的知心朋友，需要积极参加学生的各项活动，在交往中增加与学生的接触，让学生切实感受到教师能够理解他，既是自己的师长，又是朋友，学生就会把自己心里的苦恼、忧伤困惑以及对父母都不愿启齿的话告诉教师，渴望得到教师的帮助和指导。同时，教师要想成为学生的朋友，还必须在学生的心目中树立一个全新的形象，成为一个热爱生活、道德高尚、兴趣广泛、才华横溢、乐于并善于和学生打交道的人。这样的教师，不仅是知识的传播者、思想的启迪者，也是学生们可依赖的并有共同爱好、共同语言的朋友。学生在和他们的交往中，能够在各方面不断地充实和完善自己，这样的教师本身就是一种吸引力，学生在他们的面前也会无话不讲。这就为了解学生创造了十分有利的条件。所以，教师一定要充分地认识与学生交朋友的道德价值，并努力完善自我，以自己的德识与才学吸引学生，在交往中获得对他们的全面了解。

其次，克服某些心理效应的影响，深入地了解学生。教师真正做到全面、公正地认识学生，要注意克服"第一次效应""成见效应""定式效应""光环效应""自己人效应"的影响。对差生也有一个防止"成见效应"影响的问题。由于对学生形成了某种成见，所以，当学生再次出现类似的错误时，教师往往不去了解学生犯错误的原因，而是根据已有的成见下结论，甚至学生做了好事也得不到教师的相信与表扬。结果，不仅使工作陷于被动，也使学生对公正失去了信心，认为自己在教师的眼里永远是一个坏学生，不利于学生进步。教师应该自觉克服心理效应的影响，按照教师职业道德的要求深入了解学生。

最后，了解学生是对学生负责的体现。了解学生是开展教育教学活动的根基，教师只有充分了解学生的智力与非智力水平，了解学生学习态度与学习能力，了解学生知识基础等，才能在教育教学中采取适合学生水平与能力的方式方法，采取灵活多样的教学手段，有针对性地进行因材施教，从而达到有的放矢。在不了解学生情况下所采用的教学方法即使再经典，也会出现难以奏效的情况，这就要求教师必须扎实了解学生，做好基础性工作。

（四）公平公正地对待学生

平等是尊重，是伦理原则上的公正，但并不是抽象意义上的平均。在教育实践生活中，落实平等意味着如何将"一视同仁"和"因材施教"进行结合。所以，这里的平等指的是学生所得到的人格上的尊重，因材施教则是方法意义上的平等。教师公正有利于良好的教育环境的形成，有利于教师威信的提高，有利于学生学习积极性的发挥。这样看来，在教学教育过程中，教师的公正是一条十分必要的教育原则。一句话，要公平公正地对待学生，就要真爱学生。

1. 平等地对待学生

平等地对待自己的学生实际上就是教育学所常说的要树立正确的师生观问题。从伦理学的角度看，教师要公正地对待学生，首先要真正尊重和信赖学生。人与人之间是平等的，这种平等的一个突出表现，就是人人都应该受到别人的尊重。学生也是独立的个体，他们也是有尊严的，也应该受到别人的尊重，特别是来自教师与家长的尊重。对学生来说，教师是影响最大的人之一，教师对学生的态度，有着举足轻重的作用，因此教师要平等、公正地对待所有学生，尊重他们每个人。

2. 关爱全体学生，一视同仁

爱学生就要公平对待所有学生，在学生眼里，"公正客观"被视为理想教师最重要的品质之一。他们最希望教师对所有学生一视同仁，不厚此薄彼；他们最不满意教师凭个人好恶偏爱、偏袒某些学生或冷落、歧视某些学生。公正，这是孩子信赖教师的基础。所谓爱无差等，一视同仁，指的主要是教师不能以自己的私利和好恶做标准处理师生关系，应当给所有的学生提供平等的学习机会。教师对每位学生的态度要保持一致，不能以自己的好恶感情，偏袒、庇护一部分学生，鄙视、冷淡另一部分学生，要一视同仁，批评和表扬要恰到好处。学生的情况是多种多样的，个性有不同，能力有差异，智力有高低，品行有上下，家庭情况有差距。爱听话懂事的孩子，爱聪明伶俐的学生，这是人之常情。但是作为一名教师，如果单凭自己的感情行事，就是一种狭隘的偏爱，一种不公正的做法。教师感情的倾斜，必然也会引起学生的心理倾斜。学生不一定都会明白地用语言来表达对老师的意见，然而他们心里的感受是非常清楚的。即使采取一次不公平的措施，也会毁掉长期建立起来的公平声誉，哪怕你是无心的。对每一个学生一视同仁，就要像一座天平，不偏不倚。

3. 实事求是，赏罚分明

学生是从周围成人的反应——肯定或否定、奖励或惩罚、赞许或批评中逐步形成道德认识的。因此，教师应该认真对待学生的每个行为，做出公正的评价。一方面要根据学生的实际因材施教；另一方面在制度上又不能允许有特殊学生存在。正确的做法应是对事不对人。一个人犯错误，不管他是成绩优秀的还是较差的，该批评的都要批评；一个人做了好事，不管他平时是调皮的还是听话的，该表扬的都要表扬，一视同仁，不带偏见。

4. 长善救失，因材施教

公正地对待每一个学生，还表现在给每一个学生以同样的发展机会，长善救失，因材施教。有些学生不善于发言，教师不能因此就不让他发言，相反，应鼓励他多发言，多锻炼表达能力，并加以耐心指导，帮他树立信心。

5. 面向全体，点面结合

面向全体，点面结合，就是要求教师在个别教学和集体教育中做到教育公正。学生是有差异性的，对于后进的学生，教师给予适当的补课和一些特别的关照是应该的，这是为了他们的进步；对于特别聪慧的优秀生，给他们创造提高的条件，适度的"开小灶"也是公正的，这是因为只有因人制宜才能更好地促进每个学生的发展，这是爱无差等的实质上的公正。

一个优秀教师的魅力，绝不仅仅来自渊博的知识，还来自客观公正对待每一个学生的态度。公正对于教师而言有特殊意义，它可以告诉学生是与非，它可以引导学生走向高尚而远离卑鄙。教师应当记住，自己的全部使命可以概括为一句话：为了一切学生，为了学生的一切。

（五）严格要求学生

1. 严格要求学生的重要意义

（1）严格要求学生，是爱的体现和学生成长的需要。学生的生理、心理、思想品德的发展都还处在不成熟或不完全成熟的阶段。虽然他们有独立的意识，尤其是小学高年级以上的学生，由于自我意识的不断增强，希望摆脱家长、教师，独立去解决生活中遇到的问题。如果教师、家长处处都对他们加以限制，不相信他们的能力，他们就会生一种抵触情绪，甚至逆反心理。可事实又证明，一些学生由于年龄小，天真幼稚，还不能充分把握住自己。为了让学生健康成长，教师就必须要关心他们，爱护他们，教师只有对学生尊重、关心、信任，又对他们身上的一切不好的东西采取毫不妥协的态度，即严格要求他们，才是真正的热爱学生。

（2）严格要求学生是充分发挥学生的内在潜力、促其成才的需要。学生经过系统教育，应该成为有理想、有道德、有文化、守纪律的德、智、体等全面发展的社会主义建设者与接班人。教师承担着伟大使命。为了促使学生达成教育目的，教师必须对他们严格要求，对学生提出较高的、但经过努力可以达到的标准，调动其不断进取的积极性，使他们将内在的潜力都充分地发挥出来，不断以一种新的面貌出现在集体当中，并形成一种连续不断的过程，即现在的目标达到了，又有新的更高的目标等待攀登。这样，学生将不断完善自己，在思想、品德、智力、心理、体质等方面逐渐成熟起来。

2. 实施严格要求学生的基本原则

（1）要严而有理。严格教育、全面要求符合青少年学生身心发展规律，符合教育规律。这是由教育过程的需要和教育教学的任务决定的。教育是为了促进人的智能、创新能力、道德品质、身体与心理素质、自理能力等的发展提高。此外，教师在教育学生时要摆事实、讲道理，使学生欣然接受。

（2）要严而有度。教师对学生提出的要求，要从关心、爱护学生的角度出发，认真考虑每一项要求可能产生的后果。教师对学生的实际水平、理解和接受能力应有一个正确的估量，才能对学生提出要求符合他们实际情况，能够为学生所接受。同时，根据不同学生的具体情况，教育者需区别对待，适度要求学生，达到最佳教育效果。

（3）要严而有方。教师对学生的严格要求能否收到显著成效，关键在于方法。采取启发式教育、诱导的方法、寓教育教学要求于学生合理的活动之中，才能收到比较理想的效果。这就要求教师根据学生的特点和教育教学的需要，权衡选择最佳的教育方案，使学生乐于接受。

（4）要严而求恒。所谓恒就是要坚持长久，对学生的严要求绝不能时有时无，要保持一定的稳定性，坚持到底，更不能朝令夕改，虎头蛇尾。教师要常检查，常督促，把要求落到实处。在贯彻中遇到来自学生惰性、理解程度等方面的阻挠时，教师必须态度坚决，意志坚定。

（5）要严中求细。细就是不放过所能了解和察觉到的任何问题。在繁重的工作中教师要尽力抽出时间多听、多问、多看、多想，从生活、学习、思想、劳动、工作、活动及家庭等多个方面了解学生，关心学生。要善于从细节处发现潜在问题，及时引导和规范，防患于未然，避免酿成大错，贻误终生。

第二节　教师与同事的关系

与同事的交往是教师人际关系的重要组成部分。它与师生交往关系相比，没有主导和主体之分；它与教师和家长的交往关系相比，没有主导和辅助之别，而是一种平等互助的关系。人才的培养，需要集体的智慧和群体的合力。教师与教师之间的人际关系，是在共同完成学校工作任务的环境中建立的，处理好这类人际关系，对于做好教育教学工作具有重要意义。

学校教师与同事的关系主要包括三种：学科教师之间的关系、班主任与学科教师之间的关系及教师与学校领导之间的关系。它们是学校教师关系中最重要的关系。教师与教师在学校的交往中，必须以团结协作作为教师处理人际关系的行为准则，它是中外教育史上普遍关注和倡导的一种教师职业道德规范。

一、教师团结协作概述

（一）教师团结协作的含义

所谓团结协作是指人们为了集中力量实现共同理想或任务而联合起来，相互支持，紧密合作。现代学校教育是一项系统工程，教师的劳动是社会劳动的一部分，是在人们的互相联系中进行的。只有学校内部各部门通力合作，才能使学校的各项工作有序地进行。学生的培养，也是众多教育工作者共同劳动的结果，离开了学校集体和同事之间的团结协作、互相帮助，学校教育的任务基本无法完成。

（二）教师团结协作的意义

新时期的教师，都经过某一专业的学习并接受了科学的教育思想和方法训练，他们在同一个集体中，在同一个教育方针的指导下，在各自的岗位上具有相同的工作目标——培育人才。他们之间的关系既是一种各司其职、并肩作战的关系，又是一种同心同德、团结协作的关系。这种关系对于创造人才成长的优良环境，增强各方面教育影响的一致性和有效性具有十分重要的意义。

1. 教师的团结协作有利于实现教育目的的统一性

在社会主义社会中，教师与社会、学校、同事之间不存在根本利益的冲突。教师劳动的目的和学校教育的目的与社会发展目标是一致的。这是教师之间相互尊重、相互学习、团结协作、做好工作的基础。在教育教学中，教师的分工各有不同，但最终都要统一到培养人才这一基本任务上。广大教师只有在互尊互学、团结协作的气氛和环境中工作，才能为社会培养出大批优秀人才。

2. 教师的团结协作是现代教育规律、教育方案、教育任务的基本要求

科技发展、社会分工与人的全面发展的要求，使得培养人的教育工程不是哪一位教师所能独立完成的。从人的成长来看，在他一生的学习活动中，要学习许多基础知识和专业知识，这些知识的传授分别由不同的教师来担任。从学校的建设来看，一所学校、一个班级所开的课程和所要进行的教育工作，也要由不同的教师来承担。在教育过程中，每个教育方案的设计、教育步骤的实施和教育任务的完成，看上去似乎是某些教师个人劳动的结果，而实际上却是教师集体劳动的结晶。现代教育要求必须由教师集体的共同努力来完成。

3. 教师的团结协作有利于教师自身素质的完善和能力的全面提高

一名教师，仅有一腔热情是不够的，缺少多方面的实践经验，往往会导致工作的失误。一名教师要在复杂的教育过程中尽快完善自身素质，提高自身能力，一方面需要不断参加教育实践，在实践中丰富自己、充实自己、提高自己；另一方面也需要加强与同事的交流，培养团结协作观念。

4. 教师的团结协作有利于学生良好品德的养成

教师如何对待他人、集体和社会，这一切都耳濡目染地影响着学生，

学生会有意无意、自觉不自觉地以教师为人处世的态度和方式去处理自己的人际关系和利益关系。教师是否善于团结协作，是否善于处理各种人际关系和利益关系，对于培养学生的合作意识，提高他们适应社会的能力，具有重要的身教作用。这就要教师不断地调整自己的行为，做团结协作的典范。

5. 教师的团结协作有利于形成良好的校风和心理氛围

教师集体的风气是构成校风的主体，只有团结协作的教师集体才能形成良好的校风。良好的校风是办好学校的精神力量，能对全校师生起到潜移默化的教育和熏陶作用，并能长久地影响教师和学生的工作、学习和生活。学生在这样的氛围中积极进取，奋发向上，并形成良好的思想道德和个性品质等。教师在这样的氛围中，更能发挥聪明才智，提高工作效率。

二、教师与同事之间的道德要求

在学校的全部工作中，教学是中心，它以教师的辛勤工作为基础。教师是学校集体中最重要、最基本的组成部分，教书育人是教师个体与学校集体共同合力作用的过程。教师要想完成教书育人的任务和目标，实现自身的价值，必须正确处理好与学校集体的各种关系。

（一）维护教师集体的统一，自觉服从集体利益

现代教育是一个靠集体分工协作才能完成的事业，任何个人都不可能单独承担起全面育人的任务。教师工作在形式上较多地表现为个体劳动，从备课、授课到与学生谈话、组织学习活动，很多时候都是教师单独进行。但学生在校期间所接受的教育影响，不是只来自某个教师，而是来自整个教师集体。只有教师集体团结统一、步调一致，才能有效地培养好学生。从这个意义上说，教师的劳动又具有集体性和统一性。具体而言，要努力做到以下几个方面。

1. 在工作上，要服从学校的安排

学校根据整个人员情况和工作需要，分配给教师具体的教育教学任务。学校的安排与个人意愿，可能是一致的，也可能有所不同。作为学校，在可能的情况下，会照顾个人的需要，尽可能地加以协调。作为教师，则要以大局为重，尽可能克服困难，积极服从学校的统一安排。这是对教师最基本的师德要求。

2. 顾全大局，小集体要服从大集体

学校是一个教育的整体，它要按照党的教育方针、学生成长的需要以及社会发展的需要，制订总体的教育计划，并要求各个教育教学单位认真执行，以形成一个全校性的教育氛围，最终实现教育目的。一个具有集体意识的教师，不能以个人或小集体的需要为理由，拒绝执行学校的教育计划。而应该在顾全大局的前提下，从自己局部工作的实际出发，创造性地贯彻学校的教育计划。

（二）尊重他人，与人为善

渴望得到他人的尊重是每个人的心理需要，这种需要的满足，会激发人的创造力和对美好生活的向往。由于教师工作性质、特点与其他行业不同，教师对他人的尊重更为强烈。如果教师之间彼此尊重，就会产生一种和谐融洽的心理氛围，教师就会把集体看成是自己的集体，对它有一种依恋感，这是集体凝聚力产生的基础。在集体生活中，每位教师要把尊重他人作为自己应该遵守的职业道德并在彼此交往中体现出来。

教师间要互相尊重、相互支持。首先，担任同一学科的教师要互相帮助，取人之长，补己之短。同一学科的教师一般都毕业于不同学校，教学时间长短不一，教学方法各有所长，但每位教师都有自己的特点和长处。俗话说："尺有所短，寸有所长。"因此，教师需要互相学习。其次，不同学科的教师，特别是教同一班级的不同学科的教师，要互相尊重，互相配合。在学校中各种学科都是素质教育、培养全面发展人才所必需的，它们之间是相互联系、相互促进的。因此，每一位教师都不应该过分强调本学科的重要性，有意无意地贬低其他学科的重要性。正确的做法应该是努力维护其他教师的威信，提高本学科的教学质量。最后，年轻教师与老教师之间要互相尊重，互相学习。一般来说，老教师的教学经验比较多，知识比较丰富。而年轻教师思想敏锐，朝气蓬勃，富有创新精神，但却缺乏教学经验。所以，年轻教师应该虚心向老教师请教，使自己不断成熟起来。老教师也应该满腔热忱地爱护和关心年轻教师的成长，注意学习他们的求知创新精神，使自己永葆青春。

（三）理解他人，豁达大度

理解能沟通心灵，达成思想上的共识，理解使人们消除猜忌，创造轻松和谐的氛围。在教师集体中，由于相互之间个性不同，在对同一问题或不同问题的看法与处理上，会产生分歧，这是很正常的现象。当遇到矛盾时，需要彼此都能站在对方的角度思考问题，也就是多进行心理互换，从而理解对方的想法与做法。在此基础上求同存异，找出解决问题的共同方法。学会理解，是处理同事关系的重要方面。

在集体生活中，教师之间还可能出现一方被误解的情况。由于教师在工作形式上经常处于个体劳动状态，彼此之间并非十分了解。因此，在工作上，其他教师不了解自己，甚至误解自己的情况是有可能发生的。遇到这种情况，需要教师具有豁达的心胸，不计较他人对自己的误解。可以适时做一些必要的解释，以得到他人的理解与支持。处理教师之间的关系，需要多一点宽容和谅解，与人为善，真诚待人。理解其他教师时需注意：

首先，理解人要先了解人，设身处地地为他人思考一下，才能理解他人，在宽容的基础上，寻求解决的办法。相互理解了，问题往往就能迎刃而解。

其次，理解别人需要平等的观念。人与人的关系始终存在强弱、大小，这是客观存在，我们无法平衡这种不对等的关系。但要达到相互理解，必须抛弃强者俯视弱者、成人小瞧孩童的不平等视觉，代之以平等的观念。以理性的思维、积极乐观的态度去面对其他教师，消除不同点，扩大共同点，感染对方，欣赏对方，理解对方。

最后，理解别人需要一颗赤诚无私的心。理解他人的前提是自身在理解过程中不带有任何私利、非分的欲望及各种诱惑，以中立的观点分析问题，理解他人。

（四）学会合作，奉献集体

每一位教师的成长，都需要一定的外部条件，生活、工作的地方就是其成长的沃土。这需要大家共同为这个土壤补给营养、水分、阳光，共同创造一个和谐的、有利于每个人发展自我的空间。换言之，从另一个角度看，集体的发展是每个人发展的基础，而每个人对集体的发展都有不可推卸的责任。因此，每位教师要把集体看作是自己的集体，主动去关心它，为其发展不断做出自己的努力。这在客观上又要求教师必须学会与他人合作，共同创造和谐的集体。要与人合作，先要调整好自己。同时，加快自身的发展，为集体做出贡献。

1. 积极合作，发展自我

合作不是教师单方面的一厢情愿，而是交往双方的事情。但是，能否实现合作，则取决于双方各自的态度与素养。各自都希望合作，这是前提。有了这个前提，就能充分调动自己内在的积极性，使双方都能感受到对方的诚意与热情。但仅有这些是不够的，还需要双方能够自觉地克服一些影响合作的心理障碍。

教师间的合作不仅体现在某项具体任务的完成上，而且大量的合作体现在日常的教育与教学中。虽然教师的工作形式带有很强的个体性，但是，如果教师之间没有经常的合作，很难想象教育教学任务能够顺利完成。因此，学生的培养需要教师具有积极主动与人合作的职业道德。合作可以表现在以下几个方面：

一是教授相同学科教师之间的合作。共同的教学任务使教师之间的交流与合作成为必然。怎样在教学大纲、教材、课时完全相同的情况下，提高教师的整体水平，提高教学质量，需要每一位教师贡献自己的智慧。这个过程就是合作的过程。它需要教师主动地思考，积极地探索。把每个人的智慧集中起来，就可以变为集体的智慧，在教育教学中发挥作用。集体发展了，又会促进个人提高。如果怕别人超过自己，而保守自己带有创意的新想法、新做法，其结果既不利于自己的进步，也不能推动集体的发展。

二是教授不同学科教师之间的合作。每个教师都有通过自己的学科教学促进学生全面发展的任务。因此，任何教师都会对其予以高度重视。但是，如果教师之间不能协调一致，都过分夸大自己学科在学生成长成才中的作用，为使学生重视自己所教学科而与其他教师争课时、压作业，其结果必然造成学生的负担过重，甚至还会对此产生逆反心理，最终影响学生的成长。因此，为了学生的全面发展，需要教授不同学科的教师具有合作的意识，不仅能够按照学校的整体教育计划实施教学，还能为其他学科教学任务的完成创造条件。

三是班主任与任课教师之间的合作。班主任既是普通教师，又是一个班集体教育教学工作的组织者和领导者。班主任需要培养学生干部、建设班集体、组织班级活动等，是对学生的全面发展负责的重要人物。同时，在学生发展过程中，学科教师承担着班级学生的教育教学任务，班主任要善于团结其他学科教师，注意发挥其他教师的作用。学科教师在完成教学任务的同时，还应当主动和班主任配合工作，及时向班主任反映学生的思想和学习变化的情况，积极参加班级组织的各种活动，与班主任良好互动。

2. 发展自我，为集体多做贡献

教师的成长与发展离不开个人的主观努力和教师集体的帮助，前者是基础，后者是条件。二者缺一不可。不少优秀教师在谈到自己的成长时，有很多共同点，其中之一就是集体的发展为自己的发展创造了条件。因此，他们庆幸自己遇到了好的集体。这也启示我们：在现代社会，一个人要想得到发展，仅靠个人的力量是远远不够的，它需要借助集体的智慧。但是，集体的发展不是自然而然的，它需要教师的贡献，需要有一种良性循环，即教师在发展自我的同时，积极为集体奉献自己的聪明才智，促进集体的进步；而集体的发展又为个人的完善创造条件。只有这样，才能达到集体与个人的共同发展。

三、教师与学校领导关系中的道德要求

教师在教育组织中开展教育教学活动，必然要在一定教育管理者的管理之下开展工作。教师与学校关系协调与否，对学校的校风和教育教学质量将产生重要影响。教师与学校领导融洽、协调、团结一致，有利于增进二者的信任和情感，形成良好和谐的心理状态和工作气氛，提高教育、教学效果。相反，会造成情感对立，相互不予理解和支持，导致管理工作混乱，教学秩序失常，影响学校工作。

在学校的教育教学活动中，对领导而言，教师就是被领导者。因此，必须做到：

一是要尊重领导，服从领导，忠于职守。学校领导是学校集体的代表，是全校工作的组织者。作为教师就应该认真服从学校领导者关于任职、任课的正确安排，正确对待监督和检查等各项活动，自觉遵守学校的各项规章制度，遵守学校纪律。教师对领导者的尊重与否与对工作的热爱与否，直接反映出一个教师的素质和道德水平。同时，学校领导要正确对待自己的教师，热心为教师服务，尊重、信任、关心教师，支持教师提出的合理意见与建议，赢得教师的尊重和信赖，顺利推进工作。

二是要协助领导，支持工作，为学校的发展建设建言献策。教师是学校的主人，除了应承担起教书育人的责任外，还需要协助学校领导，建立和发展与学校领导之间的平等协助、友好合作关系，成为学校领导的得力助手和良好合作者。教师要主动参与学校的建设和发展。有合理化的建议要及时提出。要把教育事业当成自己的生命，并心甘情愿地为其奋斗终生。

第三节　教师与学生家长的关系

家庭是塑造个人品格的第一所场所，青少年学生心灵和品格首先在家庭中形成，然后才会在社会生活中磨炼成熟起来，这是自然的秩序。由此可见家庭教育的重要。要调动起家长教育的积极性和主动性，就必须处理好教师与家长的关系。这种关系是以学生为基础，在教育、培养学生的共

同目标下形成的一种新的教育交往关系；也是在新的社会环境下产生的学校、家庭、社会形成教育合力，共同完成育人使命的新型教育方式。教师与家长彼此之间可能有一个由不了解到了解再到配合默契的发展阶段。教师在其中所起的作用至关重要，教师在建设与家长的关系中，要充分表现出教师的职业道德。

一、建立平等的沟通关系

（一）教师与家长建立平等合作教育伦理关系的依据

1. 学生作为纽带，要求教师与家长建立平等合作关系

学校与家庭由于学生这个中介、桥梁、纽带建立联系，两者之间构成了一种不以任何一方的意志为转移的客观关系。家长与教师有着相同的教育对象、共同的愿望、一致的社会责任。因此，家长与教师之间是一种合作关系，是一种协作关系。因此，教师与学生家长需要建立正常、和谐的合作关系，协调一致地教育学生。在这个过程中，教师应该有足够的认识，与学生家长建立一种平等合作的教育伦理关系。

2. 社会分工要求教师与家长建立平等的社会伦理关系

由于社会分工不同，教师与家长虽然从事的工作性质不同，但都有自己的专业与专长。教师在与不同职业的家长沟通时，应该注意家长的工作性质，平等地对待不同职业的家长。随着我国人口中接受高等教育的比例快速上升及人们对于教育的关注，很多家长的教育知识有了明显的提高，家庭教育质量不断提高，改变了教师在教育学生方面绝对的权威。同时，教师和学生家长都是社会劳动者，都具有一定的社会地位，人格上是平等的，不存在领导与被领导、支配与被支配的关系。可见，教师和家长在人格上是平等的。

（二）教师与家长建立平等合作关系的特点与指导观念

教师与家长的平等合作关系，表现为社会地位的平等性、双方联系交往的互相尊重、双方在教育过程中的配合。教师与家长平等合作的关系具有以下特点：一是教师除了道德上的威望，对学生家长无任何权利可言；二是由于教育学生是教师必须承担的社会责任，教师要和所有的家长建立合理的伦理关系；三是在交往的过程中，教师要以主动协调的态度促进与家长的平等合作伦理关系。

学校和教师在家校关系上的指导观念是：建立以学校为指导、以家长为主体的双向合作关系，家长在家校关系中由被动转变为主动；发展教师

与家长双向互动、相互学习的关系，教师在家校关系中由绝对权威转变为相对权威；家长与教师以学生（孩子）的个体发展为教育目的，改变单纯从学校和教师出发要求家长配合的社会性目的。

二、尊重家长的人格

在与人的交往时应该尊重对方，这是对一般社会成员普遍的、起码的要求。学生家长是教师教育学生过程中不可缺少的合作者，更要求教师给予他们应有的尊重。这既是社会对教师的一般要求，也是教育伦理基于教育劳动的特点对教师的特殊要求。

（一）当教育过程中发生困难时，教师要耐心和克制

教师要与家长保持平等的关系，保证交流渠道的通畅。和学生家长一起研究教育学生的问题时，要用征求、商量的口气，一般来说，当对学生的教育活动比较顺利时，教师和学生家长发生矛盾的可能性比较小。当学生犯错误时，尤其是当学生反复犯同一错误或相似的错误，教育过程不是很顺利时，教师如果不注意自己的情绪，就很容易发生不尊重家长的言行，从而导致家长对老师心生怨意，甚至导致两者间的矛盾冲突。遇到这种情况，教师应注意：一要反思学生所犯的"错误"是一种错误，还是学生心理需求的自然表露，抑或是学生身心发展过程中的正常现象。二要探讨学生犯错误的原因，找准学生犯错误的原因，以便有效解决问题。三要端正对犯错误的对象，不应该迁怒于学生家长。

（二）教师要虚心听取学生家长的意见

教师虚心听取学生家长的意见，并对正确的意见积极采纳，是教师职业道德对教师的必然要求，也有利于教师教育教学质量的提高。一般地，家长能真实地反映学生在校外的情况，且家长也比较注意学生教育，教师要虚心耐心地听取家长的意见和建议。教师这样做，不仅不会影响教师在家长心目中的威信，反而会密切两者之间的关系。

（三）教师一视同仁地对待每一位家长，是教育公正的具体表现

教师在工作中不能抛弃任何一个学生，同样无权拒绝和任何一位家长的合作。教师应该主动协调和家长们的关系，充分发挥他们在教育学生活动中的作用和积极性。教师不但要与表现较好的学生家长沟通，更要与处于后进学生的家长建立良好的联系，以便更好地发挥合力作用，共同促使学生向好的方向发展。

三、形成良好的沟通习惯

（一）教师建立与家长良好沟通的要求

1. 熟悉家长特点，密切联系家长

面对职业、经历、社会地位与身份、文化程度等不同的家长，教师要进行研究，掌握因不同心理需求而形成的不同类型的家长特点，采取"因人而异"的交往方式。这需要教师在与家长的交往中，注意观察和分析家长的实际，进而有针对性地开展工作。这也是教师敬业精神的一种体现。同时，教师要保持与家长的联系，与家长建立情感，只要是学校布置的与学生切身利益相关的重大事项，都要及时地与家长取得联系，得到家长的理解，争取家长对老师工作的理解与支持。

2. 理解家长，倾听家长的意见

教师与家长交往，首先要以教育工作者的胸怀去理解家长对孩子的期望，去倾听家长在孩子教育问题上的建议或意见，从而奠定良好的交往基础。任何一位家长都由衷地希望自己的孩子在校学习努力，成绩优异，为将来步入社会积蓄竞争力量，对于家长的期望，教师应该予以充分理解。面对教育中可能会出现的各种问题，教师要能站在家长的角度思考问题，认真倾听家长的意见，这是对家长的尊重和理解。只有做到这一步，让家长感到教师与自己的心是相通的，教师的所想所为是为孩子的前途考虑，才能逐渐与教师的想法达成共识，共同设计教育、帮助孩子提高的方案，并找出教育的最佳途径，达到最好的教育效果。

3. 坚持主动交往，避免推卸责任

学生是社会人，他们的人格品质和行为习惯的形成过程离不开学校、家庭和社会对他们的影响。从这个意义上说，教师与家长的及时沟通，和家长建立并保持良好的合作关系，是培养学生良好品质，促进学生健康成长的一个重要因素。"坚持主动交往，避免推卸责任"，既包含着教师在处理与家长关系中的主导性和教育学生的主要责任是学校、是教师，也包含着教师要主动帮助家长搞好家庭教育，并通过各种方式拓宽与家长沟通的渠道，使家、校密切配合，提高育人效果。

4. 在合作中共进取

教师所接触的是职业、身份不尽相同的家长，每个人都有可能在不同的方面给教育工作者以启发和帮助。因此，在强调家庭和学校教育力量整合，强化家长参与教育管理的形势下，主动与家长交往，共同探讨育人之道就显得尤为重要。教师要注意开动脑筋，讲究方法，要认识到每位家长都有自己独特的教育方式，集中起家长们的才智，树立起家庭教育的典范，在学校教育的过程中进行尝试，不仅对家长之间的相互学习有帮助，更可以为家庭、社会、学校三者结合的教育模式积累有益的经验。

（二）教师与家长沟通的途径

教师与学生家长的交往，既具有一般人际交往所应有的要素与功能，又不同于一般交往在相对固定的环境中进行。在与家长沟通的过程中，教师既要表现出强烈的责任感，也要注意拓宽沟通的正常渠道，从而达到最佳效果。有以下几个可供参考的方式。

1. 家访

家访是班主任了解学生成长环境的重要途径，也是查找学生问题行为原因的重要手段。学生的行为总是带有家庭的印记。为了实现学校和家庭教育的有效配合，应当有计划、有步骤地对学生家长进行访谈。

根据目的不同，家庭访谈可分为了解性家访、专题性家访、沟通性家访三种类型。了解性家访的任务主要是了解学生、家庭、家长等的基本情况。专题性家访是对少数学生的特殊问题采取的有针对性的家访，适用于有特殊表现或问题的学生，内容主要是向家长报告其子女的特殊表现或问题，商讨共同教育的方式方法。沟通性家访旨在与家长交换信息、增进感情，以取得家长的良好配合，适用于因学校、家庭彼此不了解而产生误解或分歧，造成配合欠佳的少数家庭。

2. 家长会

家长会是邀请家长配合学校教育的重要方式，是班主任广泛联系家长，与家长交流沟通，解决班级普遍性或专题性问题的重要途径。家长会一般由学校发起，班主任组织，在学期初、学期中、学期末举行，可邀请全体或部分家长参加。

根据会议的内容不同，家长会可以采取以下几种形式：①教师报告式；②经验交流式；③学习成果晨览或学习成绩汇报式；④家长—老师恳谈式。

为了更好地调动和发挥家长在学生教育中的作用，有条件的还可以组织成立家长委员会。根据工作需要，在适当的时候召开家长委员会会议。

3. 书面交流、电话交流、网络平台交流

书面交流、电话交流、网络平台交流也是教师与家长常用的沟通方式，其中教师与家长的书面交流包括书信、通知、联络簿、考卷或成绩单等。不论采取哪种方式，教师都需要注意自己的沟通态度与沟通方式的适用程度，并做好沟通前的准备工作，进而提高沟通的效率。

(三) 教师在与家长交往沟通中应注意的问题

1. 在交往中传递信任

教师要与家长携手共进，首先要打破传统的尊卑观念，从教育的新视角来理解、分析教师与学生家长的平等地位，从而认识家庭教育的重要性，并将这个观点在交往过程中渗透给家长，使他们直接感受到教师对其教育子女能力的信任以及他们的配合在孩子成长中的重要作用，这样便于调动家长参与教育的积极性。但在整个工作的过程中，要注意两个问题：一是不要过分依赖家长，貌似"充分信任"，其实是典型的矛盾转移，推卸责任；二是要在信任家长的同时，冷静地思考家长所反映的信息，排除部分家长因心情或期望值过高而出现的极端情绪干扰。

2. 在沟通中展示真诚

教师的真诚在与家长交往中是任何其他方式所无法代替的。因此，教师在与家长的沟通过程中，无论是处理问题的方式还是交往中的说话方式，都要努力使家长感受到真诚及从中渗透着的帮助孩子健康成长的良好愿望。这样会有助于激发家长的合作意识，双方共同努力，为孩子创造广阔的发展空间。

教师在与家长沟通中，要语言中显真诚，在处事中见真情。教师与家长沟通，要特别注意说话方式，既要坚持原则，不失教育工作者的身份，又要讲究说话艺术，在语言交流中显真情，努力营造温馨的"一家人"氛围。比如谈话时多用"咱"，少用"你"；多用"您看"，少用"我觉得"；即使是对缺点突出、甚至严重违纪学生的家长，教师也要注意保持自己的风度和语言修养。当与这些家长面面相视时，开始的谈话要采取委婉的方式，从采取围绕中心但又相对开放的问题开始，以避免"单刀直入"的询问方式所引起的尴尬、紧张局面。这样做的结果是使家长减轻心理压力，在亲切、自然的谈话中缩小双方的距离，自然会主动配合、真诚而积极合作。事实证明：注意教师的语言艺术，真诚对待家长，才能充分调动家庭教育的内在潜能，真正形成教育力量的整合，使教育收到事半功倍的效果。

3. 教师把住道德关，不谋取私利

教育是用心灵去塑造心灵的工作，是一项帮助无知、幼稚的生命走向成熟，提高生命价值的事业。任何一点失职都有可能直接影响到学生的成长与发展。而教师在与家长交往中的所作所为，从某种意义上说，更能够进入学生的内心世界，作用会更大。所以，教师要以对学生高度负责的精神与家长交往，时刻提醒自己恪守教师的职业道德，保持交往关系的纯洁性，展现教师的人格尊严与人格魅力。只有这样，家长才会信任教师，才能形成教育合力。教师既不能利用家长的关系谋取个人私利，也不能被动接受家长的礼物，而是要态度明朗但又不失礼貌地婉拒。要向家长讲明老师与学生之间的纯真感情是建立在相互激励，帮助学生在学业、思想各个方面不断进步的基础上；教师与学生家长之间关系的建立又是以培养青少年茁壮成长为共同目标。任何与这一目标不相符合的因素都会使本来纯洁的关系失去其影响力。

四、教育学生尊重家长

教育学生尊敬家长，是搞好家庭教育的重要环节。大量教育事例表明：家庭教育的氛围对孩子发展的影响关系重大，而孩子只有尊重家长、理解家长的一片真心，或者说，家长在孩子心目中享有很高的威信，才可能有成功的家庭教育。因此，教师有责任教育学生尊重家长，帮助家庭营造良好的家教氛围。所以，教育学生尊重家长，就成为对教师尤其是对班主任老师的一种要求。培养学生尊重家长的方式很多，通过邀请家长参与教育、教学管理以及各种活动是切实可行的好方法。

（一）通过多种类型教育，要求学生尊重家长

教师通过思想道德教育、传统文化教育、学科教育及各类活动等多种类型的教育形式与内容，教育学生尊重家长的思想，使学生了解并发扬中华民族尊老爱幼的优秀品质，在日常生活中学会关心尊重家长、理解信任家长，共同创造和谐的发展空间。在帮助学生的同时，教师还要有意识地做好一部分家长的工作，随时提醒这些家长，要让孩子尊重自己，自己就必须是孩子值得尊重的榜样，一言一行都要给孩子以正确的示范。这样才能赢得孩子的信任与敬重，这也是家庭教育能够成功的基础。

（二）创造机会为家长树立威信

每一个学生的心灵深处都隐藏着一种情感：希望自己的家长能力和水平高于他人。在学校教育中创造机会满足他们的这种心理需求，是帮助家长树立威信的好时机。教育学生尊敬家长，就是帮助、启发他们认识和发现家长身上的优秀品质，使学生产生一种自豪感——为自己父母有如此值得尊敬的品质而自豪。

在教学中，我们曾遇到这样一件事：在一场别开生面的主题活动"献给母亲的爱"的班会中，甚至对自己的妈妈流露出"看不起"神情的他，聆听了妈妈充满真情的发言，心底油然而生的敬意使他对自己以前的所作所为产生了强烈的自责，从根本上扭转了以往对妈妈的态度。在后来他写

的一篇题为"我为妈妈自豪"的作文中，大家读出了这位同学的心声。

（三）通过工作，缩短孩子与家长的心理距离

学生与家长之间，由于年龄的差别、时代的变化、所接受教育的不同，生活条件有异，子女与父母之间在某些方面存在代沟是很正常的。关键的问题是要能够彼此理解和沟通。作为教师，还要通过教学与活动等各种方式，促进学生对家长的理解，增进其感情，以利于相互之间的沟通。只要教师认真去做疏导工作，加上高超的教育艺术，是会获得成功的。

（四）开展活动，使家长展示才华

教育教学离不开家长的支持与合作。作为教师，可以有意识、有目的、有计划地邀请家长参与相关的教育教学活动。一方面，可以对学校的教育、教学工作起到监督作用；另一方面，又是家长展示自己才华的机会。例如，邀请家长参加公开的听评课活动，组织学生到博物馆参观，请有专业特长的家长进行讲解，以展示他们的优势所在，请家长参加班级组织的一些大型集体活动，使不同家长的不同才华得以充分地体现出来，也使学生受到鼓舞，并由此产生佩服和信服之心。此外，结合学生的学习，可以请家长为学生举办不同领域的知识讲座，以扩大学生的知识面和兴趣面，也为孩子更全面地了解家长提供帮助。

培养、教育青少年成长的共同任务和目标使教师与家长之间产生了合作关系，要使这种关系不断地得到和谐发展，需要教师付出很多。这既是职业道德的要求，也是学生成长的需要。只要教师本着尊重、理解、信任的态度真诚地对待家长，同时注意掌握沟通的艺术，就能够达到合作的成功，给孩子创造最佳的发展环境。

【思考题】

1. 如何理解师生关系？结合教育教学实际谈谈建立良好师生关系的重要意义。

2. 试述良好师生关系建立的基本原则。

3. 在教育教学过程中，教师如何做到了解学生与尊重学生？

4. 教师为做到严格要求学生需注意哪些问题？

5. 简述教师团结协作的重要意义。

6. 教师处理同事之间关系的基本道德要求有哪些？如何理解？

7. 教师在建设与家长良好关系时，应如何体现教师职业道德？

8. 教师在教育学生尊重家长的过程中，可以创设哪些教育情境？

第六章 师德修养与教师专业成长

【学习目标】

1. 掌握教师职业道德形成的过程。
2. 理解教师职业道德提升的各种途径及要求。
3. 理解师德修养与教师专业成长的内在联系。
4. 掌握提升师德修养境界的途径与方法。

国家振兴，以教育为本；教育振兴，以教师为本。正如习近平总书记同北京师范大学师生代表座谈时所指出，"教师重要，就在于教师的工作是塑造灵魂、塑造生命、塑造人的工作。一个人遇到好老师是人生的幸运，一个学校拥有好老师是学校的光荣，一个民族源源不断涌现出一批又一批好老师则是民族的希望。"我国经济在历经改革开放三十多年的快速发展后，能否持续发展，也依赖于教育这一国家基础工程。毫无疑问，教育在实现中华民族伟大复兴的"中国梦"，以及整个社会的和谐发展方面起到至关重要的作用。教师也由此背负着义不容辞的神圣使命。

有位名人说过，教师的高尚不在于他培养了多少科学家、艺术家，而在于他的细微之处，以高尚的师德影响人、培育人。造就具有创新的新一代，是历史赋予他们的神圣使命。事实上，教师的专业水平和道德面貌如何，能否为人师表，直接关系到教育事业的发展和人才培养的质量。为此，探讨教师职业道德形成的规律，寻找提升师德修养的途径和方法，有着极为重要的现实意义。

第一节　教师职业道德形成与发展的基本规律

心理学的研究表明，个体道德的发展是一个从他律到自律的过程。职业道德的形成也不例外，也存在一个由他律到自律的过程。当今的中国社会，正在经历着从传统社会向现代社会的转型。伴随着体制转轨，中国人的道德也经历了巨大的改变。计划体制下那种忽略个人主体地位和个人权益的道德原则正淡出历史舞台，道德的价值本位正悄然由以往的集体回归到独立的个体，这无疑是历史的进步。原因在于：一方面，它契合了社会转型的需要，内含着打破旧体制和建立新体制的力量；另一方面，它还引发了道德的回归，让道德重新成为每个人"内心法则"，为道德贴近生活、贴近大众，发挥其整合社会秩序的作用奠定了基础。

教育作为一个特殊领域，历来被视为整个社会的一个道德的"制高点"。处于道德的"制高点"的教师，自然也被社会寄予了较高的道德要求。因此，"学高为师、德高为范"的基本素养要求，成为新中国成立以后我国各级师范教育最基本的伦理价值导向。即便是在当下，我国处于传统的计划体制向社会主义市场经济体制转型的过渡时期，无论道德体系如何转换，教师道德对整个社会道德风尚的引领仍然是整个社会道德建设始终坚守的一个道德"标杆"。正因为如此，新中国成立以来广大教师坚守学为人师、行为世范的原则，为我国教育事业的发展做出了重要贡献，也为教师群体赢得了全社会的广泛赞誉和普遍尊重。

但是，我们也应该清醒地看到，在市场经济和对外开放的大环境下，教师的师德建设还存在一些突出问题。比如，部分教师课堂教学敬业精神不够，却热衷于课外的有偿家教；部分教师出现了学术不端行为，学术风气浮躁、学术道德腐败。又如，一些教师的"育人"观念薄弱，课堂上什么"该讲""不该讲"界限模糊，消解了尊师重教的道德传统。这些问题的存在，虽然不是主流，但是对整个教育事业的健康发展产生了持续性的负面影响，削弱了教师作为社会风尚引领者的角色地位，损害了学校的声誉。因此，必须对这些现象予以高度重视，并采取切实措施予以解决。

不可否认，市场经济本身也对一些传统道德提出了挑战。市场经济就是交易行为的普遍化，按照亚里士多德的观点，交易行为的产生是源于个体间的相互需求，而"互惠"是维持正常交易秩序的基本道德标准，否则交易行为就难以为继。现代经济伦理学把这种交易中的互惠行为称为"契约伦理"，并且认为这种契约伦理不单单适用于交易，它"对任何一种人类合作行为都有指导意义"。因为它"体现了处理社会中人与人之间关系所应遵循的最基本的准则，即利益对等均衡的准则"①。这就是说，市场经济所需要的道德，不过是人类一切合作关系中平等交往原则的具体体现。站在教师的角度，传统师德所倡导的"燃烧自己，照亮他人"的"蜡烛精神"，强调的只是教师的无私奉献和自我牺牲精神，缺少对教师全方位的物质关怀和精神上、事业上的成全，单方面的付出易导致教师较为普遍的道德疲惫感和精神上的压抑。

一、教师职业道德的形成过程

教师的道德修养和道德品质的形成，同其他事物的发展一样，有其内在的规律性。从品德心理学的角度看，教师职业道德的形成也是一个知、情、意、行的培养过程。为此，教师职业道德品质的培养也需要从道德观念、道德情感、道德意志、道德信念、道德行为和道德习惯几方面入手，进行全面培养和提升。

(一) 增强教师职业道德观念

教师在道德修养过程中，要理解和掌握教师道德的基本原则和道德规范，提高道德认识。为此，学校领导、各级教育行政部门，应该加强对教师进行教师职业道德基本常识和基本理论的教育，使教师懂得自己哪些行为符合教师职业道德，哪些行为违背教师职业道德，这样就能首先在思想认识上构筑起一条道德防线，为教师教育教学行为的合道德性奠定思想基础。

(二) 陶冶教师职业道德情感

教师职业道德情感是关于教师在教育教学过程中的言行举止，是否符合职业道德规范而产生的情绪体验。作为教师，应该有高尚的职业道德，这就需要教师不断陶冶自己的道德情感，使自己对善与美的认识具有价值认同感，并且稳定而持久。

---

① 甘绍平. 伦理智慧. 北京：中国发展出版社，2000：50～51.

（三）磨砺教师职业道德意志

教师职业道德意志是教师在道德修养实践中克服困难的一种力量。例如，教师要培养治学严谨的品格，就必须有一种顽强的意志。教师为了解释一个词，弄清一个典故的来龙去脉，证明一道数学题，往往需要牺牲大量的休息时间，甚至是通宵达旦。如果没有顽强的意志力是做不到的。正是在这样的实践中，教师的道德意志得到磨砺，也由此培养了教师良好的职业道德品格。

（四）坚定教师职业道德信念

教师在职业道德修养中有了坚定的道德信念，就使教师的道德行为表现出坚定性和一贯性。教师的职业信念一旦确立，其道德行为和道德观念的一致性就不可动摇。例如，一个教师树立了献身教育事业的坚定信念，不管遇到多大的困难，他就能勇往直前。斯霞、霍懋征、魏书生等无数优秀教师，无一例外都是如此。

（五）培养良好的道德行为和道德习惯

教师在教育教学活动中的道德行为，是评价教师道德品质好坏的重要标志。思想支配行动，行动反映思想。教师的道德行为是教师的道德观念、道德情感、道德意志和道德信念支配下采取的行动。教师在职业道德修养中有良好的道德行为，经过反复实践，就会变为不需要任何意志力和监督力的自觉行为，久而久之，就形成了教师良好的道德习惯。从道德观念到道德行为，再形成道德习惯，是教师职业道德修养形成的全过程。

综上所述，教师职业道德形成过程中有教师职业道德观念、教师职业道德情感、教师职业道德意志、教师职业道德信念、教师职业道德行为习惯诸要素。它们是相互联系、相互促进、相互作用的。所以，教师必须在教育教学实践中，努力提高道德认识，陶冶道德情感，磨炼道德意志，坚定道德信念，养成良好的道德行为和道德习惯，并且充分发挥诸因素在职业道德品质形成过程中的相互作用。只有这样，教师才能在实践工作中达成崇高的教师职业道德，表现出高尚的职业道德品质。

二、教师职业道德发展的阶段

总体上，教师职业道德主要是随着教师职业实践的深入展开而不断地形成与发展的。从教师的专业成长历程看，一般来说，可以分为三个阶段。

（一）职前教育

职前教育的目标主要在于使教师成为合格公民——一个有良好道德修

养的人，这是保证教师职业道德的底线达标，即先为人，后为师。教师职业道德是社会道德的重要组成部分，是道德在教师职业领域中的特殊表现。在教师职业道德的发展中，道德总为各种师德规范的确立提供合理性论证和有力的证据，是职业道德得以很好地确立和发展的基础。

（二）职业实践

职业实践是教师职业道德养成的根本保证。教师在上好每一节课或在带好每一个班的过程中，需要讲求教育教学的科学性，同时需要探索其间的艺术性。在整个教育教学活动过程中，教师总要面对各种各样的复杂问题。在解决各类问题的过程中，教师总被要求与现在有所不同（不断创新），即要超越昨天、超越自我。由此，教师需要不断提升自己的专业素养，在实践中不断践行职业道德规范，提升职业道德水准。

具体地说，教师在职业实践中应充分利用各种路径，并将之有机综合，才能有效提升职业道德水平，成为德行教师。教育实践包括基本的教学工作、德育工作（班主任工作、少先队团工作）、学校管理工作、进修学习与继续教育工作等。

（三）终身追求

教师在职业生涯中，要进入为师最高境界，必须志存高远，终身学习，持续发展。只有这样，教师才能保持强劲的动力和充沛的活力，达成"学为人师，行为世范"。当然，教师追求职业理想也是无止境的，但教师必须不断努力，力求成为理性的典范、道德的楷模、文化的权威。

教师需善于思考和自主学习，自觉从各方面不断总结提高自己，这是任何他人不可替代的。此外，教师需要在面对学生、教育教学工作时获得成就体验，产生崇高感，享受其内在的尊严与欢乐。否则，教师容易产生职业倦怠心理，缺乏追求职业理想的持续动力。

三、教师职业道德修养的基本原则

教师职业道德修养的过程实质上是一个多因素、多矛盾相互交织、相互作用的运动过程。在这一过程中，每一教师要实现自身道德品质从无到有、从低到高的转变，就必须注意把握和坚持如下基本原则。

（一）坚持知和行的统一

知，即对教师道德的认识及其在这一基础上所形成的观念等，这是师德修养的前提。行，即行为，也就是教师把职业道德的理论认识付诸行动，这是师德修养的目的。

在教师职业道德修养中，知和行是统一的。一个教师如果缺乏必要的道德知识，连起码的善恶是非也分不清，不知道哪些言行与自身职业相符合，哪些言行与自身职业相违背，是不可能形成正确师德观念的。而学习了师德理论也并不能说明他具备了某种道德品质，如果只学不用，只说不做或者言行不一、说得冠冕堂皇，也只能是徒有其名，培养高尚的师德品行只是一句空话。

坚持知和行统一的原则，就是要把学习道德理论、提高道德认识同自己的行动统一起来，使理论与实践相结合。教师的师德观念不是自发产生的。教师只有掌握了科学的世界观、人生观、教育学、心理学、文学、伦理学、美学知识和教师职业道德的基本常识、基本原理，懂得了什么是善，什么是恶，什么是美，什么是丑，什么是高尚的行为，什么是卑劣的行为，什么是人民教师应当具备的职业道德品质，为什么应当具备这些道德品质等，才能提高对师德的认识，形成师德观念，为师德修养提供科学的理论指导。因此，教师首先要不断学习道德理论，从而不断激发出道德情感，增强自身的道德意志和信念，为形成道德品质打下基础。实践证明，教师关于道德修养的理论越正确、越全面、越深刻，按照道德原则和规范去行动的自觉性才会越强。同时教师又要努力去实践道德理论，用道德去规范自己的行动。夸美纽斯说："道德的实现是由行动，而不是由文字。"张载也曾指出："若要成德，须是速行之。"这就是说，道德知识必须付诸实际行动，转化为道德行为。事实上，教师的道德风貌、道德水平的高低主要是由他们的行为实践表现出来的。因此，教师在师德修养过程中更要注重品德实践，注重行，自觉培养道德行为习惯，真正成为道德的高尚者。总之，只有坚持知和行的统一，才能真正提高师德修养。

（二）坚持动机和效果的统一

所谓动机，就是趋向于一定目的的主观意向和愿望。它是意识到了的行为动因，即激励人们行动的主观原因。所谓效果，就是人们行动所产生的客观结果和后果，它是人的行为的客观记录。

动机和效果是人的行为的互为存在、互为转化的两个要素。动机是人的行为的思想动力。离开动机，就不会有行为的发生，也就谈不上什么效果。效果反映一定动机，动机本身就包含着对一定效果的追求并指导行为达到一定的效果。动机体现在效果之中，并通过效果去检验。动机作为主观东西，只有转化为效果才实现了作用，否则动机就成了一种毫无意义的空想或假想。效果又是不断产生新的动机的基础。

教师职业道德的修养过程同样是动机和效果相互依存、相互转化的过程。教师职业道德修养的动机来自对社会、对职业、对学生所负的责任；来自对师德修养意义和作用的理解。作为教师只有时时意识到自己的职业对象是活生生的人；不仅担负着向下一代传授科学文化知识的重任，而且负有向学生进行思想品德教育的职责；自身道德素质直接影响到学生的素质、影响别人的素质……当教师把这些认识和理解转化为自己的迫切需要和强烈欲望时，就形成了加强师德修养的内在动机。教师要真正担负起为人师表、教书育人的职责还必须把这些内在动机转化为行动，用教师道德的基本原则规范自己的言行，运用于自己的工作和生活的实践中，以提高实际效果。

坚持动机和效果的统一，要求教师不断进行道德理论和知识的学习，加深对师德修养意义和作用的理解，不断增强修养的动力；同时要善于通过各种方式把良好的道德动机转化为客观的、外在的、现实的实际行动。在动机和效果的统一上实现师德境界的升华，既重视动机，又重视效果，才不会成为"说话的巨人，行动的矮子"。在动机和效果的统一上对自己提出比较全面的要求，是师德修养中必须坚持的。

（三）坚持自律和他律的结合

所谓自律，是指自我控制，是教师依靠发自内心的信念对自己教育行为的选择和调节。所谓他律，就是指外部凭借奖惩以及各种制度规范等手段对行为进行的调节和控制。

自律和他律的关系，实质上就是内因和外因的关系。在师德修养中，教师自身的内因——内心信念是起决定作用的因素。一个教师只有真正懂得了师德要求的重要性，只有发自内心地对人民教师道德义务的真诚信服和具有强烈的责任感，才会在教育实践中恪守人民教师的道德要求，并会由于自己在教育活动中履行了某种道德义务而感到一种精神上的愉悦和满足，形成一种信念和意志，在今后的教育工作中坚持这种行为。有了内在的师德信念，教师一旦发现自己的行为不合乎师德要求，即使没有受到别人的指责和舆论的批评，也会受到自己"良心"的责备，感到羞愧不安，促使对自己的行为做出自我批评，从而尽力避免今后再发生类似的事，纠正错误的行为。因此，内心信念——自律是师德修养的内在基础，是任何其他力量都不能代替的。尽管师德修养的内心信念是从教师内心发生的道德观念、道德情感和道德意志的统一体，但是这种内心信念不是自发形成的。而是教师在长期的教育实践中，在职业道德修养中有效地运用外部力量——他律形式，强化教师的道德意识，督促其坚持道德行为。

总之，既要用外在因素对教师进行自我约束，又必须发挥其主观能动性，做到自律和他律的结合。

（四）坚持个人和社会的结合

个人是指具有一定身体素质、思想道德和文化素质以及某种个性和特殊利益的社会一分子。社会是指以生产劳动为基础，按照各种社会关系结合在一起的人类生活共同体。社会中的每一个人都占有一席之地，都在以他的思想、道德、所作所为影响、作用于社会。

在教师职业道德修养中，个人与社会同样是相互作用的。教师职业道德修养首先是一种自觉意志的行为过程，是教师个体清楚意识到各种利益关系，遵循一定的道德准则，凭借自觉意志控制和处理感情和行为的结果，是教师个人自觉意志的凝结。同时，教师职业道德修养的每一步又都离不开社会，离不开社会舆论的评价和监督。社会在道德上对教师提出了很高的要求，这就为教师进行师德修养提供了外在的动力和努力方向。社会也通过教育实践为教师提供了师德修养的场所、机遇，有利于教师在精神上达到积极进取、美好和谐的境界，在事业中真正发挥个人的聪明才智，取得成就……在这个过程中，离开社会，教师修养就没有方向，就无法体现；而离开个人，社会提出的师德要求就没有接受者，没有践行者，也就会落空。因此，在教师职业道德修养过程中要把个人与社会结合起来，把自我价值与社会价值结合起来。教师个人要了解社会，研究社会，以社会需要为目的，用社会对教师道德的要求检点自己，提高认识，付诸行动，在为社会做贡献的过程中塑造自身人格，实现自身价值。社会要尊重教师的身份和地位，给每个教师提供道德行为选择的客观基础，并通过好的环境、舆论、评价等方式促使教师道德品质的升华，达到崭新的道德境界。

（五）坚持继承和创新的结合

师德并不是一成不变的，它是随着社会经济关系的发展而不断变化的。在进行师德修养中，创新与继承必须同行。必须在当代社会主义经济政治的基础上，在新的教育实践中，借鉴传统的优秀师德，重建新的更高的社会主义师德。社会主义教育事业是不同于以往旧教育的崭新事业，教师处于新的社会环境中，肩负着新的历史使命，会不断地遇到和提出新的问题，师德修养也就不能停留在一个水平上，而要不断创新。要对社会主义条件下教师职业活动中的利益关系、道德关系和行为规律加以认识，要保证教师工作的原则方向，实现教师对社会发展人类文明所担负的使命，就必须创造出新一代的师德规范体系和内容。

　　总之，师德修养中既要继承和发扬传统师德，又要根据时代这一新的社会环境和客观条件有所创新，才能在师德修养上达到一定的高度，登上一个又一个高峰。

第二节　师德职前培养常用的方式与方法

　　师范院校担负着培养师资队伍的重要任务。师范生是未来的人类灵魂的工程师，他们不仅要具备广博的专业知识，而且要有良好的道德品质、较高的道德境界。师范院校的德育工作，不仅影响师范生本人的发展，还将影响其未来学生的健康成长。而德育方法作为德育实践活动的中介和桥梁，是提升德育科学性和实践性的关键因素。因此，师范院校必须重视培育学生的师德，通过各种途径和方法培养师范生具有初步的职业道德。

　　师范院校培育学生师德，主要有三个途径和方法。

　　(一) 课程

　　课程是师范院校的师范生在职前进行师德教育、列入课程编制计划中的实体内容。任何专业的人才培养方案中，都会围绕培养目标设置一系列的课程。主要通过课堂教学的组织形式，系统地向师范生传授学科教学内容。也就是说，课程在这里专指学科课程，作为活动的相对概念。课程连同它的操作载体——学科教学一起，成为包括师范院校对未来教师的师德进行职前培训的基本途径和方法。

　　课程作为师德教育的基本方法，它的优势在于能够把一般的道德原理和师德规范有机又有效地联合起来。教学内容的系统性、计划而有规模的教学，集中而又方便的时间条件，都是课程方法的基本特点和优势。

　　为了增强课程在师德培育中的实效，第一，应将课程设置的出发点落到现实基础上，正视人性和环境对社会道德和师范生个体道德的影响。具体地说，应把培养理想德性人的师德培育目标变成培养有道德判断力的自主性个体，提倡和鼓励师德高尚，但也允许合乎道德底线的存在，毕竟师范生也是存有缺点的有待不断完善的自然人。第二，坚持道德培育课程内容的阶梯化和现实化。也就是说，教师和师范生首先是人，是公民，然后才是教师。相应地，德育的层次性也应如此。首先是公民化的社会公德，然后是现实人的一般道德，最后才是为人师者的师德。这就要求师德培育课程内容应从师范生和教师的生活入手，即承认教师职业首先是教师的谋生手段，然后才是奉献社会的职业，消除师范生因职业选择带来的道德负担，使职业理想和良好师德的培育成为可能。

教师作为师德培育课程的具体实施者，在与学生交往的过程中，人格平等、合理交往、有效交流是沟通的前提条件。因此，教师应采用平等、亲和的态度进行教学，切实考虑学生的身心发展特点和内心需要，建立以学生为中心的服务心态，进行民主化教学。

（二）活动

在师范院校的道德教育中，活动是指具有道德育意义或功能的个人或群体的外部活动。具体地说，就是在师德培育过程中，由师范生自主参与的，以其兴趣和道德需要为基础的，以促进师范生个体德行发展为目的的、现实的社会实践交往活动。[①] 这里的活动范围或类型包括学生主动参与的游戏、劳动、学生之间的外部协作和见习、实习等其他集体性活动。这样的活动具有重要的道德发展和道德教育功能。而且，活动从一定程度上弥补了课程师德培育所带来的不足，对改变单纯的道德说理的师德培育模式极具价值。此外，活动方法强调师范生通过积极的自我参与进行自我感知，不把学生的视线囿于课堂或学校内部的生活，在把师范生勇敢地推向社会的同时，也把丰富生动的社会生活通过活动的方式纳入师德培育计划之中，有效提升师德教育的实效性。

师范院校的目标是培养合乎社会期望的人民教师，师德要求起点较高，常规活动是师德培育不可缺少的重要环节。师范院校开展的各项师德教育活动，都应当具有自主性、开放性、互动性、实践性等特点，以诸如教师职业道德知识竞赛、《教师法》讲座、优秀教师事迹报告会、见习实习前的动员等形式，强化师范生的职业信念和对崇高师德信念的坚守，引导师范生努力提升自己的道德修养。在此基础上，师范院校要为师范生的成长积极提供与社会各层面接触的机会，使学生在实际参与社会道德的改革中尽量地适应社会。如保证师范生的见习实习时间、社会调查时间；允许学生闲暇时间从事社会工作；把现实问题引入校园，等等，帮助师范生掌握社会的道德全景，自觉进行道德践履。

（三）情境

情境是指情景、气氛和境地。从师德培育角度而言，情境特指具有文化品质、艺术品质和性情陶冶功能的情景和境地。

---

① 傅维利. 教师职业道德教育指南. 北京：高等教育出版社，2002：115.

情境方式主要包括三种类型：一是情感色彩浓烈的活动情境，如英雄人物事迹报告、先进表彰会等；二是感染力强的艺术情境，如电影、录像、主题文艺演出等活动；三是指校园的文化和生活情境。情境是一种综合性的道德教育气氛。亲切感人的语言，形象直观的道具，优雅唯美的校园环境，和谐的人际关系，亲临其境的感受等，都能营造出引起学生情感共鸣的德育情境。

师范院校良好德育氛围的营造，主要通过三方面的途径：一是加强校园文化情境的管理。师范院校要注重把情境教育和制度教育结合起来，以必要的制度引导学生自治，为师德教育提供良好的发生地。二是充分利用艺术情境和活动情境的教育价值，把身教、言教与情境教育有机结合起来。如配合教师职业道德的理论讲授，可以组织学生集体观看一些经典的优秀影片或录像，如《乡村女教师》《非常教师》《放牛班的春天》等，看后现场讨论，师生互动，教师适当引导教育。这种运用艺术情境感染学生的方式，可以起到陶冶学生性情的教育功能，能够使学生潜移默化地把师德规范的内容融入内心。三是提倡小以养德的风范。良好的行为习惯是日后师德得以健康发展的路径依赖，师德教育要从一点一滴做起，"勿以善小而不为，勿以恶小而为之"。小事虽小，其影响却是长久而持续的。

总之，师范院校对学生师德的培育任重而道远。身为师范院校的老师，不仅要以身作则，为人师表，将师德教育放在重要位置；同时还要掌握正确的师德培育方法，并不断增强技能，提高效率，努力促使师范生形成高尚的师德品格。

第三节　师德境界提升与教师专业成长

成为一名光荣的人民教师，是一件了不起的事情。一方面，就目前来说，能够成为一名教师，需要有大专以上学历，这意味着他们在中小学阶段必须通过中考、高考的层层选拔；同时还意味着他们已经通过国家的教师资格考试及教师录用的公开招聘考试，具有良好的教育基础和综合素质。因此，每一个成为教师的人都有理由感到高兴和自豪。另一方面，一旦成为教师队伍中的一员，首先要珍惜这来之不易的机会，把热爱教师工作放在第一位。同时，坚持终身学习，不断提升自己的职业道德品质和业务能力，方能无愧于教师这一崇高的职业。

一、师德的三重境界

哲学家冯友兰先生在他的美学著作中把人的境界分为四种：一是自然境界；二是功利境界；三是道德境界；四是天地境界。在最初境界，人和其他动物的生活要求是一样的，只是为了最基本的"活"，没有过多的要求。而当思想活跃到一定阶段，就有了要"活"的更满足的要求，从而产生了占有欲望，变得十分功利。当社会发展到高级阶段，一些哲人出现，用一些"学说"教化引导大众克服单纯的利己私欲，以谋求生活的质量，这些学说慢慢演变成多数人愿意接受的"道德"规范，而对另一些人可能形成束缚。而"天地境界"则完全依靠个人内修提高，达到一种理想王国，是未受他人"教化"的自然结果。当然，人要达到这种境界很难。因为人是社会的一员，必然要受到社会各种因素的影响和制约，为了生存，有时不得不屈从于"功利""道德"的某些规则，所以，从古至今，能达到"天地境界"的人屈指可数。

其实，冯友兰先生所讲的人生的境界，也可以反映在职业生活中，如做教师也有不同的境界。

（一）师德的第一重境界：教师是一种职业

将教师当成一种职业，即谋生的手段，没有什么过错，属于正常的职业谋划和就业选择。敬业作为中国传统道德规范之一，是一种最基本的职业道德，教师也不例外。教师要"敬事而信""敬业乐群"。教师敬业，就必须潜心研究业务，在自己的工作岗位上勤勤恳恳，认真备课、上课、批改作业、辅导学生、教育学生。从事教师这个职业，也许收入微薄，待遇不高。但是，既然选择了这个职业，就应该耐得住寂寞，受得了清贫，看到商人大把数钱时不眼红，看到明星受追捧和崇拜时不发烧。既然干了这一行，就要尊重自己的选择。在教师这个岗位上，只要努力了，坚持住了，也就锻炼了职业能力，积累了远见卓识。正所谓"昨夜西风凋碧树，独上高楼，望尽天涯路"。选择教师这一职业，淡泊明志，宁静致远。

（二）师德的第二重境界：教师是一种理想

有一个深刻而形象的比喻：学生是淘气的天使，翅膀折断了掉到地上，他们本属于天堂，所以终究要回归天堂。学生是天使，那么教师就是为天使缝补翅膀的人。这一比喻的深刻意义在于，天使是尊贵的，是不容轻视和怠慢的，而能够为天使缝补翅膀，当然是十分幸运的，也是非常受人景仰的。说学生是天使，这个比喻并非玄虚，学生是父母的希望天使，是社会的未来天使，是老师的理想天使。

教师是教给学生知识、指导学生人生的人，担负着为国家和社会培养有用人才的责任。教师把教书育人当成实现自己人生理想、人生价值的有效途径，不仅要做到以才育才，还要做到以德育德，以情动情，以行导行，树立良好的为人师表的形象和师德威信，只有这样，才能得到学生的敬仰和信任。

达到理想境界的教师，必定善于学习新知识。勤于探索规律，勇于发现真理，为学生倾尽心力，为实现理想而孜孜不倦。"衣带渐宽终不悔，为伊消得人憔悴"，憔悴为伊人，伊人乃学生。教师的理想，要在学生身上实现。这种理想的师德境界，是一种自觉的状态，是主动的行为，没有强迫，没有无奈，所以才终生不悔。

[案例分享]

教育家魏书生的申请书

我再一次怀着十分恳切的心情，请求组织批准自己去做一名教师。

看到各行各业特别是教育战线在党的领导下走向大治的喜人局面，自己却没有机会献上一份力气，心里像有一团火一样熊熊燃烧。我无比焦急地请求领导能体谅到自己的心情，批准自己的申请。只要是教书，不管是到农村一般学校，还是到更困难的偏僻山区的学校，我都会踏踏实实、勤勤恳恳、满腔热情地去干。

进厂六年的两千多个日日夜夜中，我对学校的深深眷恋之情，是一天也没有中断过的，即使在"四害"把教师地位压到最低点的时候，我还是以极其美慕的心情衷心向往着这个职业。为着有一天实现自己美好愿望的时候，把教师工作做得好一些，我日复一日、年复一年地钻研有关教育的知识，常学到食不甘味、寝不安席的地步。即使身患重病，也还是不愿间断，为此而度过的不眠之夜是难以计数的。

两千多天中，我向各级领导恳切地提出做教师的申请至少有150次之多。几乎每一个同志，特别是朋友和亲人，都耳闻目睹到我对教育火一样的热情，对学生源自内心的关心……

魏书生递交这张申请是在1997年9月，是在他被确定为厂级领导接班人有望走上仕途以后，那时的教师地位与现在不可同日而语。现在虽说教师职业还没有成为"太阳底下最光辉的职业"，教师也还远没有成为"太阳底下最受美慕的人"，但在重点中学里大学本科毕业的教师优化组合下来后被安排去看自行车棚毫无怨言、等待上岗的人却大有人在。为什么？因为教师有稳定的工作，稳定的收入，但魏书生递交申请的时候恰是"宁挣三斗糠，不当孩子王""好好干，我让你去当售货员"，教师弃教他就每年还要有名额的年月。况且魏书生是以坚忍不拔的毅力口头、书面向领导提出申请多达150次，有人可能要问：魏书生是怎么啦？别人看不上、瞧不起的职业他为什么要反其道而行之？我们从魏书生走上教师岗位后的所作所为、所思所想中逐渐找到了答案。魏书生热爱教师这个平凡的职业，也常说自己是到地球上打工的，完事了便挥挥手向这个星球告别。这是一种超凡脱俗的境界。虽然他后来出了名，但他把自己看得与其他工匠无异，因而也就少了名的烦恼和拖累。他免费为上门求教的人寄资料、赠书籍，免费为学生购书，甚至自掏腰包到一些地方讲学、演讲，公家配的车他不坐，还处处对人说："骑自行车或跑着去开会自己是捡个便宜——锻炼身体。"这便是魏书生！

（三）师德的第三重境界：教育是一种艺术

作为师德的最高境界，教师的教育要有"润物细无声"的效果。教人求真，导人向善，言传身教，育人无痕。

有一则寓言，说铁棒和钥匙争着去打开挂在门上的坚实的大锁。身强力壮的铁棒抢先下手，费了九牛二虎之力仍无法将锁打开。而轮到钥匙时，只见它将瘦小的身子钻进锁孔，轻轻一转，大锁就开了。铁棒很不服气地说："我费了那么大的力气都打不开，而你却轻而易举地打开了，你该不会有什么魔法吧？"钥匙说："魔法？我没有。不过，我比你了解它的心。"师德要达到艺术的境界，首先要求教师与学生能够实现心灵的沟通与共鸣。教师要有开放的心态，要懂得尊重和关爱，要善于激励和鼓舞。教师要设法触及学生的情绪和意志领域，了解学生的情感和精神需求。要针对学生丰富多彩的内心世界和千差万别的个性特点，变"选择适合教育的学生"为"创造适合学生的教育"。将温暖的阳光照进学生的心灵，善于用"一把钥匙开一把锁"。

艺术的境界要求教师博采众长，及时总结教育教学经验，及时发现教育教学方法，能把最适合时代发展的教育艺术信手拈来，融入教育教学。让学生在快乐中学习，在艺术中享受，剔除写作之苦、运算之累、记忆之烦，在和谐愉悦的课堂气氛中汲取知识的芬芳。正所谓天道酬勤，有一分耕耘，必有一分收获。这种"众里寻她千百度，蓦然回首，那人却在灯火阑珊处"的艺术境界，是量变到质变的结果，是师德修养的厚积薄发。师德的艺术境界，是心中的喜悦，是人生的乐趣。师德的境界是高尚而神圣的，无论是艺术的境界、理想的境界，抑或是职业的境界。因为教师是在教书育人，是在缝补天使的翅膀，是在打开心灵之窗。

二、加强职业道德修养，努力提升师德境界

教师是学生的良师益友，是学生健康成长直接的指导者和引路人。教师良好的师德修养对学生的影响极大。为了不辱使命，教师必须加强自己的职业道德修养，终身学习，不断提升自身的道德修养境界。提升教师职业道德修养，在历史上有各式各样的方法。例如，儒家学派先提出的"内省""自讼""格讼""格物""致知""正心""诚意""躬行践履"等。在社会主义条件下，提升人民教师职业道德修养的方法尽管因人而异，但一般来说，有加强理论学习，注意内省，慎独，与教育实践相结合，虚心向他人学习，坚持不懈努力等。只有共同运用这些方法，教师职业道德修养的提升才能富有成效。

(一) 加强理论学习

人们从事改造客观世界的活动需要知识，这就必须学习。同样，人们改造主观世界，提高自己的道德水平，也需要学习。加强理论学习，是加强教师职业道德修养的必要方法。

1. 教师要认真学习理论，树立正确的世界观和人生观

不学习理论，就不可能科学地、全面地、深刻地认识社会，认识人与人之间的正确关系，因而也就不可能形成正确科学的人生观和世界观。从根本上说，一个教师高度的社会主义师德觉悟，正是以正确的世界观、人生观和革命理想为指导的。只有确立这样的科学的世界观、人生观，才能坚定不移地热爱社会主义祖国，热爱和献身人民教育事业，自觉地把个人生命意义、价值与人民教育事业紧紧地联系在一起，把教育和培养好学生，为教育事业做贡献，看作人生最大的幸福和快乐，才能矢志教育，义无反顾，以坚忍不拔的精神战胜前进道路上的一切困难，为人民教育事业而努力奋斗。

2. 应在理论学习中深刻理解教师道德规范和要求，明辨道德是非，提高遵守师德规范和要求的自觉性

教师道德的规范和要求，是社会道德在教师职业活动中的具体体现。它作为伦理的一个分支，从社会主义教育事业的根本利益出发，批判地继承了古今中外一切优良的师德传统，正确地回答了教师个人与他人、与集体、与国家之间的利益关系，具体地向教师表明了应该做什么，不应该做什么，什么是善的，什么是恶的，以保障教育事业的根本利益。要将师德

要求转化为教师个人的内心信念，需要教师有一个自觉学习、接受教育的过程。我们有的教师违背师德要求，常常不是有意的，而是对遵守师德规范和要求的必要性、重要性缺乏了解和认识引起的。因而，教师学习和掌握社会主义师德的基本知识是非常重要的。

3. 应当学习教育科学理论和丰富的科学文化知识，掌握教书育人的本领

教师学习教育科学理论，掌握教育规律，按教育规律办事，才能更好地完成教书育人的职责，这本身是教师职业道德规范的一个要求。同时，通过学习教育理论，教师能进一步明确自己在教育教学中的主导地位，对学生的身心发展起重要作用，这就更能使教师进一步严格要求自己，加强职业道德修养。教师还应学习丰富的科学文化知识，只有广泛地学习有关自然科学和社会科学知识，才能使教师从各种关系和联系中来认识改造世界的任务，认识社会和人生。只有这样，才能真正做到在教书过程中育人。

(二) 注重内省和慎独

"内省""慎独"也是教师职业道德修养的重要方法。内省，即指自觉地进行思想约束，内心时时反省检查自己的言行。内省是靠自觉性来约束的，不自觉或自觉性不高就难以真正进行内在的自我反省。"慎独"，既是一种崇高的道德境界，又是一种道德修养的重要方法。指的是在别人看不见、听不到的时候，在闲居独处的情况下，更要小心，谨慎，严格要求自己，使自己的言论和行为符合道德要求。刘少奇同志对"慎独"也有一个界说：一个人在独立工作、无人监督、有做各种坏事的可能的时候，不做坏事，这就叫作慎独。教师的劳动特点富有极强的自主性和独立性，没有"慎独"的修养，就很难做好教育工作。

(三) 勇于实践，在教育实践中磨炼

人的道德修养不能脱离改造社会、改造世界的客观实践。与教育实践活动相结合，按照教师道德的规范和要求，不断进行自我教育和自我改造，是加强教师职业道德修养的根本方法。教育实践不仅是教师加强师德修养的现实基础，同时，也是检验师德修养的唯一标准。教育实践也是教师职业道德修养的目的和归宿。加强教师道德修养的目的，在于形成良好的师德素质，提高教育实践能力。教师不仅要通过理论学习来分清是非善恶，更重要的是要身体力行，把这些认识用于指导自己的行动，培养自己良好的品行。就像我国著名的教育家蔡元培先生指出的：道德不是记熟几句格言就了事的，要重在实行。教育实践是正确师德观念的认识来源，只有在

教育实践活动中，才能正确认识教育活动中的各种利益和道德关系，才能培养自己的师德品质。教育实践还是不断进行教师职业道德修养的动力。加强教师道德品质修养不是一蹴而就的，而是要在教育实践中不断认识，不断提高，不断完善。

（四）虚心向他人学习

师德修养不是教师个人孤立的脱离社会的闭门修养，而是在教育实践中人与人相互交往、相互影响的社会性活动，教师品德修养也是社会道德进步的重要组成部分。在社会生活中总是蕴藏和涌现着美好的思想品质和道德风尚，教师作为精神文明的传播者，同时也应该成为良好道德情操、思想风貌的效法者和学习者，因此，"见贤思齐"，虚心向他人学习，自觉与他人交流就是加强师德修养的一个好方法。

苏联教育家加里宁说：教师一方面要献出自己的东西；另一方面又要像海绵一样从人民中、生活中吸收一切优良的东西，然后再把这些优良的东西献给学生。德国教育家第斯多惠在《德国教师教育指南》中讲过：只有当你不断地致力于自我教育的时候，你才能教育别人。我国古代教育家孔子也曾说过：三人行必有我师。这都说明教师要加强师德修养，将自己的师德水准不断提高，就要有从师的美德，善于发现别人的长处，虚心学习别人的优点，哪怕是很小的长处也要学，只有这样才能积小善为大善，积小能为大能。虚心学习他人，首先要注意从教育家那里汲取思想营养。比如教育家如徐特立、陶行知、吴玉章等，为我们人民教师留下了宝贵的精神财富。他们有热爱党、热爱祖国、热爱人民、热爱教育事业的高尚情感，有热爱学生、教育育人、钻研知识的可贵品格，有无私无畏、勇于创造的革命精神，向我们展现了人民教师的理想人格，只有主动了解他们的事迹，学习他们的优秀品质，才能升华自己的师德境界。虚心学习他人，也要学习优秀教师的榜样，如在我国社会主义教育事业中成长起来的一大批优秀教师于漪、魏书生等。他们的教育实践和先进事迹，生动地体现了新时代教师道德的崭新特点，是教师职业道德理论的具体化，同样是十分宝贵的精神财富。学习他们的先进思想和感人的事迹，既能帮助我们提高师德认识，又能诱导和激发我们的师德情感。

虚心学习他人，还要向教育对象——学生学习。古人讲："师不必贤于弟子，弟子不必贤如师。"学生在许多方面值得教师学习，教师要善于发现学生身上闪光的品质，诚心诚意地向学生学习，在师生互学互勉中汲取精神营养，完善师德品质。跟学生学。你要教你的学生教你怎样去教他。如果不肯向你的学生虚心请教，你便不知道他的环境，不知道他的能力，不知道他的需要，那么，你就有天大的本事也不能教导他……只需你心甘情愿跟你的学生做学生，他们便能把你的"思想的青春"留住；他还能为你保险，使你永远不落伍。

在师德修养过程中，要注意学习和汲取社会生活中一切有用的养料。社会生活是一座道德宝库，蕴藏着丰富的宝藏，每时每刻都有闪光的思想和行为。例如，各行各业在为社会主义现代化建设的艰苦创业中所涌现出来的许许多多的新人、新事、新风尚，都是反映了时代特征的新道德的精华，不仅为各行各业职业道德的提升提供了营养，也给加强师德修养提供了借鉴。我们只要细心观察，虚心学习，就能够受到激励，找出差距，用好的道德风尚充实自己，使师德更加芬芳。

总之，善于向别人学习的人，才是最有发展前途的人。善于虚心学习他人、自觉与他人交流，才有可能成为师德修养高的教师。

(五) 坚持不懈

师德修养同人们认识和改造客观世界的一切活动一样，不能是盲目的、无计划的，而必须有着明确的目标作为指导。在教师职业道德修养中，指导整个修养过程的总目标是崇高的教师职业道德理想，它作为一面旗帜，为教师如何做人、如何胜任教书育人的责任指明了前进的方向和奋斗目标，并成为教师生活的重要精神支柱，推动和激励着教师朝着更高的道德境界奋进。但由于教师道德修养过程是构成师德的各种要素相互制约、相互影响、相互作用的过程，个人原有道德水平与社会道德要求之间的矛盾和不平衡性，使得教师道德修养的目标必然有着层次之分，每个教师必须从自身的实际情况出发，确立可行的目标，去努力实现自身师德从无到有、从现有层次向更高层次的攀登。

师德修养实际上是教师道德认识、情感、意志、信念、行为和习惯诸要素从无到有、从低到高、从旧质到新质的矛盾运动过程，因此也就决定了它是一个长期的、艰苦的过程，这就必然要求教师要坚持不懈地努力。不管是师德认识的提高、师德情感的陶冶、师德意志的磨炼、师德信念的确立，还是师德行为和习惯的培养都不可能是短时期的、轻而易举就完成的，也不可能一蹴而就。教育实践活动的深入和发展，会提出许多新的问题，教师总是面临新的选择和考验，教师道德修养也就不能停留在一个水平上。所以每一个教师都要长期修养，不断磨炼，做到坚持不懈才能使自己的思想品德修养不断提高，达到更高的境界和水平。

　　从古至今，我国教育战线上具有这种精神的不乏其人，我国古代教育家孔子从教 40 多年，朱熹从教 50 多年，现代著名教育家陶行知拒绝为官，立志教书，鞠躬尽瘁 30 年。这种献身教育的传统精神，激励着我们，使我们青年教师热爱教育，无私奉献，敬业乐业，终生不渝献身教学事业。我们不能不承认这样一个事实：教育工作是辛苦的，我们每天都进行着大量的平凡、琐碎的工作，日复一日、年复一年。那么，是什么构成了无数教师兢兢业业、勤于奉献、淡泊名利、默默耕耘的内在动力呢？是什么使教师甘为寂寞、勤勤恳恳、充当人梯呢？我们想那一定是教师对教育事业的满腔的热爱，是这种爱岗敬业的精神让教师义无反顾地投身于教育事业，于细微处显精神，于小事中下功夫，在简单却又伟大的教育工作中体验人生价值实现的满足。总之，师德修养是一个循序渐进、逐步提高的过程，既要有崇高的师德理想作为个人修养的目标，又要从自身实际出发，有切实可行的具体要求。

【思考题】

1. 简述中小学教师职业道德规范的形成过程。
2. 结合实际谈谈师范生如何提高师德修养。
3. 教师提升师德修养水平有哪些途径和方法。
4. 联系个人实际谈谈如何提高自己师德修养的境界。

第七章　我国中小学教师职业道德的主要问题与解决对策

【学习目标】

1. 了解我国中小学教师职业道德中面临的问题。
2. 能够正确分析教师职业道德问题的原因。
3. 全面掌握针对教师职业道德问题的解决对策。

中国有尊师重道的优良传统。在当代中国，教师职业与其他职业相比，仍然被看成是一个高起点、高标准、高素质、高境界的职业。当人们关注教师职业特征时，首先关注的就是教师的职业道德问题。那么，究竟如何理解和看待当代师德呢？我们应从教师职业道德面临的问题入手，分析原因，思考对策。

第一节　我国中小学教师职业道德中面临的问题

教师职业道德是一般社会道德的特殊表现形式，是社会道德的组成部分。它从道义上规定教师以什么样的思想、感情、态度、作风和行为对待教师工作，以及待人、接物、处世所应履行的职责。从职业上规定教师和一切教育工作者在从事教育活动时必须遵守的道德规范和行为准则，以及与之相适应的观念、情操和品质。

当前我国中小学教师职业道德的主流是积极、健康、向上的。绝大部分中小学教师热爱教育事业，恪守师德规范，严谨治学，为人师表，爱岗敬业，呈现出良好的道德风貌，概括地说主要表现在三个方面：第一，教师热爱教育事业，有坚定的职业信念。近年来，在党和国家对基础教育事业的支持下，在倡导尊师重教的良好氛围中，中小学教师的社会地位和经济地位有了一定的提高，越来越多的有志之士加入中小学教师的行列中。大部分中小学教师能够深刻认识到教师职业的崇高地位，对教育事业有深厚的感情，有强烈的职业光荣感、历史使命感和社会责任感，并认为教师职业体现了其人生价值和追求。第二，教师在教育教学工作中兢兢业业，精于教书，勤于育人。他们在教学方面不甘落后、敢为人先，以积极进取的精神、脚踏实地的作风，为发展基础教育事业尽责尽力。第三，教师形象良好，作风正派，注重言传身教。大部分教师能在学生面前做到仪表整洁、举止端庄、言语文明，注重为人师表，在言谈举止、行为方式、品德习惯等方面都能"以身立教"，对学生产生了积极的影响。

但是，目前教师职业道德中仍然面临许多的问题亟须我们认识与思考。

[相关链接]

师德现状和师德建设调查研究[①]

本调查是由檀传宝教授主持的，关于师德现状与师德建设的调查研究。本调查选择的地域是北京、杭州、芜湖、甘肃宁县，面向教师、学生、家长三个群体，样本总量1810份。调查时间为2006年6月。调查的部分结论和研究发现如下。

一、教师对待教育事业的道德

1. 教师对教师职业的认同度：多数教师的职业信念不够坚定，其中欠发达地区教师的职业认同度最低，而且男教师的职业认同度普遍比女教师低。

2. 教师从教原因分析：不同地区教师的从教原因存在较大差异。有近四成的教师表示自己的兴趣是选择教师职业的主要原因，而且女教师的这

---

① 檀传宝，等. 走向新师德——师德现状与教师专业道德建设研究. 北京：北京师范大学出版社，2009.

一比例更高。

3. 教师的工作状态：总体而言，当前教师的工作状态较为积极，地区与地区之间教师的工作状态不存在明显差异。

4. 学生对教师工作的评价：近三分之二的学生认为教师在课堂上充满激情。研究还表明，教师是否重视自我提高与他们在课堂上的表现呈高度正相关，重视自我提高的教师多数在课堂上充满激情。

5. 家长对教师工作的评价：九成以上家长认为教师工作认真，一方面表明教师的工作态度；另一方面反映出家校联系越来越紧密。

二、教师对待学生的道德

1. 教师品质的排序：近半数教师认为"爱心"是教师最重要的品质，与此同时，在教师自身看来，"严格负责"和"尊重信任"也是十分重要的教师品质。

2. 教师的公正品质：近九成学生表示大多数教师能对学生一视同仁，八成学生表示教师能够做到一视同仁。

3. 关于惩罚话题：八成以上的教师对使用惩罚手段十分谨慎，相比较发达地区教师更为谨慎。根据使用频率对惩罚手段进行排序，最常使用的手段依次是：严厉训斥、罚站、罚抄作业、罚扫地劳动、请家长、讽刺挖苦。

4. 教师对学生的理解：八成以上学生认为教师能够理解他们。只有半数家长表示教师有时会与他们联系，这说明家长与教师之间的联系还远远不够。研究还发现不同类别的学校在家校联系的疏密程度上存在差异。

5. 教师的道歉：近三成的学生表示教师不会向学生道歉。在学生看来，教师不肯道歉恰恰印证了自己对教师的判断，这位教师很虚伪。但也有学生表示，教师如果不注意道歉的方式，反而会进一步导致教师丧失权威。

三、教师对待教师集体的道德

1. 教师与教研组的关系：有近五成教师对教研组有很强的归属感，但仍有四成多教师持负面评价。这表明教师与教研组的关系有待加强。研究还表明，教师同教研组的关系与学校领导是否重视师德建设呈正相关，认为学校领导很重视师德建设的教师，近七成表示他们对教研组有很强的归属感。

2. 关于同事的评价：大多数教师认为教师能够公正地评价自己的同事。

3. 教师的人际交往：近六成学生认为教师的相互评价多为"一般性评

价"，很多学生表示教师间的相互交往并不是很积极，很充分。有近六成学生认为班主任和任科教师的关系融洽，有四成家长认为班主任与任科教师的关系融洽。这些均表明教师的人际关系并不十分乐观，尚需加强教师队伍的合作。

四、教师对待自己的道德

1. 教师的道德学习：近九成教师会对自己的教育行为进行道德方面的反思。研究发现，教师进行道德反思的积极性与学校类别相关，相对而言重点中小学的教师能够更为自觉地进行道德反思；教师的自我成长教育存在地区差异，越是发达的地区，教师越重视自我提高，经济越不发达，教师对自我成长的重视程度就越低。

2. 道德修养与学识水平的关系：八成多家长认为教师的道德修养更重要，近八成学生关注教师在道德方面的表现。研究发现，女生比男生更关注教师在道德方面的表现。

3. 教师的道德反思：九成以上教师认为教师首先应该是一个道德从业者，从事教育事业的人应该具有很高的学识和修养，而且教师的言行对学生来说具有很强的示范作用。近九成的教师认为从事教育事业需要一定的奉献精神。六成以上教师认为教师职业就是一种谋生的手段。

一、价值取向中存在问题：教师职业道德的要求与教师对自身职业认同之间的矛盾

（一）教师自身职业的认同感低

考察教师自身对职业的认同度，是了解教师对教育事业的态度的最直接、最有效的方式。教师的职业生活主要在学校，教师的历史使命和责任就是培养合格学生。为此，作为教师应该时刻做到爱岗敬业，教书育人，热爱学生，严谨治学，勇于创新。它体现了我国人民对教师的期望和认可，是教师职业道德建设的核心和根本标准。但是，部分中小学教师职业认同感低，他们并没有真正认识到教师职业的神圣使命和重要性，对教师这一职业在社会中所起的重要作用和所处的地位没有一个正确的认识。他们从事教师职业的主要原因是教师工作相对于其他工作的报酬虽然不高但也不低，能够维持生活，并且比较稳定，他们只是把教师职业当作了一种谋生手段。所以他们并不太热爱自己的事业，更无心钻研。有些教师为了评职称而搞科研，由于他们根基不稳又是被迫的，所以很容易心浮气躁。还有些教师不能安心本职，只讲个人报酬，自私自利，没有立志终身从教。

（二）教师的工作状态低迷

马克思说过：激情、热情是人强烈追求自己的对象的本质力量。教师职业是一项繁重而复杂的智力和体力相结合的劳动，繁重的工作任务不仅耗费了教师的大量精力更消耗了教师的大量心血，因此教师在认同职业的同时更多的是激情、热情。但是在现实生活中，有些教师进取意识、事业心不强，缺乏为教育事业献身的精神，他们懒于看书学习，工作不认真，总是得过且过，只顾完成自己的教学任务，应付了事。他们对教师这一职业有无奈，有困惑，有轻蔑，缺乏起码的敬重感，教师职业道德准则或规范在他们看来纯粹是一种令人感到"去之而后快"的约束，他们履行教师的职责和义务纯粹是出于外在的压力。一些当初喜爱教师职业的人，在长期没有成就感、职业优越感后，也容易对当初的选择产生动摇、怀疑甚至后悔。据调查有 63.4% 的学校领导和 46.8% 的教师认为，教师职业道德方面存在的最大问题是事业心、进取意识薄弱，缺乏为教育事业献身的精神。更为严重的是有些的教师专业素质和文化素质很差，他们不懂得进修和提高，业余生活很空虚、枯燥、乏味。

二、对待学生中存在问题：教师树立权威形象与学生渴望"尊重"的需求之间的矛盾

（一）不能公正对待学生

恰当的权威形象有助于教师顺利展开教育教学活动，教师中也历来有"师道尊严"的职业心理追求与行为表现。但是，在教育实践中，有的教师对待犯错误的学生总是爱使用鄙视、侮辱性的语言，他们不能公平、正确地对待问题学生，这会给学生幼小心灵造成不良的影响甚至播下仇恨的种子，他们从小不被老师看好，对学习、老师、班级以及学校和社会产生厌恶感，叛逆心理。这些都能很显著地反映出中小学教师不能公正地对待学生所造成的严重后果。在学生成绩上有的老师不能正确对待，他们对待成绩好的学生往往很有耐心，而歧视、忽略学习成绩不好的学生，不关心，不过问，还经常对他们说一些泄气话，等等。还有的老师在新入学的第一天会对学生做家庭摸底，问学生家长是做什么工作的，家境比较好的，有权有钱的学生就会得到一些另类的照顾。家境不好的不但得不到照顾，老师还会用语言等方式对学生进行歧视，这会在学生心灵中播下自卑的种子，使学生对学习失去信心。

（二）漠视学生人格尊严

漠视学生人格尊严，主要表现在教师体罚学生的行为上，这不仅给学生的身体造成了伤害，更给学生的心理造成严重的创伤。教师直接体罚学生的种类有很多种，如罚跪、罚站、罚跑、罚劳动、鞭打、打手心、揪耳朵、抽耳光、打屁股、踢学生、脸上或身体的其他地方刻写字、让全班学生轮流抽"违纪学生"耳光等都属于体罚。此外，还有变相体罚，如辱骂学生、罚抄课文和作业等超过学生正常承受能力的处罚行为，尽管没有直接伤害到学生的身体，但对学生的心理造成了巨大的伤害。体罚和变相体罚直接或间接地危害着学生的身心健康，从身体上讲，可能使学生的身体致伤致残；从心理上讲，他们的人格和尊严得不到尊重，严重地摧残了学生幼小的心灵，使他们从小对老师、学校产生一种恐惧心理，缺乏安全感，开始厌学，对社会充满敌意。

三、相互协作中存在问题：教师相互协作的道德要求与教师之间竞争的矛盾

（一）不尊重、不配合其他老师的工作

学校是一个集体场所，而教育教学活动更是一项集体活动，教师的工作是一个整体的工作而非个体，是一项需要各科教师相互配合协作、共同完成的工作。为了培养出健康的、合格的学生，需要全校所有教职员工的共同努力。但是在现实中，"同行是冤家""文人相轻"现象还是比较多的。一些心胸狭隘的教师，视野狭窄，只看到了同事间的竞争，忘记合作才是教师关系的主流。他们从自身利益出发，过高地评价自己所教学科的重要性而贬低其他学科的地位；随意"压堂"，同别的学科"抢课"；有的教师则出于个人自私的目的，为了提高自己学科的分数，以有利于自己晋级评优，鼓励学生把更多的时间和精力用到自己所教的学科上来；有的教师则把同事间的矛盾和对同事的不满在学生中宣讲和发泄。这些教师缺乏相互协作意识，不能尊重和信任其他教师，看问题缺乏全面、辩证的观点，他们过高地评价自己的贡献而忽视或否定其他教师的配合作用。正如马卡连柯曾说："教师集体的统一是最有决定性的一件事。"教育工作是一项繁杂庞大的系统工程，需要各个组成部分协调有序地配合，教师的劳动是系统中的一个组成部分。部分教师一味追求树立个人威望，不注意教师团结的做法，不仅会影响到对学生的道德教育和心理健康，也不利于教育的整体效果，这是十分错误的。

（二）不愿意参与学校的管理活动

相互协作意识还体现在中小学教师在对学校的关心上，部分中小学教师以自己的兴趣为主，做自己想做的事，认为教师的责任就是给学生上好课，学校的其他任何事情都和自己没关系，很少关心学校的事情，从不为学校的建设出谋划策。

第二节 教师职业道德问题的原因分析

师德问题的滋生与存在，对学校正常的教学管理工作造成了较为严重的冲击，影响了学校内部教育教学、科研工作的正常开展和教学质量的提高。因此，有必要反省当前在中小学教师职业道德中存在的问题及经验教训，切实提高和改善中小学教师职业道德现状。

我国中小学教师在职业道德方面面临的问题的原因是复杂的、多方面的，既有教师自身的主观原因，也有学校的管理原因以及外部的社会原因。

一、教师自身的原因

教师职业道德规范能否为教师所掌握，主要在于它最终能否转化为教师自觉的道德修养。这个过程是教师主体外在的行为规范转化为教师主体内在需要的内化过程。高素质的师资队伍，既是实施科教兴国宏伟战略目标的需要，也是教师个人安身立命，获得幸福人生的需要。但目前存在的问题是，这种需要很大程度上仍处于一种权威的外在强制的他律状态，并没有完全被教师认同并内化为自己的思维、情感、意志，形成内部调控的自律机制。很多教师还只是凭借感性的、经验性的、朦胧状态的职业良心来尽自己的义务，并没有用理性的、自觉的职业道德意识来指导自己的教育实践，调节师德实践中的各种关系。

（一）教师职业信念动摇，敬业奉献精神淡化

教师坚定的职业信念是其献身教育事业的根本动力。我国《教师法》第一章第三条规定："教师应当忠于人民的教育事业。"这是教师应遵循的最基本的道德要求，也是师德的灵魂。教师只有将其定位为一项为之奋斗的事业，是实现自身生命价值的一部分，才会全身心地投入，才会在教学中融入情感，形成特有的自尊心和荣誉感，表现出对教育工作的无限热忱和执着忘我的敬业精神。教师是清贫的，但在实现人生价值的追求中，又是富有的。一个抛开名利的诱惑，以学生为中心构建人生舞台的教师必定

能保持更加平和的心态，全身心地投入教育教学中。教师要干好教育工作，首先要有强烈而持久的教育动机，有很高的工作热情和积极性。加强对教师的职业信念教育，增强教师的事业心，强化教师队伍的职业责任感，提高教师的工作积极性，成为当前教育改革的一个重要课题。

（二）教师教育观念陈旧，道德修养自觉性弱

受我国传统教育的影响，部分中小学教师的教育教学观念还比较陈旧，传统教育观念并没有得以根本转变，大部分教师、学校仍然停留在片面追求升学率的价值取向上和片面追求学生成绩的评价观上，他们只注重考试成绩，把大部分精力都放在研究考题上，他们关心的只是学生的成绩，全然不顾学生的兴趣爱好，漠视学生主体性的存在，忽略了学生身心发展的客观需求和教育、教学的客观规律，在一定程度上摧残了学生人格，使学生成了做题的工具、学习的机器、学分的奴隶，学生已沦为了教师考评的赌注、职称评聘的筹码，成为他们追逐名利的工具。

一些教师片面地认为只要自己不犯大错误，职业道德修养程度高低无所谓。他们不能深刻地认识到自己所担负的历史使命的特殊性和重要性，对加强职业道德修养的紧迫性认识不足。有的教师当发现自己在职业道德中犯错误的时候，不能从自身找原因，以各种借口逃避所犯的错误，不能正确地对待自身存在的问题，不愿进行自我反省和批评，把所有的责任都归结为社会外部环境的影响。只有自觉地进行道德修养的教师才是一个师德高尚的教师。但是，在实际工作生活中很少有中小学教师重视自身的师德修养，更不会将师德修养放在自己的工作日程之内，他们主观认为只要帮学生提高成绩，稳定好班级就是一个好教师，认为师德修养只是务虚的，是一种没有必要的形式主义。

（三）教师职业压力过大，导致教育行为失控

随着现代社会竞争的日趋激烈，高节奏的工作和生活方式使人们承受的压力越来越重，这不仅影响教师正常心理品质的形成，还会使之产生消极的教育教学行为。在应试教育的影响下，大部分学校把学生的成绩看得很重，他们甚至以学生的成绩作为教师聘任的最主要标准，如果一个班的学生成绩连续三次倒数，教师就会被罚钱甚至开除，将学生的成绩和教师的出勤、评优紧紧地联系在一起，这无形中给中小学教师的心理造成了巨大的压力和负担。他们时刻生活在恐慌中，为了能够在自己的岗位上继续工作，只能片面追求学生成绩，把全部的时间和精力投入辅导学生做标准化试题、检查学生对考试内容机械记忆上。

有资料显示，目前教学一线教师中有半数以上的教师存在心理问题。教师心理健康状况不良的主要表现有：心境苦闷、生活兴趣减退，缺乏活力，易悲观失望；人际关系敏感，在人际交往中表现出自卑感、心神不宁或自我意识过强，消极等待；强迫症状，明知没有必要，但又无法摆脱的"无意义"的思想、冲动和行为；烦躁、坐立不安、神经过敏、紧张等主观焦虑体验。中小学教师心理问题比率过高，对教育教学工作会直接产生不利的影响。如对大量体罚事件的剖析显示，所发生的绝大多数体罚是由于教师心理压力过大，焦虑过度，以致不能控制自己的情绪而造成的。教师行为频频出轨，其师德的缺失只是表面现象，实质上是教师群体所普遍面临的巨大心理压力及其心理健康的问题。

二、学校管理的原因

（一）学校管理者对师德建设缺乏足够的认识

师德建设是一项系统的工程，也是一项复杂的工程。大多数学校在设计师德教育的时候只是从管理者的角度和主观意愿出发，很少从教师的角度出发，从不认真分析和考虑教师的师德现状、教师在师德方面存在的问题及教师自身真正需要学习哪些师德的知识，对教师师德建设的复杂性和规律性缺乏足够的认识。在实施师德教育的实践过程中，教育管理者必须在了解师德教育的针对性和实效性的前提下，全面地理解和掌握教师职业道德教育的特点与规律，并运用科学的方法与途径，提高教师职业道德教育，促进教师职业道德内化。然而，学校管理者只看中小学校师德教育的社会价值、教育价值，忽视了教师在师德教育中的个体价值。没有涉及教师职业道德对教师本人的现实生命质量的意义，却把师德教育的价值定位在学校的需要、教学的需要、学生的需要，没有关注教师在师德教育中的需要。这种把师德教育作为提高教育效果甚至提高学校升学率的工具的思想带有一定的功利倾向，降低了师德教育中的人文内涵，是对人的忽视。

（二）中小学教师聘任制度存在缺陷

教师聘任制度能够起到优化教师队伍、调动教师工作积极性的作用，形成具有充分活力的学校内部用人机制。但是，由于各种因素部分学校的教师聘任制度在实施过程中出现了许多问题，教师聘任的随意性过大，侵犯教师合法权益的事件时有发生。比较普遍的问题是教师聘任制度缺乏对教师职业道德的考察、聘任期限规定不合理。

（1）学校聘任制度缺乏对教师职业道德的考察，个别学校聘任教师的时候对教师职业道德可以忽略不计，首先注重的是其外貌，然后才是教学能力。还有部分学校以学生成绩作为教师续聘的主要标准，教师为了免遭落聘的厄运，只能搞"题海"战术，反复地讲与考试有关的话题，片面地追求学生成绩，一旦发现学生不认真学习就焦急万分，周而复始地强调分数的重要性，教师每天重复着这样机械的工作，抹杀了教师职业应有的价值和乐趣，使教师对工作失去愉悦感，缺乏对职业的认同感，对学校也没有归属感。

（2）部分学校聘任制度对聘任期限规定得不合理，一定程度上造成了教师职业道德失范。目前，一些学校不合理的聘任制度，特别是聘期短和聘任频繁等问题，给教师的工作造成了许多负面的影响，教师长期处在能否继续工作和是否会被解聘的被动、紧张的工作状态中，加重了教师职业的危机感，使教师无法全身心地投入工作中，更难以实施有效的自主管理。还有部分学校在实施教师聘任制的过程中，硬性规定每年必须有一定名额的教师落聘，这种硬性规定有积极作用也有消极作用。积极作用主要体现在，它在一定程度上为教师营造了良性的竞争机制，促进了教师队伍的优化。消极作用体现在，这种硬性规定加剧了教师之间的竞争，造成了教师之间紧张的人际关系。在激烈的竞争下教师之间无法互相配合，同学科的教师对自己的教学资源和教学经验进行保密，甚至告诫学生不能把自己的学习资料借给其他班的学生，一些教师为了给自己争取更多的加分机会，甚至恶意地诋毁其他教师。可见，制度上的缺陷也会引发一些教师做出过激的教师职业道德失范的行为。

（三）学校对教师的评价激励制度不够合理

教师是学校教育的直接执行者和学生心灵的开发者，教师的工作复杂繁重，只有不断激励、调动和强化，才能将教师的智慧与热情、探索与创新能力最大限度地挖掘出来。有效的评价机制的建立不仅是培养优秀教师的保证，也是学校教育成功的保证。

大多数学校在对教师的教育教学评价上，并没有将教书与育人作为衡量教师教育行为的统一标准。一方面，我们要求培养德、智、体、美全面发展的建设者和接班人；另一方面，在评价教师的工作上"唯成绩论"。一般来说，中考、高考成绩，往往决定着教师在社会上的声望、在学校能否被重视。学校对于职称评定和晋职的主要依据是教学成绩、科研与班主任工作等，而教师职业道德的考核因缺乏严格、科学、系统的评价体系，往往采取人际关系与模糊处理的评价方式，在此导向下，教师职业的责任减弱，教师职业的荣誉淡化，无形中助长了教师重业务轻道德的倾向。学校德育工作重点的错位，使得教师的思想教育成为学校的薄弱环节，教师的思想行为缺乏道德规范约束，从而造成师德水准的下降。

部分学校对教师的激励侧重教学工作奖励，轻职业道德奖励。从现行奖励机制看，一些学校重视对及格率、优秀率、升学率等量化教师教学成绩的表彰，忽略了师德水平和教学成绩之间的必然联系，教学成绩在某种程度上成了衡量教师工作的重要标尺。而教师为提高教学质量，在教学过程中所做的转变后进生等大量的思想政治工作则被分数所掩盖。这样的激励导致"把德育工作放在首位"难以落到实处，从而使一些教师的道德行为出现偏差。

（四）学校对教师师德的管理监督机制不够完善

教师管理制度是一个学校运行的重要保障，教师管理制度的制定及实施，既要有效地约束教师的行为，使之符合教师管理的要求，又要充分关注教师的需求，调动教师的积极性。然而，在应试教育影响下，一些学校教师管理制度依然很陈旧。

（1）在学校教育管理工作中存在重视教学管理、轻视师德管理的倾向。部分学校领导在学校管理中，重教学质量的提高，轻师德建设的加强。在领导班子议事中，教学专题研究得多，师德建设专题研究得少。更有不少学校是平常对师德教育不抓，上级号召时抓一抓，出现严重体罚、变相体罚等问题时才重点抓。很多学校没有形成坚持不懈、持之以恒抓师德建设的良好氛围。

（2）中小学校在制定教师管理制度的时候根本不考虑教师自身的需要，很少有教师能够参与其中，只是一味听从校领导的安排，不从实际出发，名义上学校已经制定教师管理制度，实际上只是一个虚设，没有任何的实效性。学校管理者只有善于营造维护教师人格、尊重岗位选择、实现民主管理的氛围，努力提高教师的幸福指数，才能达到管理的目的。如果学校管理中设置了一些没有人性化的制度，则会使教师在工作和精神方面处于一种长期的压抑状态，这样既伤害了教师的尊严、自尊心，也会间接地影响教师对工作的积极性，同时对教师爱岗敬业的精神也会产生一定的负面影响，这样就会很容易造成教师职业道德失范。

三、现实社会的原因

中小学教师职业道德所面临的社会大背景是复杂的、变化的。因此在职业道德方面产生问题的社会原因是多方面的。

（一）面对市场经济发展的困惑

我国正处于社会主义市场经济初级阶段，面对市场经济大潮，人们的思想观念、价值取向都发生了引人注目的变化。人们对于自己人生的定位及其价值取向呈现多元化趋势，做什么，得到什么，达到什么目的是人们经常思考的问题。学校不是世外桃源，中小学教师作为社会的一员，其道德观念也必然会受到冲击。社会风气浮躁焦虑、急功近利的价值取向冲击了中小学教师的基本观念，社会的诚信危机映射到学校。对市场经济价值规律和效率意识的误解，造成了个别教师奉献精神淡化和人际关系庸俗化。部分教师在市场经济趋利性和追求利益最大化的价值取向的影响下，人际关系逐渐趋于庸俗化，在他们看来，人与人之间只是利益关系，根本不讲奉献。一些教师实用主义、功利主义思想泛滥，偏重"自我价值"和"个人奋斗"，只顾眼前利益，不顾长远目标，只注重个人价值的实现和个人利益的最大化，而忽视社会责任和集体利益。个别教师在市场经济的负面影响下，拜金主义思想泛滥，盲目地追逐个人利益、见利忘义、看重金钱，利用教育和管理学生的便利条件谋取私利，为了自身利益的最大化，不惜牺牲国家和人民的利益。他们过分重视金钱，强调自身的物质享受，在本职工作中缺乏敬业奉献精神，把大部分的时间和精力都投入到课外兼职、有偿家教和有偿辅导班上，以致荒废本职工作，影响了教师队伍的稳定。

（二）多元文化社会带给教师的道德危机感

多元价值社会对教师道德发展产生的最负面的影响就是教师的道德危机感。流行的观念和过去接受的观念不一样，面对现实，人们常常会问自己：我究竟该选择怎样的价值观？虽然说金钱不是万能的，但没有钱是万万不能的。别人付出就要回报，我们还要不要无私奉献？别人工作八小时就下班，我们八小时外还要不要备课、家访、批作业？做了谁给我们钱？如果我们还拿过去的道德标准去规范、要求教师，衡量和评价教师的品行，必然会产生力不从心之感，这样做难免有以"道德"为名去行"不道德"之实的味道。例如，教师面临的道德危机时刻受到所谓"囚徒困境"的困扰。所谓"囚徒困境"在经济学中称作"负外部性"或"外部侵害"，其含义是，在当代，一般是贪图个人利益或局部利益的人获利，而顾及社会利益或整体利益的人受损或倒霉。比如一个坚守行业标准的企业，为了让产品的质量符合标准，在原材料的采购、产品制造及检测上，必然要花费更多的成本。这样它就可能在市场竞争中因价格较高而败给质量不达标但价格低的同类企业。当前在教育界这种类似的情景并不鲜见，甚至见怪不怪。一些教师可以通过找门路等不正当手段比别人更快地取得进修、晋职称、当官等实惠。然而老实肯干的、任劳任怨的、墨守传统的、顾及道德名声的教师们却有可能做着费力不讨好的事情。后者自然容易陷于所谓的"囚徒困境"之中，产生焦虑、烦恼、茫然、埋怨等情绪，久之必然心理发生失衡，对社会产生不满。

（三）教师的经济待遇偏低

我国已步入了高速发展的信息时代，教师的物质需求和精神需求都成为教师生存发展不可缺少的必要条件。国家于 1993 年 10 月 31 日颁布的《教师法》规定，中小学教师的平均工资水平应该不低于或者略高于公务员的平均工资水平。然而，由于诸多方面的原因，至今仍然没有得到全面贯彻落实。教师编制、工资和生活保障机制以及福利政策不完善，中小学教师不能按时按标准领到自己的工资，自己一家人的衣食住行得不到保障。由于这些与教师切身利益相关的实际问题得不到妥善解决，致使部分中小学教师整天处于精神压力、经济压力之下，心理处于极度紧张状态，心理疾患率高，降低了中小学教师的工作热情、积极性和主动性，一些中小学教师的失范行为也自然产生。特别是那些从教在偏远地区的教师们，他们的精神世界崇高了，可现实生活却让他们举步维艰。教师的物质报酬与其"披星戴月"的时间束缚、"殚精竭虑"的精神付出、"精疲力竭"的体力负荷很难成正比。高强度的工作及压力与经济待遇偏低的矛盾，特别是与其他高收入行业相比产生的心理落差，使中小学教师对自身的职业价值产生置疑。部分中小学教师对自己的工作缺乏足够热情，消极怠工，把教学工作只是当作一种赚钱、生存的工具，并且还有教师抱有不求有功，但求无过的消极思想，得过且过，还有部分教师有时会出现上课照本宣读，完全没有创新及观点，布置家庭作业毫无主题、随心所欲，批改作业敷衍了事。为获取高收入，很多教师办辅导班、在外做兼职、向学生和学生家长索要钱物或变相索要钱物等。可见建立中小学教师工资制度，完善中小学教师的津贴补贴制度，依法推进教师工资和生活保障机制，提高中小学教师待遇，加大编制，改善教师的生存和生活状况，是确保我国教育事业发展的基础工程。

（四）社会舆论和网络环境等相关因素的影响

我国正在向市场化、信息化全面发展，媒体作为当今社会发展最重要的信息来源，其在教师职业道德形象构建上发挥着越来越重要的作用，媒体的价值观很大程度上决定着教师职业道德的形象。在我国传媒中教师大都是以一种正面、崇高的形象出现，赞扬教师的影片与节目收视率居高不下，但这些影片与节目将教师形象过分"圣化"，把一些理想性因素也掺入其中，使一种不切实际的教师形象固化成公众对教师道德形象的一种标准，无形中为教师带去了压力和沉重的道德枷锁。媒体对教师的报道还存在着另外一种极端，尤其是近几年，对教育界特别是对教师职业道德的负面报道越来越多，教师的"失范行为"，教师体罚、侮辱学生，教师"师德败坏、素质低下"的新闻，使教师光辉神圣的形象跌至谷底。据统计，目前在互联网上对教师评价的查询结果中，对教师正面形象的评价较少，而那些负面形象的报道通常把教师描述成体罚者、变态者、敛财者等，这种被夸大和渲染的教师形象背离了教师的真实状态，不但给教师的生活带来诸多消极影响，而且还会使其在工作中失去耐心和信心。教师也是人，他们也应该像普通人一样得到尊重与理解，社会、媒体、学生和家长不应该一味地对教师施以高标准的要求，在有关教师职业道德的问题上不以偏概全，要认识到教师队伍的主流是积极向上的，在不足上要给予理解与帮助，保护教育工作者对教育事业的热情。教师对社会也有期望与需求，他们希望被关怀理解，媒体在对教师职业道德方面的报道不应太偏激，要尊重事实，防止因为媒体的不当报道导致教师职业失范行为的发生。

第三节　针对教师职业道德问题的解决对策

一、加强中小学教师自身职业道德修养的建设

（一）坚定教书育人、立德树人的理念

教书育人、立德树人是指教师关心爱护学生，在传授专业知识的同时，以自身的道德行为和魅力，言传身教，引导学生寻找自己生命的意义，实现人生应有的价值追求，塑造自身完美的人格。教师在任何时候都不能忘记，自己是一个教育家，是人类灵魂的工程师。教师在认真学习自己专业知识的基础上，还应该全面提高自己在其他学科的知识，如社会学、心理学、法学等学科，并将其科学地运用到教育实践工作中。教师要有自己独特的教育艺术，以科学的教育方法将自己的知识无限地传授给学生，在教育生活中不但要教学生如何学好课本上的知识，更要教学生学会如何做一个有思想、有道德的人。每一个学生都是独立的个体，教师只有在了解不

同学生的心理特征和他们独特的性格特点的基础上，才能更好地做到教书育人、立德树人，才能在教育教学工作中不断地满足学生日益增长的探求知识的欲望，从而取得优异的成绩，达到教书育人的目的。

（二）强化自身道德修养

教师的品行和道德修养对学生的影响是深远的，教师良好的道德修养很容易为学生所模仿，因此，加强教师自身道德修养是提高师德品质、养成师德习惯、纠正师德偏离行为的重要手段。每一位教师都应该把自身道德修养当成自己的神圣使命，使自己真正成为人类灵魂的工程师。

1. 严格要求自己，提高师德认识

道德修养是一个长期、复杂、艰苦的自我提高的过程，需要每一位教师严格要求自己，奉献终身。广大中小学教师只有在教育实践中，全面认识自己，解剖自己，严格要求自己，才能使自己的道德修养不断上升到新的境界。教师要想形成良好的思想道德品质，就必须严格要求自己，不断进行自我批评和反思，在教学实践工作中要认真地学习和掌握教师职业道德知识，深刻理解教师职业道德原则和规范，从而提高教师师德修养。教师只有严格要求自己，在虚心听取意见和批评的时候，严格解剖自己，从中不断发现自己的缺点和不足并进行自我批评和反省，在实践中不断提高师德认识，从而增强自身师德修养，才能在教学活动中战胜自己的缺点和不足，克服错误的思想和陈旧的道德观念，从而增强教师师德认识，提高教师师德修养。

2. 在工作中磨炼师德意志

教师只有在工作中不断地磨炼自身的师德意志，才能提高自身的师德修养。道德意志在道德素质的形成过程中起着特殊的作用，没有道德认识和道德情感就没有道德行为。在道德生活中，只有具有顽强道德意志的人，才能在极其困难的条件下保持高尚情操，抵制外部的腐蚀和引诱。因此教师在实践中要不断磨炼自身的道德意志，让道德人格、道德理想、道德规范、道德原则转变为坚定的道德行为。

3. 在实践中提升师德修养

教育教学工作的实践是教师道德修养的基础，而教师道德修养又是在教育教学工作的实践中形成的，只有在教育教学的实践工作中教师职业道德修养才能得到快速的提高。中小学教师应该积极参加教育教学工作实践，通过教学实践总结教学经验，学习教学技巧，将书本知识和社会实践融会贯通，不断学习科学文化知识，在处理教师之间、师生之间、教师与社会其他成员之间以及教师与学生家长之间的关系中不断培养自己良好的教师道德品质，用教师道德规范来严格要求自己，克服自己身上的一切陈规陋习，培养有利于人民教育事业的道德品质和行为习惯。

（三）增强自我约束能力

教师的心理素质对学生的发展起着非常重要的作用。学生正处于长身体、学知识的可塑时期，教师不健康的心理和低劣的人格将会对学生身心的健康发展产生严重的负面影响，会给学生造成极大的危害。所以教师职业道德建设的关键是增强教师自我约束的能力，培养其健康的心理和良好的素质，教师的人格是教育工作者的一切。

教师必须具备调控自我感情的能力，树立积极正确的人生观，无论是乖巧的学生还是调皮的学生，都要有耐心，循循善诱，不可以动辄迁怒。只有教师具备良好的心理素质和性格，才能培养出具有良好心理素质的学生。

教师的言传身教就像春雨，润物细无声。在教学过程中，教师要增强自我约束的能力和调节自身不良情绪的能力，站在公正客观的角度，发现每一个学生的长处与不足，扬其长补其短。这样不但造就了自身良好的德行，还会得到学生与学生家长的信赖与尊重。

在逆境中，教师要保持平和的心态，冷静地思考分析问题，善于从自身找原因，树立正确的价值观和消费观。少一些对工作的抱怨，多一些对工作方法的研究；少一些对物质的追求，多一些对学生的热爱；在逆境中奋进，在困难中前行。

二、构建教师职业道德教育培训的有效机制

开展教师职业道德教育是提高教师职业道德水平的前提。构建教师职业道德教育培训的有效机制，并将其纳入教育体系中，有利于提高中小学教师职业道德建设，有利于促进教师职业道德教育的发展，有利于教师职业道德教育的规范化、制度化，从而有效地为中小学教育服务。加强中小学教师职业道德知识的再学习，可以适应社会发展的要求。在社会主义市场经济条件下，中小学教师职业道德培训的内容要从实际出发，与时俱进。

[相关链接]

师德培训①

又到了撰写师德培训体会的时候了。如果没有记错的话，这应该是第六次写师德培训体会的内容，我是毫无体会可言的了，但是对师德培训本身，我倒是有些话要说，而且已经到了"如鲠在喉，不说不快"的地步了。

经过六个暑假的师德培训，我心中的一个疑团越来越大：师德是能够培训出来的吗？我实在不敢苟同"师德培训"这个词，师德怎么能培训呢？参加一次培训，至多能提高一点点道德认识，能不能激发教师的道德情感，我不敢说，至于强化的道德意志，并内化为教师的道德行为，我都不敢去想。当然，我不反对教育部门努力提高教师的师德，其出发点当然是好的，要使整个教师队伍的师德水平上一个台阶，尽可能避免出现有违师德的事情出现。可是好心有时也会办坏事，当前所谓的"师德培训"真不是我们教师所想要的。

我们不妨去看看"师德培训"的现场，上面领导做报告，下面教师聊天者有之，看报者有之，打电话者有之，进进出出者有之，有的教师甚至带着孩子来参加培训，真正认真听的没几个人。是教师的素质低吗？非也。师德培训形式单一、枯燥乏味，没有什么收获，教师们来参加培训是学校的要求，是看在学分的面子上的，是来报个到的，根本就不奢望有什么收获。他们不愿意参加此类毫无收获的培训。

少一些形式主义，多一些对教师实实在在的尊重和关怀。当教师享受到教育成功和幸福时，我相信，高尚的师德就会形成了。

(一) 中小学教师职业道德内容的培训

作为人民教师应该对其职业道德规范有一个正确的认识，自觉地遵守教师职业道德规范中的"爱岗敬业、严谨治学、团结协作、尊重家长、廉洁从教、依法执教和为人师表"等要求，在教学实践活动中应该深刻地认识到教师职业道德规范对教师自身所从事的职业具有的价值和意义，教师职业道德规范对教师的要求应该成为教师个体内在的需要，而不是一种存在于教师自身之外的外在强制力量，所以教师职业道德教育应该渗透到教师的教学实践中去，两者互相结合，共同提高教师的道德认知水平。根据《教育部关于进一步加强和改进师德建设的意见》以及《中小学教师职业道

---

① 孙有新."师德培训"，想说爱你并不容易. 中国教师报，2006-10-24.

德规范》的基本内容，以下将教师职业道德培训的内容主要概括为三个方面。

1. 思想政治教育

要求教师认真学习和宣传马列主义、毛泽东思想、邓小平理论、"三个代表"重要思想和科学发展观，坚持党的基本路线，全面贯彻国家教育方针，自觉遵守教育法律法规，依法履行教师职责权利，不得有违背党和国家方针政策的言行。

2. 职业理想教育

"所谓教师职业理想，是指教师对教育工作的选择和追求"，包括为人师表、爱岗敬业、关爱学生等，教师职业的崇高地位和社会作用，决定了教师必须以极高的热情认真履行人民教师应尽的职责，担负起为国家富强、民族振兴而培育人才的历史使命，努力干好本职工作。

3. 法制教育

教育法律法规是中小学教师的道德底线，是中小学教师从事教学工作的最起码要求。教师是一个庞大的社会群体，其中，少部分教师师德修养不合格，道德败坏，越过教师职业道德的底线，出现教育行政部门和法律法规禁止的行为，如部分教师剥夺学生受教育权，违规开除学生；体罚和变相体罚学生，伤害学生身心；非法拘禁，剥夺学生人身自由权；侵犯学生隐私权和通信自由权；对学生实施性侵犯等。因此，要大力加强对教师的法制教育，包括《宪法》《刑法》《教育法》《教师法》《义务教育法》《未成年人保护法》等法律法规的学习。

（二）中小学教师职业道德态度的培训

态度决定细节，细节决定成败，教师的职业态度决定教育的成败，正确的教师职业态度有利于教师教学质量的提高，有利于学校管理工作水平的提高，有利于师资队伍的建设和管理。教师职业态度主要体现为对学生、对教育事业、对工作的态度。

1. 对待学生的态度

教师在对待学生的态度上首先要尊重学生的人格，平等、公正地对待每一个学生，并给予学生最大的肯定和自信。积极的教师职业态度要求教师用心去了解自己的学生，要对成长环境及性格、心理各异的学生进行分析和研究，不同的学生用不同的方式与之沟通，做到理解和关爱每一个学生，教师还要有一颗宽容博爱之心，公平地对待差生、优生及问题学生，设身处地地为每个学生着想，这样才能真正地走进学生的世界，让每个学生从心里得到鼓舞，在精神上获得支柱。人非圣贤，孰能无过，更何况还在成长中的学生，作为学生的引路人，教师更应该以一颗宽容的心去帮助那些犯错误的学生，引导他们正确地认识错误和改正错误。教师要积极投身教育教学活动中，努力为学生营造宽松、和谐的成长氛围，为学生的健康成长投入自己的生命激情。

2. 对待事业的态度

教师要以积极的态度来看待教育事业，要把教育工作当作自己的兴趣，把自己的人生理想和个人发展与教书育人工作有机结合起来，在"育人"的同时"育己"，把教育教学工作视为促进学生和自身共同发展的有益活动。教师对自身的职业不仅要有认同感，更要怀有一颗敬畏之心。只有心存敬畏，才会热爱自己的职业，坚守自己的职责本分并专注其中，教师的敬业精神是教师责任感和使命感的体现，教师的敬业程度是衡量教育效益的重要指标。

3. 对待工作的态度

教师要有认真负责的工作态度，要善于从书中吸取前人经验，丰富自己的学识，做一名有理想、有追求的读书人。除了向书本学习，还要乐于向同行、同事、学生学习，向社会和自然学习。在不断探求教育教学规律的同时勇于创新学习，教师每天在教学工作中，要怀揣激情，精神振作，认真备课，要像对待创作一样对待课堂，要对学校各项工作认真负责，严格遵守各项规章制度。教师在积极主动地投身教育改革的同时要不断培养对职业的热爱，教师的职业态度便会积极向上，教师的成长便有了力量源泉。

（三）中小学教师职业道德培训的方式

中小学校要从社会实际出发，根据中小学教师不同的培训内容选择其合适的培训方式。

一些年老的中小学教师虽然有很深的教学资历，但他们和青年教师比起来，教学方式、教学理念很陈旧，因此，对这些教师的培训，要重点放在对新教材和新的教学方式方法的培训上，使他们跟上时代的步伐，改变陈旧的教学方式和理念。对一些低学历的中小学教师，要鼓励他们多参加一些成人类的考试，并对其进行相关的培训，提高他们的学历和专业知识技能。对全体中小学教师进行继续教育学习和再深造，提高他们的综合素质和教学能力。对中小学校中的优秀教师、骨干教师进行高层次的培训。

三、加强教师职业道德建设中的评价、监督和激励措施

(一) 合理评价机制

一般来说，师德评价是依据一定的标准，对教师对待行为所做的性质及程度的判断，以确定其道德价值。在师德建设过程中，师德评价是一个非常重要的组成部分。在市场经济体制建立和发展的新形势下，学校发展的商业化趋势明显，价值观多元化，教育产业化，对教师职业道德建设产生较大的冲击，而学校科学的评价机制则具有导向作用。教师的道德素质状况在受外界影响的同时也会因为自身的生活环境、工作、学习等状况的变化而发生较大的变化，对一个教师在某一阶段工作做出及时、科学、合理的评价，能够发现教师身上的长处以及存在的问题，能够比较客观地衡量合格教师或优秀教师的实际业务水平以及他们之间存在的差距，有利于教师在工作中及时发现自身的缺点并努力地克服，不断发扬自己的长处和优点，积极地改进教育教学方法，全面提高教育质量。

[相关链接]

　　近日，据有关媒体报道，某地区教育局发现该区有 132 名教师交来假毕业证用作评职称。在这里，重要的不是过多地去争论孰是孰非，而是应该冷静地思考怎样避免类似"造假事件"的发生。当我们在强调"道德自律"时，是否也应该重视制度的保障？就教师评审制度而言，我们是否还存在有待完善的地方？很多老师在"倒苦水"时说道，年纪大的教师，学东西很困难，加上平时教学就很紧张，没时间考文凭，教学成绩再突出没有文凭都评不上职称；而有的老师却不顾教学，只顾自己考文凭，往往这些人就能被评上职称。

　　(1) 要坚持一般与特殊相结合的原则来制定一个评价标准，客观地评价教师职业道德，以制度来管人，不是人管人，这样既有利于教师整体职业道德水准的增强，也有利于教师个体的充分发展。

　　(2) 在评价方式上，应该加强对教师教学行为的管理，对其进行分析和反思。

　　(3) 在评价结果上要不断地反馈与落实，把评价的结果作为对教师进行表彰、评聘及安排教学工作的重要依据，来引导教师的职业道德行为，促使教师职业道德建设。

　　合理的师德评价能够有效地促进师德的发展，而不合理的师德评价则

会阻碍师德的建设。建立积极科学的教师职业道德评价机制对教师职业道德修养起着极为重要的作用。

（二）多元监督机制

在教育行政部门的监督管理基础上进一步完善教师监督机制，构建多方位的、系统的师德监督体系，构建"教师自身、学生、家长"三位一体的监督网络，以促进教师职业道德的自律。

1. 教师自身的监督

教师监督是指在教育教学的实践中教师与教师之间相互监督。教育劳动不仅是个体的独立劳动，而且是教师与教师之间相互协作的劳动，这就要求教师在教学工作中不但要搞好与学生、家长之间的关系，更重要的是搞好教师与教师之间的关系，他们在对彼此的敬业精神、工作态度、师生关系、同事关系、劳动成果都十分了解的基础上对教师的教育教学质量、教师之间是否团结协作、是否认真对待学生、是否尊重家长等采取公开和不公开的形式进行相互监督，可以合理而有效地促进教师职业道德行为规范。教师监督方式包括相互间的师德评议、师德测评、问卷调查、召开学生座谈会、家长座谈会、互相听课评教等。

2. 来自学生的监督

学生监督是构建教师职业道德监督机制中重要的一环。学生对教师的监督主要体现在课内、课外两个方面。课内监督主是指对教师在课堂上的教学活动进行监督，如对教师在课堂上的教学方式、教育态度、语言方式、行为举止等情况的监督。课外监督是指对教师在课堂以外的日常生活进行监督，通过对学生进行调查问卷、教师满意率测评、收集学生对教师职业道德的评价意见等方式，监督教师的言行举止是否符合教师职业道德规范的要求，监督教师在对待学生时有无失德行为。

3. 家长协助的监督

主要是从家长的角度对教师行为进行监督，特别是在学生家长和教师接触时，通过听取学生反映、观摩教育教学活动、家长和教师座谈以及亲自调查相结合的方式对教师是否违背教师职业道德和社会公德行为进行监督。部分中小学校成立的家长监督委员会，负责对教师的职业道德监督与反馈。

（三）有效激励机制

激励机制是指管理者依据法律法规、价值取向和文化环境等，对管理对象之行为从物质、精神等方面进行激发和鼓励以使其行为继续发展的机制。在市场经济条件下，制度的建立、健全和严守尤为重要。只有在制度上使欺诈者必自欺，无信者必自损，才能够保证新的道德秩序的真正确立。如果善行得不到相应的激励，就不会有人继续做善事。作为社会上的普通人，他们的言行举止都会不同程度地受到外界环境的影响，在这个大的背景的推动和影响下，每一个人都有争取达到目标并得到他人尊重的强烈愿望，因而，对教师精神上和物质上的表彰与奖励，都能激发他们工作的积极性。建立有效激励机制的关键是要确立一个激励标准，促使教师的欲望和情绪不断增强，从而形成积极向上的动力。

在教育教学实践过程中，要及时对那些工作能力强、教学成绩优异、师德修养好及在教学科研工作中做出贡献的教师给予物质和精神上的激励与鼓舞，以肯定他们的成绩与价值。

对设定的激励标准广泛宣传，使之便于落实并起到导向作用。可以从正面加以引导并宣传教师高尚的职业情操、优秀的工作业绩以及良好的师德修养，制定以评人之长为主要内容的规章制度，这样不仅能增强教师的竞争意识，更能有效地激发教师的工作热情，充分发挥优秀教师的模范与带头作用，为学校的教育事业建设做贡献。

四、创建有助于教师师德建设的和谐校园环境

校园是中小学教师和学生共同生活学习的主要场所。良好的校园环境不但有利于教师职业道德素养的提升，还可以促进学生与教师、教师与教师之间的关系。

创建和谐的校园环境要从两方面入手：一方面，以科学发展观为基础，以育人为目的制定一套合理的校园规章制度，规范教师在工作和日常生活中的行为。规章制度的设计要兼顾人性化和标准化，在约束教师职业道德的同时，加大对教师的鼓励和激励措施，不反对使用奖金激励的方法，不仅可以促使教师努力提升教学水平，提高教学质量，还能增强教师的幸福指数，激发其强烈的责任感与使命感。规章制度的建设是创建和谐校园环境的硬件措施。另一方面，注重校园精神文化方面的建设。在一个文化环境落后的校园里，不会有具备优秀职业道德的教师和综合素质高的学生。一个学校的文化氛围决定着该校的办学理念和价值取向。积极的文化氛围能潜移默化地指引全校师生向着好的方向进步，而不正确的文化氛围对全校师生的影响不可估量，消极的作用很可能会伴随人的一生。精神文化方面的建设是创建和谐校园的软件措施。硬件措施和软件措施两者相辅相成，

缺一不可，科学规范的硬件措施必须健康积极的软件措施相协调，和谐校园的创建才能起到成效。

【思考题】

1. 试举例说明我国中小学教师职业道德存在的主要问题及其原因。
2. 试述解决我国中小学教师职业道德问题的对策。

第八章 国外师德建设的基本做法与经验

【学习目标】

1. 正确掌握联合国教科文组织等机构关于师德规范的规定。

2. 能够从美国、德国、英国和日本的师德建设中寻找其共性特征。

教师曾被誉为太阳底下最崇高的职业，教师应该是道德卓越的优秀人物。基于这一观点，人类社会在充分肯定教师崇高地位的同时，也对教师的道德品行提出了极高的要求。被誉为德国的"教师的教师"的教育家第斯多惠认为，教师不应该"把教育事业贬低为唯一的谋生手段，获取财富的阶梯"，而是"即使命运遭受不公平的待遇和碰到忘恩负义，也心甘情愿，为培养孩子聊以自慰""我们只能树雄心，立壮志，坚持不懈地为完成伟大的崇高的人类使命而奋斗终生"。① 随着人类社会的文明进步与教育事业地位的提高，教师职业道德问题日益受到人们的重视。世界各国，特别是一些发达国家，尤为重视教师职业道德建设，并已取得了卓有成效的经验，其对师德教育问题的认识及进行师德教育的做法值得我们学习与借鉴。

---

① ［德］第斯多惠. 德国教师培训指南. 袁一安，译. 北京：人民教育出版社，1990：15.

第一节　联合国教科文组织等机构关于师德规范的规定

教育本质上是一个人精神成长的过程，在这一过程中，教师最为关键。而在教师的综合素质中，教师的道德精神成为教师专业品质的重要内涵之一，因为它指向教育的价值追求。国际上的教育组织对教师这方面的要求越来越重视并付诸行动纲领。

一、国际教师团体协商委员会关于师德规范的规定

国际教师团体协商委员会，在国际教育工会的推动下，曾对世界范围的师德规范提出要求。1954 年 8 月，国际教师团体协商委员会在莫斯科举行第 19 次会议，与会的有中、法、苏、英、德、意等国家的教师代表，这次会议通过了《国际教师团体协商委员会教师宪章》。

《国际教师团体协商委员会教师宪章》规定各国教师应遵循的师德规范如下：

（1）教师必须尊重学生的思想自由，并鼓励他们发展独立的判断力。

（2）教师要致力于培养作为未来成人及公民的道德意识，并以民主、和平与民族友谊的精神教育儿童。

（3）教师不能因性别、种族、肤色及个人信仰和见解的不同，将个人信仰和见解强加于儿童。

（4）教师要在符合学生自尊心的范围内实施仁慈的纪律，不得采用强制和暴力。

上述规范对各国教师教育与培训工作产生了广泛的影响。

二、联合国教科文组织机构关于师德规范的规定

（一）《关于教师地位的建议书》中教师的师德规范

1966 年 10 月，联合国教科文组织通过了《关于教师地位的建议书》，其中提出的师德理想是："应以人类个性的全面发展，以集体精神的、道德的、社会的、文化的和经济的进步，以及以对人权和基本自由极大尊重的谆谆告诫为目标，将最主要的注意力集中于教育对于和平以及对于各民族、种族或宗教集团间的了解、宽容和友谊所做的贡献上。"而制定师德规范的指导原则是"将对学生的教育损失减少到最低限度"。

（1）教师不得以种族、肤色、性别、宗教、政治见解、民族、社会成分或经济状况为理由，以任何形式歧视学生。

（2）教师要为每一个学生提供可能的、最充分的受教育机会，应适当注意对教育活动有特殊要求的儿童。

（3）教师应具有必要的德、智、体的品质，并且具有必要的专业知识和技能。

（4）教师要尽一切可能与家长密切合作，但也不能在教师专业职责等方面受到家长不公正和不应有的干涉。

（5）教师要积极参加社会和公共生活。

（6）为了学生、教育工作和全社会的利益，教师要力求与各行政主管部门充分合作。

（7）教师应参加课程、教学方法和教学设备的改进工作。

（8）教师要公正地评定学生的学业成绩。

（9）教师应避免学生发生事故意外。

（二）《关于教师作用的变化及其对教学专业的职前教育、在职教育的影响的建议》中对教师伦理方面的要求

1975 年，联合国教科文组织又提出了《关于教师作用的变化及其对教学专业的职前教育、在职教育的影响的建议》，其中对教师提出了伦理方面的要求：

（1）教师要成为发展学生的能力、兴趣的教育者和顾问。

（2）教师要同社区的其他教育团体协作，使青少年为参与社会生活、家庭生活、生产等做好准备。

（3）教师要对学生和家长提供辅导和咨询。

（4）教师要参与学生课外活动的组织。

三、国际教育组织关于教师职业道德的宣言

国际教育组织是一个属于全球教育人员的产业工会组织，会员为来自159 个国家的 310 个教育组织，会员教师与教育人员高达 260 万人，是当前规模最大的全球性工会联盟。2001 年 7 月 25 至 29 日在泰国举办的第三届国际教育组织世界大会上通过了《关于教师职业道德的宣言》。它是教师和所有其他教育工作者的个人与集体宣言，也是对教师职业规范的法律、法规、条例和活动等的补充。

《关于教师职业道德的宣言》共包括两部分：一是序言；二是宣言。

在序言中首先提出高水平的公共教育是民主社会的主要基础。它的任务是确保所有的儿童和青少年享有接受教育的平等机会。它对经济、社会和文化的影响是一个国家良好发展的关键因素。提供高水平的公共教育是一项重要的使命，教师和教育工作者有责任建立公众对教学服务的高水平和标准的信心。

在职业实践中做出负责任的判断是教育的核心活动。提供高水平的公共教育的关键在于合格、有专业精神和责任感的教师以及教育工作者为了开发每名学生的潜力所表现的呵护与关切。

高水平的公共教育的实践，除了需要教师和教育工作者的教学能力和专业精神，良好的工作环境、社会的支持和周全的政策也是必备的条件。只有在所有的条件都具备的条件下，教师和教育工作者才可以充分地、负责任地、为学生和社会执行他们的教育工作。

关于教师职业核心道德问题的讨论有利于教师职业的发展。对职业标准以及伦理意识的加强，不仅可以提高教师以及教育工作者的工作满意度和自我批评，也可以提高社会对教师职业的尊敬。

作为国际教育组织的成员、教师、其他教育工作者和他们的工会，应努力提倡教育，来帮助人们充分地发挥自身的能力，为社会的发展进步做出贡献。宣言的核心思想是为了引导教师、其他教育工作者和他们的工会达到教师职业应有的职业道德标准，宣言如下：

第一，对职业的承诺。教育工作者应该：

（1）为所有学生提供高水平的教育，以加强公众对教育工作者的信心，以赢取他们对教师职业的尊敬。

（2）确保定期更新并增进专业知识。

（3）安排自身的终身学习计划，包括计划的内容、程序和时间，以表现教师的专业精神。

（4）声明并不隐瞒任何相关专业资格的资料。

（5）通过积极参与工会活动，达到良好的工作状况，以吸引高素质的人士加入教师职业。

（6）通过教育，全力支持并推进民主和人权。

第二，对学生的承诺。教育工作者应该：

（1）尊重所有的儿童（特别是他们的学生）的权利，以确保他们受到联合国儿童权利公约（尤其是所有有关教育的条款）的保护。

（2）保护和提倡学生的人身安全和利益，确保他们不受到任何形式的欺负以及任何生理或心理的伤害。

（3）尽所有可能保护儿童不让他们受到性伤害。

（4）以应有的照顾，努力对待任何有关学生安全和利益的事项，并同时保护学生的隐私。

（5）协助学生建立一套符合国际人权标准的价值观。

（6）与学生保持师生之间的专业关系。

（7）认识到每个学生的特殊性、特点和特殊的需求。

（8）让学生认同于一个富有互助精神，却也有个人空间的社会。

（9）以公正与慈悲发挥教师的权威。

（10）确保师生之间的特殊关系，不受任何宗教或意识形态的影响和控制。

第三，对教育界同事的承诺。教育工作者应该：

（1）通过对彼此（尤其是对刚从事教师职业或在培训中的同事）的职业等级和观点的尊重，提高同事之间的交流和帮助。

（2）除非有严格的专业或法律原因，不可透露在就业中得到的关于同事的任何数据。

（3）协助同事完成由教师工会和雇主所同意的同事互相审查的审查程序。

（4）保障同事的人身安全和利益，确保他们不受到任何形式的欺负以及任何生理或心理的伤害和性侵犯。

（5）为此声明的实践得到最佳效果，确保内容的落实和执行是国家级的工会组织内透彻讨论的结果。

第四，对管理层的承诺。教育工作者应该：

（1）熟悉他们的法律和行政的权利和职责，并且尊重集体合同中列出的条例和学生的权利。

（2）执行管理者合理的指示，并有权利通过清晰的、规定的程序对于该指示提出质疑。

第五，对家长的承诺。教育工作者应该：

（1）认识到家长有权利通过双方（教育工作者和家长）同意的管道对于他们孩子的安全和利益进行咨询。

（2）尊重父母的法定权利，但可为了儿童的最大利益从专业的角度向他们提出建议。

（3）做最大的努力让家长积极参与他们孩子的教育以及积极支持教育

过程，避免孩子参与任何形式不利于他们教育的工作。

第六，对教师的承诺。社区和社会应该：

（1）让教师感受到就业中得到公平的对待。

（2）认识到教师有保留隐私、照顾自身和在社区内正常生活的权利。

第二节　美国师德建设的基本做法与经验

美国是最早关注教师专业化的国家之一。教师专业化有着非常丰富的内涵，其中，教师的道德素质成为教师专业化标准的重要内涵。本节主要通过对美国《教育专业伦理规范》的解读，以及美国优秀教师专业标准的解读，分析美国对于教师的道德素质的要求及其内涵建构。

一、美国师德建设的发展沿革及具体内容

（一）美国师德建设的发展沿革

20世纪二三十年代，美国教育界就对"理想的教师"的问题进行了相关的讨论与研究。随后，美国全国教育协会以这些实证研究为基础，于1929年制定《教学专业伦理规范》，1941年和1952年美国全国教育协会对该规范进行了两次修订。1968年美国正式颁布第三次修改稿，并更名为《教育专业伦理规范》。大约有200万从事教育工作的人签署表示赞同。1975年又进行了第四次修改。

[相关链接]

《教育专业伦理规范》

导言：教育者坚信并维护每一个人的价值与尊严，教育者认识到追求真理，力争卓越，培养学生民主精神的重要性。要达到这些目标，根本在于保护学习与教学的自由，确保所有人的平等受教育机会。教育者承担着遵守最高道德准则的责任。

教育者认识到内在于教学过程中的责任之重大。渴望获得同事、学生、家长以及社会成员的尊重与信任，是教育者保持最高水准的道德行为的内在动力。教育这一职业的道德规范显示了所有教育者的理想，并为其行为提供了评判的标准。

原则一：对学生应承担的义务

教育者努力帮助每一个学生实现其潜能，使之成为一名有价值、有能

力的社会成员。因此，教育者致力于激发学生的探究精神、求知与理解欲望，以及成熟的价值目标的形成。

为了履行对学生的职责，教育者：

1. 在学生的求学过程中不应无理限制学生的独立行动。

2. 不应该无理阻止学生接触各种不同的观点。

3. 不应故意隐瞒或歪曲有关学生进步的主题内容。

4. 当学生的学习、健康及安全受到危害时，应为保护学生做出恰当努力。

5. 不应故意使学生处于尴尬或受贬低的处境中。

6. 不应基于种族、肤色、宗派、性别、原国籍、婚姻状况、政治或宗教信仰、家庭状况、社会或文化背景、性别倾向的不公平；将任何学生排除在任何活动之外；剥夺学生获得补助金；准许学生有任何特权。

7. 不应利用与学生的职业关系谋取私人利益。

8. 不应透露在职业服务过程中获得的有关学生的信息，除非完全用于职业目的，或法律要求。

原则二：对职业应承担的义务

教育是被公众赋予信任与责任而授予的职业，它需要职业人员在服务过程中具备最高的思想典范。

教育职业服务的质量对国家及其公民有着直接的影响，在此信念下，教育者应该不遗余力地提高职业水准，努力营造一个鼓励运用专业判断能力的氛围，创造条件吸引值得信赖的人从教，帮助避免不合格人员从事教育。

为了履行对职业的职责，教育者：

1. 不应在求职的申请资料中故意做出错误陈述，或未能透露有关其能力与资格的事实材料。

2. 不应瞒报或歪曲自己的职业资格。

3. 不应帮助在道德、教育背景以及其他有关特征方面不够格的人进入教育职业。

4. 不应有意对某职业岗位申请者的资格做出错误陈述。

5. 不应帮助一个非教育者实施未经授权的教学实践。

6. 不应透露在职业服务过程中获得的有关同事的信息，除非完全用于职业目的，或法律要求。

7. 不应故意对同事做出不实或恶意陈述。

8. 不应接受任何可能损害或影响职业决定或行为的酬金、礼品或好处。

20 世纪 70 年代后，人们开始重新强调知识基础在教育中的作用。1983 年美国发表了《国家在危机中——教育改革势在必行》。该报告指出，美国教育已成为"平庸"的教育，而不是"优异"的教育。面对这种情况，美国社会各界很快把美国竞争力下降的原因归结为美国基础教育质量的下降，而最终的原因很大程度上归咎于教师的质量问题。于是，20 世纪 80 年代美国教育改革把重点放在了基础教育质量的提高上，提高教学标准，特别重视教师和学生积极性、创造性的发挥。1986 年发表了《明天的教师》《国家为培养 21 世纪的教师做准备》《新世界的教师》，1990 年发表了《明日之学校》，等等。这些报告不仅提醒人们教育中面临的困境，更旨在唤起民众对教师质量的关注，希望通过整个社会的共同努力使美国的教育走出困境。

（二）美国师德规范的具体内容

美国的师德规范大体包括三个方面的内容：一是师德理想；二是师德原则；三是师德规则。这是从高到低三个不同层次对教师的道德要求。

1. 师德理想

美国的师德理想是：相信每一个人的价值和尊严，追求真理，力争卓越，培养民主信念。这是对教师提出的最高要求，它指明了教师应当努力的方向。

2. 师德原则

师德原则是以师德理想为基础，受师德理想制约的指导教师行为的准则。美国的师德原则主要包括两个方面：第一，在对待学生方面，要力争帮助每个学生实现自身的潜能，使他们成为有价值而且有用的社会成员；第二，在对待自己所从事的教育事业上，要竭尽全力提高专业的水准，争取条件来吸引那些值得信赖的人从事教育工作，并且防止不合格的人从事教育专业。

3. 师德规则

在美国《教育专业伦理规范》中，师德规则所占比重最大，它反映的是作为一个称职的教师最基本的要求。与师德理想、师德原则相比，美国的师德规则更加明确、更加具体，在教育实践中也更具有可操作性，它直接影响着教师的教学行为，限定着教师在课堂内外各方面的表现。

《教育专业伦理规范》是专就师德问题公布的文件，此外还有其他一些规定也反映着有关师德的要求。如美国的《优秀教师行为守则》，就从教学行为方面对教师提出了一些道德要求。《优秀教师行为守则》包括 26 条，其中涉及的师德内容包括：

（1）记住学生姓名。

（2）注意参考以往学校对学生的评语，但不持有偏见，并且与辅导员联系。

（3）对学生真诚相待，富于幽默感，力争公道。

（4）要言而有信，步调一致，不能对同一错误行为采取今天从严、明天从宽的态度。

（5）不得使用不能实施的威胁性语言。

（6）不得因少数学生的不轨行为而责备全部学生。

（7）不得当众发火。

（8）不得在大庭广众之下让学生丢脸。

（9）注意听取学生的不同反映，但同时也应有自己的主见。

（10）要求学生尊敬教师，对学生也要以礼相待。

（11）不要与学生过分亲热或过分随便。

（12）不要使学习成为学生的精神负担。

（13）在处理学生问题时如有偏差，应敢于承认错误。

（14）避免与学生公开争论，应个别交换意见。

（15）要与学生广泛接触，互相交谈。

（16）少提批评性意见。

（17）避免过问或了解学生们的每个细节。

（18）要保持精神饱满，意识到自己的言谈举止都会影响学生的行为。

（19）要利用电话等手段与学生家长保持联系。

（20）在处理学生问题时，要注意与行政部门保持联系。

（21）要严格遵守学校的规章制度。

美国的师德建设中更加侧重师德规则，这些规则直接制约教师各方面的行为，规范着教师这样一个特定的职业。

二、美国师德建设的基本做法与经验

（一）美国职前教师的培训内容与经验

美国在教师职前培训中，不以师德为名专门设课，而是将教师的道德教育渗透在学校的日常道德教育之中，其对师范学生进行的日常道德教育主要包括以下几个方面。

1. 道德教育目标

美国学校道德教育的目标是，把学生培养成具有爱国精神，能对国家尽到责任和履行义务的"责任公民",以维持一个统一强大的美利坚合众国。其中培养学生具有美国精神,具有美国社会的基本思想和价值观,把知识的富有和道德的完美有机地结合起来是关键。围绕这一目标,爱国主义教育、法制教育、价值观教育、人才教育、文明史教育以及心理教育成为学校德育的重要内容,而其核心内容,如民主、自由、人权、个人主义等价值观念则长期保持基本不变。

2. 道德教育的主要内容

(1)公民教育。美国学校对学生实施的道德教育一般包含在社会学科里,社会学科包括历史、地理、公民三门课程。在让学生了解一些基本知识的同时,了解美国民族的历史传统和国家进步。公民教育的内容首要是了解美国的政治制度、宪法和公民的基本权利。此外,公民教育课还包含许多"政治观"的教育内容,比如资产阶级自由、民主、平等、博爱的宣传教育。爱国主义教育也是重要内容,使学生在与自己祖国的关系中形成一种"我们"的意识,并认为"美国是世界上最好的国家""当一名美国人比任何其他国家的国民都好"。

(2)道德教育。美国的道德教育课注重培养学生的基本价值观和道德品质,具体包括:第一,诚实与勇敢,这是美国人生活中一致推崇的品德。他们认为,诚实是做人的基本准则,因而具有普遍意义。勇敢包括冒险精神,这是美国人心目中一直崇尚的开拓精神。第二,公正和正直,包括尊重所有人的价值和权利,促进人与人之间的平等,能与持不同观点的人共同工作,利己不损人。第三,自爱自律,养成各种有益于身心健康的习惯,戒除各种有损于这些目标实现的嗜好。培养与家庭生活准则一致的态度。自律强调自我约束,不仅要做自己认为该做的事,而且要做自己并不愿意做、但社会需要做的正当的事情。另外,还有勤奋刻苦、忠诚守信、宽宏大量等。

(3)宗教教育。美国公立学校强调"教育世俗化",即"教育必须与宗教脱钩",但是在美国庞大的私立学校系统中,宗教教育的大量内容已渗透在学科教育中。

3. 道德教育方法

(1)注重正面引导。美国没有一个全国通用或各类学校统一的德育目标和要求,不同的州、不同的地区、不同的学校,都可根据各自的价值观去确立德育目标。没有专职的德育工作者,没有统一的德育教材。

(2)间接教育,全方位渗透。美国教育工作者认为,将道德教育有机地渗透于各科教学和学生的日常生活中，比直接灌输收益更大。因为这种间接方法不易使学生产生受灌输和被强制感，从而不易引发逆反心理和意义障碍。

（3）强调道德实践，培养良好品德。美国大学重视开展校内外各种实践活动来塑造学生品德，使学生加深对道德观念的理解。

（4）注重心理咨询。心理咨询的任务是提高学生的自我意识水平和自助能力，解决学生遇到的各种心理问题，促进学生在思想和心理上的成熟，健全人格。

（二）美国师德教育的基本特点

（1）美国师德规范的形成具有地方性和行会性。

（2）师德教育的要求提出以法律为准绳，各种行为规则的形成均在法律的框架下进行。

（3）在对师德的具体要求上，偏重于教师的外显行为，而不是一般地、笼统地提倡教师应具备的某些品质。

（4）美国职业伦理规范条目不多，表述上多采用限制性语言（不准、不得），可见对教师的要求定调不高，少有理想主义的东西。

（5）师德教育方面不是采取直接灌输，而是通过间接渗透的方式进行的。

（6）注重师德教育的实践性和渐进性是师德教育的又一特色。

总之，美国提高中小学教师职业道德教育分为职前和职后两个阶段。职前强调本科教育中的通识教育，通过提升通识教育提升大学生的人文素养。美国还高度重视中小学教师的在职培训，美国各级政府通过为数众多的大学研究生院、暑期学校、教师中心培训教师。他们采用专题研究、专题讲座、课堂教学观摩等形式提升教师的教育理解能力和实践能力，以使教师们能够应付社会对教育教学改革的迫切要求。

第三节　德国师德建设的基本做法与经验

德国有着悠久的师范教育历史，国家特别重视教师教育工作。19 世纪初，教育部部长洪堡领衔的教育改革就包括教师教育改革。1810 年 7 月规定只有通过国家考试者才能获得教师资格证书并得以任用。这样，真正独立的教师培训机构开始发展。1904 年，德国教师协会做出决议，要求把国民学校教师的训练提高到大学水平。这意味着要求把师范教育统一在大学一级水平之上。德国教师队伍的整体素质高，社会福利待遇好，教师群体的社会、政治、经济地位高，是与其独特的教师培养体系、模式以及教师职业严格的从业要求相对应的。德国对教师任职资格及服务的权利和义务都有具体的要求，并强调教师应具备教师职业的道德素养。

一、德国教师的标准及其师德教育的内容

（一）明确提出好教师的标准

（1）应具有健康的体魄，能胜任繁忙的教育和教学任务。

（2）具有敬业精神，热爱自己的职业，热爱自己的学生。

（3）具有人道主义精神，对学生笑口常开。

（4）热爱自己执教的学科，因自己的执教学科而感到欢欣鼓舞，了解它的重要性和意义。

（5）对自己的执教学科很有自信心，很有把握，了解它的难点、关系、系统、方法，等等。

（6）懂得学习，了解每个人都有自己的学习方式和风格。

（7）具有民主精神，不仅认识到在教师之间，在学生之间也要讲民主。

（8）具有良好师德，具有教师的责任感和使命感。

（二）重视对教育关系的理解，是师德教育的重要内容

德国教育家认为，师生关系是第一教育关系，教育关系是教育者和受教育者之间的人际关系的特征，是他们之间相互影响的特征。德国学者泽姆与科特勒在其《论师范生》一书中，从人类的视野和当代社会状况概括了未来教师的形象。

（1）一名人际关系的专家。其素质包括：具有真实的、无偏见的、同情的和乐于接受学生的态度；注意用眼神接触，用人体语言表达的非言语行为；支持性的、显示同情的、用心理解的、关注学生的策略。

（2）一名有效的交往者。其素质包括：营造真诚关心的气氛；促进全体学生的有效交往；有效的班级交往的规划；创设班级交往的关系；规范有效交往的实践。

（3）一名帮助者。其素质包括：理解学生；信任学生；同情学生。

（三）重视教育实践与体验，注重自我教育

被誉为德国的"教师的教师"教育家第斯多惠认为，要发展学生的主动性和创造性完全依赖于教师熟练的指导，学校全部工作的成功均依赖于教师道德的提高。教师希望引导别人走正确的道路，激发别人对真、善、

美的追求，使别人的素质和能力提高，自己首先应当发展培养这些优秀的品质。第斯多惠认为："教师的主导思想就是促进人类的道德。教师要把全部精力献给这一高尚的事业，而让这种高尚思想牢固树立在心中。"①

二、德国师德建设的基本做法与经验

德国哲学家、教育家康德曾经说过，"有两种东西最能深深地震撼我们的心灵：一是我们头顶灿烂的星空；二是我们心中崇高的道德准则。"德国是一个既具有科学又具有人文精神传统的国家。而这种人文精神的传统又充分体现在教师身上和教师教育的要求中。

（一）作为国家公务员的教师应履行的基本义务

在德国，教师原则上均为国家公务员。从录用的个人条件看，教师被确定为国家公务员，必须忠于宪法，必须达到规定的培训程度。从录用的客观条件看，要根据需要录用，有必备的经费支持。

教师作为国家公务员要承担的义务是：第一，国家政治方面的义务，教师具有忠诚的义务；宣誓的义务；无党派的义务；政治活动的温和节制的义务；禁止罢工，等等。第二，职位工作的义务，教师要有尽职的义务；正常的工作时间；无私的义务；服从的义务；保密的义务；善待公民的义务，等等。

（二）从教师职业的具体服务要求看应承担的责任

教师作为国家公务员，对教学及托付给他们的学生负有直接的教育责任；教师的职务要求他们在自我责任和教育自由的基础上，对学生进行教育、教学、咨询和评价；教师为履行其任务，必须同学生的监护人进行充满信任的合作；教师通过执行法律规定、管理条例、教育大纲和教学计划以及学校督导部门的具体文件规定等开展教育教学活动；教师在教育教学工作中要保持政治中立；教师应该在教学范围内促使学生得到发展。

在 2004 年新出台的德国教师教育标准中更加强调：

（1）教师要了解学生的社会与文化生活条件，以便在学校内部去影响其个人发展。

（2）教师要向学生传授一定价值观与人生准则，并帮助学生形成自主判断和自主行为能力。

---

① ［德］第斯多惠. 德国教师培训指南. 袁一安，译. 北京：人民教育出版社，1990：176.

（3）教师能够为共同学习创设和谐环境，能够与学生面对面交流自己的感受与情感，又能从教育角度反思并利用情感交流的结果。

（4）教师要认识到教师职业的特殊要求，能将职业理解为是负有特别责任与义务的公职。

（5）认识教师的重要职业任务，需要终身学习。

第四节　英国师德建设的基本做法与经验

英国的教师专业标准是一个完整的标准系统，是一个全国性、分层次、系统的教师标准群，其制定是当今英国政府为促进教师专业发展较为有力的措施之一，在其国内产生了很大的影响，也受到其他国家的广泛关注。

一、英国合格教师品行的构成要素

早在近代，英国著名教育家洛克就认为，教师的责任在于培养良好的习惯，怀抱德行和智慧，在学生向善的时候，给他力量、活力和勉励。他认为，作为教师，学问是第二位的，而道德准则是第一位的。做教师的人，自己应当具备良好的教养，随人、随时、随地都有适当的举止和礼貌，具有一个严谨的人和一个学者的性格。

英国具有一贯重视教师个人修养的传统，普遍认为，教师的品性对学生的方式和态度是最有力的教育手段。1972年颁布的《詹姆斯报告》奠定了现代英国教师体系的基础。1994年，师资培训署的成立，标志着全国范围内教师教育教学质量标准体系的形成。1998年颁布的《教师：迎接变化之挑战》使教师专业化问题成为英国教育关注的焦点。

英国教师教育的培养目标是：通过提供高质量的培训课程，使每个师范生都成为自信、能胜任、善理解、高效率的合格教师，而且在教师教育过程中，重视教师道德品质及养成是其一贯保持的传统。

2007年9月颁布的《英国教师专业标准》由证书教师专业标准、初任教师专业标准、骨干教师专业标准、优秀教师专业标准和资深教师专业标准五个模块组成，对各个阶段教师的专业发展进行了全程规划，将教师从职前到入职和在职的发展整合起来，把教师的发展纳入了"一体化"的进程。

作为合格教师的主要品行应包括：

首先，在教师职业道德方面。作为合格教师，他们应该是热爱教师职业生涯，具有为教师生涯献身的精神。

其次，在合作共事方面。随着现代学校教育理论与实践的发展，教学工作逐渐演变成为相互关联和相互衔接的过程。虽然备课、上课、批改作业等教学工作具有较强的单干性质，但是培养学生的整个过程，绝不是个别教师能够单独承担的，这就要求教师具备合作共事、相互配合、同心协力的个人品质。

最后，在个人主义精神方面。个人主义被视为一种推动社会进步的精神力量，人从小就应该具备这种为追求个人幸福而努力奋斗的精神。一个教师，一方面要具有合作共事的品质；另一方面又必须具备个人主义精神。

作为不称职教师的主要表现是：教学方式单一，学生被动学习；注重惩罚，而不是表扬；将学生的自我表达、艺术性和自发性创造视为学习不力；对改革持怀疑态度；经常侮辱学生；注重控制，小题大做，不论错误大小，一律予以同样的惩罚；等等。

2012年9月1日，英国教育部重新颁布《教师职业标准》。该标准替代了原来的《教师资格标准》和《注册教师实践与行为规范》，从任职资格的角度对教师的专业实践和行为规范提出了明确的基本要求。《教师职业标准》对教师的教学理念、个人与职业行为做出了明确规定。其中教师在教学方面，必须树立远大目标，鼓舞、激励、挑战学生；必须改进教学以适应所有学生的优势和需求；必须准确、有效地运用评价，确保学生取得进步。除此之外，教师在校内外必须始终秉持高尚的职业道德和行为准则。教师要保护学生的尊严，建立以互相尊重为基础的人际关系；在法定条款范围内重点关注并维护学生福祉的需求；确保教师个人信仰的表达不会加剧学生的弱点或导致学生违法，等等。总的来说，"英国合格教师标准"对教师应具备的素质所提的要求相当细致，从抽象的态度、价值观到具体的教学操作，都提出了严格的标准。

二、英国师德建设的基本做法与经验

英国教师职前培训不以师德为名专门设置课程，但这并不意味着不重视师德教育，师德教育及师德观念的确立主要通过立法和间接渗透来实现。

首先，法律明文规定了教师的权利与义务，要求学生理解与掌握。如《学校教师报酬和条件法》《种族关系法》《性别歧视法》《工作中的卫生与安全法》《教师习惯法》《儿童法》《教育法》等。

其次，师德教育被融入各学科教学内容和教学实践中去。在教师职前培训过程中，始终强调接受师范教育者要掌握关于青少年身心发展、卫生安全知识、与学生家长关系等方面的知识，理解尊重学生人格的重要性。英国师范生的教育实践时间较长，一般有 15～20 周的教育见习和实习。在取得初任教师职务之后，英国教师专业标准对不同层次教师的专业技能的要求越来越高，到了骨干教师层次开始特别强调组织、团队合作能力，而到了优秀教师层次，特别强调决策与领导能力。

最后，关注教师的反思和改正。英国教师专业标准对于所有教师而言，其一，要不断反思自己的教育实践，有责任意识并满足自身专业发展需求；其二，支持并指导学习者反思自己的学习；其三，评价自己的教学对所有学习者的影响，必要时改进自己的教学和课堂实践。

根据以上分析，我们可以发现，20 世纪 80 年代以来，英国的教师专业理念有了相当大的改变，英国教育与技能部对于教师教育的改革已经走向新专业主义，即一方面追求专业效能的提升；另一方面，强调教师的专业服务意识和专业精神的提升。1994 年教育家泰勒在分析当时英国的教师教育政策时认为，具有胜任力是衡量教师培养效果的"核心标准"。换言之，教师必然服务于学生，必然要具有服务意识和服务精神。

第五节　日本师德建设的基本做法与经验

在亚洲各国中，日本的教育当首屈一指。自"明治维新"运动以来，日本通过教育"开启民智"，实现"文明开化"，促进社会经济发展并实现"富国强兵"。1886 年日本颁布《师范学校令》，1897 年颁布了《师范教育令》，建立了唯师范学校毕业生才能成为教师的师范教育培养模式。师范教育的重点放在修身和公民课上，强调师范生的道德修养。日本受儒家思想影响，教师在社会上享有崇高的威望，深受人们的尊敬。同时社会又对教师提出严格的要求，教师必须处处以身作则，为人师表，成为社会道德的化身。

一、第二次世界大战之后日本教师职业道德的要求

第二次世界大战结束后，过去理想的教师形象随着日本战败而幻灭。以《美国教育使节团报告书》为蓝本，日本借鉴美国的一些做法，废除了《教育敕语》，批判过去的教师教育培养缺乏自我研究、解决问题的能力以

及自主性问题。1947 年颁布的《教育基本法》规定教师是公务员，以维持政治的中立性为主要原则，教师在"学问自由"的前提下，"对全体国民直接负责任"，并努力"培养追求真理、和平的人"，努力实现儿童的"人格形成"。1951 年 6 月 16 日由日本教职员组织提出，1952 年日本教师联合大会正式通过了《教师伦理纲领》，发表"教师是劳动者"的宣言。其纲领中对教师职业道德的规定为：

（1）教师要肩负起日本社会的使命，与青少年一起生活。

（2）教师要为教育机会的均等而斗争。

（3）教师要捍卫和平。

（4）教师要站在科学真理的立场上行动。

（5）教师不容许自身的自由遭受侵犯。

（6）教师要同家长一道与社会的颓废现象做斗争，创造新文化。

（7）教师是劳动者。

（8）教师要维护生活权益。

（9）教师要团结一致。

当时，公立学校几乎所有的教职员都加入教职员组织并承认这一纲领。这个纲领业已成为日本教师的指南。

1987 年日本教养审在其颁布的《关于提高教员资质能力的方案》中明确提出：教师应具有作为教育者的使命感；对人类的成长、发展有深刻的理解；对儿童、学生有教育爱；具有教学科目的专业知识以及广泛丰富的教养及在此基础之上的实践指导能力。

1999 年，日本教养审在答辩中将教师专业标准具体化为以下方面：第一，立足于全球化视野的教学资质能力。包括能够对关于地球、国家、人类等有正确的理解和认识；具有丰富的人性；具有国际化社会中必备的基本资质能力。第二，作为社会人在多变时代生存所需的资质能力。包括解决课题等相关能力；处理人际关系的能力；适应社会变化的知识和技能。第三，教师教学所必需的资质能力。包括对幼儿、儿童、学生等教育的方针有正确的理解；对教师职业有执着和热情，并引以为豪；具备指导学科、学生所必需的知识、技能及态度。[①]

---

① 熊淳. 日本的教师专业标准研究. 外国中小学教育，2009（5）.

二、日本师德建设的基本做法与经验

(一) 在教师选聘之时，严把师德关

日本对从事专业性工作的教师提出的基本条件定为：

(1) 必须经过长期的专业性教育训练 (大学接受专门的教师培养训练，并取得规定学科的学分)。

(2) 掌握教育知识与技术，并具有社会公认的资格 (取得教师许可证)。

(3) 自觉地、不断地进修，以求专业能力的不断提高 (教师进修)。

(4) 具备专业职能、自律性和职业伦理，进行有益的社会活动。

(5) 具有教育者的使命感，深刻理解学生身心发展的规律，热爱教育，有教养并具有实际指导能力。

(6) 具备相关学科的专业知识。

(二) 日本各地教育委员会对新教师提出的职业道德标准

(1) 认识到教师工作的意义，为这项工作竭尽全力并持之以恒，能在教师工作中发现自己的生活价值，自觉地培养自己的使命感，并有热情。

(2) 谦虚、有责任感的年轻人。

(3) 积极的、有干劲的青年。

(4) 有广泛的教养和专业知识。

(5) 有很强的使命感和健全的身心。

(6) 身体健康并是人格、知识、道德、技能兼备的人。

(7) 热情，有使命感，有教育干劲，责任心很强，具有社会性和协调性，能适应长时间的教师职业生活。

(8) 教师应具有良好的教养、深厚的专业知识，并是干劲、见识、体力均衡发展的人才。

(三) 在培养教师过程中，日本对教师道德要求的主要做法

(1) 对自身：教师应有良好的、健康的生活习惯，克制自己过度的欲望，生活有节制，有良好的教养；有勇气，有坚强意志和坚韧的性格；自主、自律、诚实并具有责任心；有进取心，热爱真理、追求真理、追求理想，努力实现自己的理想。

(2) 对他人：具有人类之爱，并具有慈善、体谅、亲切、温暖、感谢心与同情心；举止适度的社交礼仪；尊重自己并尊重他人，具有谦虚的态度和宽广的胸怀，与同事、朋友真诚相待，具有健康的异性观，男性与女性间相互尊敬与爱护，互相促进。

（3）对自然：热爱自然、敬畏自然，尊重生命并努力克服人类的弱点。

（4）个人与团体：明确团体中个人的义务与责任。

正如日本教育学家佐藤学认为，教师是科学、学术、艺术的表达者，是理解并教导学生理解科学、学术、艺术的术语与样式、传统的实践者。教师在课堂教学中研究教育的内容与方法，在种种价值冲突中做出选择与判断，以便知性地解决负责的问题。

第六节　国外师德建设的共性比较及其对我国的启示

一、国外师德建设的共性比较

通过上述的分析，我们可以发现作为发达国家的教师职业道德教育的理论和实践存在着以下一些共性。

（一）强化教师职业道德的规范，建立教师质量标准体系

建立教师职业道德规范已是一个世界性的普遍做法，联合国教科文组织、国际教师团体协商委员会等一些国际机构所制定的有关教师的规则都体现了这一精神。发达国家，如美国、日本、德国、英国等都极为重视编制具体的教师职业道德规范，以保证教师在职业道德习惯养成上和社会对教师道德行为的评价上有规可依，有章可循。尤其是从20世纪80年代末开始，以美国为首，开展了标准本位教师教育运动。基于标准本位的教师教育改革注重教师专业规范的建设，注重教师成长过程各个分支阶段标准的连贯性和各类层级标准的相互衔接。

（二）明确划分师德规范的结构层次，有助于教师实践操作

教师职业的特殊性决定了师德规范具有结构层次，因而西方国家注重区分师德规范的不同层次，以对教师整体与个体提出不同层次的职业道德要求。如英国就明确提出教师的等级序列，它包括证书教师、初任教师、骨干教师、优秀教师和资深教师。对于每一个结构层次，师德规范不是空洞的师德理想，而是包括具体的行为规则，它可以直接制约教师个人的从教行为与教师群体的道德修养，也体现出师德规范的不同结构发挥不同的功能作用。

（三）构建以"师生关系"为核心的教师职业道德规范体系

要成为有效的交往者和帮助者，教师就必须成为一名"有教养的人"，因此，德国教师素质建构中尤其强调教师的交往能力。在教育过程中，师生关系是学校人际关系中最基本的交往关系，也是因学校教育而形成的独特的人际关系。强调师生关系旨在尊重学生自主性的精神，使他们的人格得到充分发展，因此师生关系是一种无形的、潜在的教育因素，直接制约着学生接受教育的程度，影响着教育过程，甚至决定着教育的质量和效果。

（四）强调师德教育的自我发展取向的专业发展模式

西方国家虽重视教师职业道德教育，但在职前和职后的培训过程中，不以师德为名专门设置课程进行简单的灌输或空洞的说教，而是将其渗透在学校及社会的日常道德教育之中，注重职业道德习惯的养成。西方国家的师德教育途径、方法多种多样，他们采用间接教育，全方位渗透，将教师道德与责任义务教育融入"公民教育"与"公民责任"教育之中，培养学生首先是具有爱国精神和尽责尽义务的"公民"。强调在道德实践中将师德规范内化为师德行为。

（五）重视教师在职教育和培训

无一例外，世界各国都非常重视对教师的培养和教育，致力于建设一流的教师队伍，他们主要从三个方面着手：一是建立良好的工作氛围；二是提供一流的教学和科研设施；三是为教师确定合理的工作量以使他们有更充分的自主和更多的时间接受业余培养和再教育。无论是教师的入门培训还是在职培训，其主要使命之一是在教师身上发展社会期待于他们的伦理的、智力的和情感的品质，以使他们日后能在他们的学生身上培养同样的品质。

国外高度重视教师的在职进修和培训，体现在：在职培训的立法化、制度化；进修目标的多元化、立体化；进修内容的多样化、系统化；进修方式与渠道的灵活性与便利性。这些做法，已经将教师教育的重点转移到在职进修和提高上，并采取有效措施和政策，使学习型社会和学习型组织所要求的终身教育与终身学习的思想首先在教师教育中得到体现与贯彻。

二、国外师德建设对我国的启示

我们通过对西方教师职业道德发展的深度探寻可以看出，西方教师职业道德发展的特点是教师职业道德规范不断走向专业化，教师职业道德结构层次不断趋于专业化，将师生关系作为教师职业道德规范的核心内容，将内化渗透作为教师职业道德教育的主要方式。

（一）建立发展性教师专业标准，重新建构教师的师德规范

标准本位教师教育运动强调教师专业标准框架及指标体系的建立。发展性教师专业标准应该包括教师科学素质、人文素质和教育素质三大领域。在我国，教师职业道德规范制定的依据是基于对教师职业的崇高性认识而做出的对教师的人格期待。人们心目中的教师往往被定格为理想的"道德化身"，由此对教师也提出了"学高为师，身正为范"高要求。但这种高要求是一种理想的期待，而无坚实的法律基础和社会生活基础。在西方，师德规范的提出首先是基于法律的准绳，各种行为规则都必须定位在法律的框架之内，它首先是对公民的基本义务要求，然后在充分考虑教师工作的职业特点的基础上提出教师应遵循的规范和规则。

例如，要在教师职业道德规范标准中确定教师应负的保密义务。随着世界进入信息社会，学校、教师和学生个人隐私面对越来越大的挑战。教师对学生个人信息隐私尊重不够，任意检查学生信件，在学生面前讲述其他教师的个人私生活等，在国外都是严格禁止的。如美国规定教师不能透露职业过程中所获得的学生的个人信息。而我国对教师的保密义务的条款几乎是一个空白，急需建立起来。又如，个人的言语不慎或举止不当可能造成整个职业的损害。美国教师联合会对职业应承担的义务规定，教师不能在申请职业时有信息造假行为、不能利用职业收受他人礼物恩惠、不能恶意中伤同事等。反观我国教师职业道德规范，只有爱岗敬业、严谨治学、廉洁从教等抽象规定，可操作性不强。

（二）改革职前教师教育培养模式，严把教师职业入口关

教师作为一种专业，已被理解为一种要求接受高级教育和培训的职业。西方国家在挑选和聘任教师上有一个共同点，就是实施教师职务资格证书制度，严把教师职业入口关，并注重教师职务申请者的道德认知水平和道德修养水平，从而保证了教师队伍的整体道德素质。我国也已正式实施教师资格证书制度，一方面，在教师教育过程中，精心编制与设计教师教育课程体系，合理安排"准教师"的见习和实习活动。另一方面，在选择教师的过程中严把教师职业入口关，重视考核申请者的品性、人格、教养、责任心使命感等。这是提高教师队伍道德水平的关键性措施之一。

（三）建构教师自我发展的职业道德发展模式

作为教师，每个人内心都有一股激发积极向上生长的力量，当人们强调自我的主体性以及尊严与价值时，他就会激发自己的潜能，激励个体发展其自我价值。长期以来我国教师职业道德教育的主要模式是，通过开设专门的师德教育课，采取强制性的说教或硬性的灌输。但在新的时期，随着教师专业化发展趋势的不断增强，这种方式逐渐转变为注重教师职业师德内化与行为养成，使从教者真正从内心、从价值趋向上认同教师专业，使从教者变成一种内心的自由选择，在自主的道德践行过程中提升职业道德水准。对中小学教师职业道德做出层次和体系上的新标准，以使之更切合社会实践，积极引导教师个人道德水平的提高。师德是教师的基本要求，是教师素质的重要组成部分。同时，师德又存在水平之分，在满足基本要求后，教师还需要在教育教学实践中进步自修，达到满分境界。教师只有在满足基本生活需要的物质保障后，才可能在精神上有更高的追求。有人认为教师的职业道德规范应当有三个层次：理想层次——忠诚并献身于人民的教育事业；原则层次——忠于职守，依法执教，为人师表，积极进取；规则层次——平等、公正、民主地对待学生。我们认为这是不无道理的。建立教师自主职业道德规范发展过程中应有不同的职业道德要求，如从低到高教师应当分为合格教师、称职教师和优秀教师三个层次，不同层次应当有不同的规定，如优秀教师应该有更多的道德约束规定，因为这时他已经远远超过了法律赋予他作为一个教师的最低要求；而合格教师可能刚入门，但再低不能低于国家对教师应有的规定等，因为法律是道德伦理的底线要求。

教师职业道德教育对于任何一个国家和地区来说，都不可能是一种单纯的教育行为，它必然受到本国本地区特定的政治、经济、文化、社会等因素的制约，同时还要受到本民族传统的影响，不同国家的教师职业道德规范及教育往往显示出差异性。我国应提高教师职业道德规范条文的操作性，加强教师职业道德规范要求的法制性，注重教师职业道德培养的渗透性，完善教师选聘及工作制度的严密性。为此，我们要认真研究国外的经验，吸取合理经验促进我国教师职业道德的建设。

【思考题】

1. 绘制图表分析美国、德国、英国和日本的师德建设的基本做法与经验。

2. 结合国外教师职业道德建设的经验，谈谈我国在教师职业道德建设中应该如何去做。

参考文献

1. 蔡志良. 职业伦理新论. 北京：中国文史出版社，2005.

2. 邓志伟. 教师人文素质研究：国际视野与本土实践. 上海：华东师范大学出版社，2012.

3. 段文阁. 教师职业道德. 济南：山东人民出版社，2012.

4. 冯明义. 师范生必读. 北京：科学出版社，2012.

5. 傅维利. 教师职业道德教育指南. 北京：新华出版社，2002.

6. 高德胜. 生活德育论. 北京：人民出版社，2005.

7. 郭宗圣，李河水. 职业道德教程. 北京：机械工业出版社，2003.

8. 黄正平，刘守旗. 教师职业道德新编. 南京：南京大学出版社，2010.

9. 蒋超文，李齐念. 教师的职业道德. 广州：广东教育出版社，1996.

10. 教育部教师工作司. 为了未来——教师职业道德读本（师范生分册）. 北京：高等教育出版社，2013.

11. ［德］克劳斯·德纳. 享用道德：对价值的自然渴望. 朱小安，译. 北京：北京出版社，2002.

12. 李晓燕，等. 教育法学. 北京：高等教育出版社，2006.

13. 李春玲. 教师职业道德. 北京：人民文学出版社，2005.

14. 林崇德. 师德通览. 济南：山东教育出版社，2000.

15. 刘国成. 教师职业道德论. 哈尔滨：黑龙江教育出版社，2012.

16. 钱焕琦. 教师职业道德. 上海：华东师范大学出版社，2008.

17. 檀传宝，等. 走向新师德——师德现状与教师专业道德建设研究. 北京：北京师范大学出版社，2009.

18. 唐凯麟，刘铁芳. 教师成长与师德修养. 北京：教育科学出版社，2007.

19. 田秀云. 社会道德与个体道德. 北京：人民出版社，2004.

20. 王毓珣，王颖. 教师新师德六项修炼. 重庆：西南师范大学出版社，2009.

21. 王英兰，黄蓉生. 教师职业道德. 北京：高等教育出版社，2000.

22. 王荣德. 教师道德教育论. 北京：科学出版社，2004

23. 王颖. 国外培养教师职业道德的做法和启示. 社科纵横，2010 (12).

24. 魏薇，王红艳. 中外学校教育经典案例评析 100 篇. 济南：山东人民出版社，2010.

25. 肖自明，孙宏恩，韦庆华. 现代教师道德修养. 咸阳：西北农林科技大学出版社，2010.

26. 徐廷福，等. 教育学. 上海：上海交通大学出版社，2013.

27. 闫小柳，赵忠义. 师德修养概论. 北京：北京师范大学出版社，2008.

28. 杨浩. 我国中小学教师职业道德建设问题与对策研究. 哈尔滨师范大学，2012.

29. 叶澜，等. 教师角色和教师发展新探. 北京：教育科学出版社，2001.

30. 张万祥，万玮. 教师专业成长的途径. 上海：华东师范大学出版社，2005.

31. 张桂春. 国外教师职业道德建设的经验及启示. 教育科学，2001 (1).

32. 郑航，王清平. 中小学生思想品德现状及教育对策. 教育科学研究，2011 (3).

33. 中华人民共和国教育部. 教师职业道德. 北京：新华出版社，2003.

34. 钟启泉. 现代教育学基础. 上海：上海教育出版社，1986.

35. 钟祖荣. 现代教师学导论. 北京：中央广播电视大学出版社，2006.

36. 朱小蔓，等. 教育职场：教师的道德成长. 北京：教育科学出版社，2004.

37. 朱丽，余维武. 教师的职业道德素养. 福州：福建教育出版社，2011.

38. 朱旭东. 教师专业发展理论研究. 北京：北京师范大学出版社，2011.

39. 朱宁波，刘丽娜. 中小学教师职业道德现状的调查研究. 教育科学，2009（6）.